Timo Boll

Friedhard Teuffel

TIMO BOLL: MEIN CHINA

EINE REISE INS WUNDERLAND DES TISCHTENNIS

AKTUALISIERTE UND ERWEITERTE NEUAUSGABE

Schwarzkopf & Schwarzkopf

Inhalt

Prolog

Ni hao

Bor?« Irgendwo von links aus dem Gedränge kommt die Frage hergeflogen. Nur einen Augenblick später raunt es von rechts: »Bor?« Hin und her geht es nun in der engen Gasse des Pekinger Marktes, wie Ping Pong. »Bor?«, fragt ungläubig ein Mann im grauen Anzug und zieht die Augenbrauen hoch, und von der anderen Seite bestätigt eine Frau nickend das Gerücht: »Bor!«

Eben noch hatte Timo Boll gemütlich über den Markt schlendern können, einige Verkäufer hatten ihm zugerufen: »CD? DVD? Watch?«, wie jedem Touristen, der sich an den Ständen vorbeitreiben lässt. Hier ist die Markenwelt mit all den Uhren von Rolex und Seiko, den Anzügen von Versace und Armani so spottbillig und so wunderbar falsch. Aber der entspannte Teil des Ausflugs ist nun vorbei. Er ist aufgeflogen.

Timo Boll hätte sich auch gut verkleiden müssen, um hier nicht aufzufallen. An einem Stand mit Uhren hängt ein Foto von ihm direkt neben dem des amerikanischen Basketballstars Charles Barkley. Der Menschenstrom auf dem Markt fließt nun nicht mehr geradeaus weiter, sondern dreht sich als Strudel um ihn herum. Boll schaut einmal in die große Runde und setzt dann seinen Rucksack ab, als wüsste er schon, dass es jetzt etwas dauern kann.

Die Verkäufer sind hinter ihren Ständen hervorgekommen. »Pengyou«, ruft einer, andere schließen sich an, »Pengyou, Pengyou« – so nennen die Chinesen Freunde. Mehrere Verkäufer nehmen Timo Boll in ihre Mitte, erste Fotos landen in Handys. Ein alter Mann redet lachend auf ihn ein und macht dann eine Pause, als erwarte er eine Antwort. Zwei Mädchen werfen Boll kichernd Blicke zu. Er nickt lächelnd zurück und schreibt seinen Namen auf eine Stofftasche, die ihm eine der beiden gereicht hat. Als er ihr die Tasche zurückgibt, drückt sie sie an sich wie einen Schatz.

Er ist der Lieblingsgegner eines ganzen Reichs, dieser »Bor«, dessen Namen sie nicht so richtig aussprechen können. Dachte man nicht eigentlich, die Chinesen würden aus jedem »R« ein »L« machen? Auf jeden Fall klingt es umso ehrfürchtiger, wenn sie seinen Namen sagen. »Bor« – fast ein »Boah«, an dessen Ende der Mund staunend offen bleibt. Als Zeichen ihres Respekts für Siege über viele Jahre gegen die Stars des Tischtennis, ihres Nationalsports. Aber auch für faire Gesten, die sie ihm nicht vergessen haben.

Chinesisches Tischtennis, das ist in Europa ein Mythos. Ein deutscher Nationalspieler hat einmal gesagt, in China könne es selbst der Hausmeister der Sporthalle mit ihm aufnehmen. So viel wird ins chinesische Tischtennis hineingeheimnisst, dass mancher Europäer in der entscheidenden Phase eines Spiels nicht mehr an den Sieg glaubt – der chinesische Gegner wird doch sicher noch einen Zaubertrick anwenden. Seitdem Tischtennis 1988 aufgenommen wurde ins olympische Programm und seinen bisherigen olympischen Höhepunkt 2008 in Peking erlebt hat, hat China 28 von 32 Goldmedaillen gewonnen. Es wäre bestimmt noch langweiliger geworden, wenn nicht Timo Boll immer wieder ihre Spitzenspieler bezwingen würde. Er ist ihr größter Herausforderer, kein anderer hat in den vergangenen 20 Jahren so oft gegen ihre Besten gewonnen. Platz eins der Weltrangliste hat er ihnen abgenommen, 2003 für sieben Monate, dann wieder 2011 und noch einmal 2018. In Europa braucht sich Boll ohnehin nicht mehr zu beweisen, kein Spieler hat mehr Europameistertitel gewonnen als er.

Timo Boll hat sich China nicht ausgesucht, dennoch ist das Land am anderen Ende der Welt seine zweite Heimat geworden. Seit mehr als zwei Jahrzehnten reist er schon nach China und erlebt, wie aus dem Wunderland des Tischtennis auch das Wunderland der Weltwirtschaft geworden ist. Er bekommt mit, wie China sich wandelt und öffnet und neu erfindet, aber auch sich zurückbesinnt auf verschüttet geglaubte Traditionen. Firmen haben Boll unter Vertrag genommen, weil er in China Türen öffnen kann.

Das alles sind genügend Gründe, um Timo Boll einmal selbst auf einer Reise nach China zu begleiten. Von der Pressetribüne aus habe ich ihn schon in China spielen sehen, bei der Weltmeisterschaft 2005 in Schanghai, bei den Olympischen Spielen 2008 in Peking. Als ich anfing, für Zeitungen über Tischtennis zu schreiben, erst für die »Allgemeine Zeitung« in Mainz, dann für die »Frankfurter Allgemeine« und den »Tagesspiegel« in Berlin, kam Timo Boll gerade an im großen Tischtennis und machte mit ersten Erfolgen auf sich aufmerksam. Schreibend habe ich seine Karriere über die Jahre begleitet. Sein Spiel hat mich fasziniert, so konzentriert und dynamisch, aber wie es genau funktioniert, das habe ich, auch mit eigener Tischtennis-Erfahrung in der Oberliga, nur teilweise verstanden.

Weil wir beide aus dem Südwesten Deutschlands kommen, Timo Boll aus dem Odenwald, ich aus dem siebzig Kilometer entfernten Mainz, haben wir gemeinsame Bekannte im Tischtennis, mein langjähriger und leider schon verstorbener Verbandstrainer Arthur Baum etwa ist der Vater seines Nationalmannschaftskollegen Patrick Baum. Wenn wir uns bei Turnieren trafen, plauderten Timo Boll und ich ein bisschen, auch über seine Erfahrungen in China, etwa über den Polizeischutz, den er bisweilen braucht, wenn er in China die Tischtennishalle verlassen will. Seine Andeutungen haben mich neugierig gemacht. Wie geht es einem, der eigentlich am liebsten seine Ruhe hat, wenn er in China von Menschenmassen umlagert wird? Verwandelt China Timo Boll? Und wie tief ist er schon eingetaucht in dieses rätselhafte Land?

Der nette Junge von nebenan, so kam mir Timo Boll vor. Einer, der genau beobachtet und einem direkt in die Augen schaut, aber seine Erlebnisse und Meinungen, seine Ecken und Kanten lieber für sich behält. Wenn er lächelt, dann wirkt dieses Lächeln manchmal geteilt, die eine Hälfte geht zu seinem Gesprächspartner, die andere zurück nach innen. In einer Runde mit Journalisten wippt er oft mit den Zehenspitzen und hält die Hände verschränkt hinter dem Körper, er geht sparsam mit Worten und Gesten um, und es sind eher die kleinen Dinge, die etwas über ihn verraten, eine erstaunt hochgezogene Augenbraue oder ein zuckender Mundwinkel, der zu einem Lächeln werden könnte. Es scheint keine Frage zu geben, die ihn aus der Ruhe bringen kann. Dabei hat derselbe Timo Boll nur wenige Minuten zuvor noch Tausende von Zuschauern mit seinem explosiven Spiel mitgerissen und manchmal sogar einen der Besten der Tischtennis-Weltmacht China besiegt. Wie passen diese beiden Gesichter nur zusammen?

Um die Geschichte von Timo Boll, seinem China und seiner Sportart aufzuschreiben, reise ich mit ihm zusammen nach Peking. Es soll zum Euro-Asia-Turnier gehen, einem zweitägigen Kontinentalvergleich und die milde Form dessen, was aus Tischtennis geworden ist: China gegen den Rest der Welt. Es geht ums Prestige bei Euro-Asia und um knapp 60.000 Euro für die fünfköpfige Siegermannschaft, aber weil die Spiele nur abends stattfinden, bleibt genügend Zeit, um gemeinsam zu erleben, wie China auf Timo Boll reagiert und er auf China.

Eine knappe Woche werden wir unterwegs sein. In einer Tischtennisschule wollen wir die übernächste Generation von chinesischen Nationalspielern besuchen, uns anschauen, wie junge Spieler heute in China groß werden. Auf der Straße und in Restaurants will ich erfahren, wie Timo sich in China zurechtfindet, wie das Land ihn geprägt und was er von den Chinesen gelernt hat. Wir wollen auch andere

Spieler und Fans treffen, um mehr Antworten darauf zu bekommen, warum Tischtennis einen Platz gefunden hat in der Seele Chinas.

Und wir wollen ausreichend Gelegenheit zum Erzählen haben. Denn ich möchte ihn besser kennenlernen, herausfinden, wer Timo Boll ist und wie er es geschafft hat, als schüchterner Junge aus dem Odenwald die Nummer eins im Tischtennis zu werden. Dem Spiel, das in seinen Sätzen so viel erzählen kann über Menschen, ihre Eigenheiten und Leidenschaften.

Bei den Olympiasiegern von morgen

Groß werden in China und im Odenwald

Mit beiden Händen voll Kekspäckchen und Schokoriegeln kommt Timo aus dem Oberdeck des Jumbojets zu mir herunter in die Economy-Class. »Ich habe dir schon mal etwas Frühstück mitgebracht«, sagt er lächelnd und hält mir sein Angebot aus der Business-Class entgegen. Für einen Vielflieger wie Timo, noch dazu einen Leistungssportler, der häufig mit Rückenschmerzen zu kämpfen hat, ist ein bequemer Sitz ein Muss. Und um ein Upgrade kommt er mit den vielen Flugmeilen, die er sammelt, ohnehin kaum herum. In den verbleibenden drei Stunden bis zu unserer Landung in Peking wird er aber neben mir sitzen bleiben. Die Stewardess hat gerade die Abdunkelung der Fenster hochgeschoben, die Nacht über den Wolken ist vorbei, vor uns liegt der chinesische Tag.

»Hast du eigentlich mal nachgezählt, wie oft du schon in China warst?«, frage ich Timo.

»Also ich glaube, das müssten inzwischen bestimmt achtzig, neunzig Mal gewesen sein.«

»Was war denn deine kürzeste Chinareise und was deine längste?«

»Zwei Tage die kürzeste. Montagabend hin, Dienstagmorgen gelandet, Pressekonferenz, ein Termin mit Politikern, abends ein Bankett und Mittwochmorgen wieder zurück. Nachmittags war ich dann schon wieder in Deutschland. Die längste Reise war zehn Wochen, als ich in der chinesischen Superliga gespielt habe. In dieser Zeit habe ich auch am meisten erlebt und über China erfahren.«

»Und wenn du wie jetzt im Flieger sitzt, hast du dann das Gefühl, dass China für dich schon Routine geworden ist?«

»Einerseits ja, denn der Ablauf ist oft der gleiche: Flughafen, Hotel, Halle«, sagt Timo. Dann belebt sich sein Gesicht: »In China ändert sich immer noch so viel. Selbst wenn ich nur für ein paar Wochen nicht da gewesen bin, kommt es mir manchmal wie ein Zeitsprung vor.« China verändert sich, Timo Boll auch. Es ist auf diesem Flug das erste Mal, dass er die Stewardess nach der Uhrzeit fragt – auf Chinesisch. »Xian zai ji dian?« Am Konfuzius-Institut in Düsseldorf hat er Sprachunterricht genommen. »Ich will China noch besser verstehen«, erklärt er mir.

Unsere erste gemeinsame Begegnung mit China ist kühl, der Beijing Capital International Airport, auf dem wir nach zehn Stunden Flug landen, ist genauso verwechselbar wie andere Metropolenflughäfen, einmal abgesehen von der äußeren Form, die er Norman Foster zu verdanken hat. Ansonsten viel Glas und Stahl, wir laufen durch Korridore aus Werbeplakaten, über glänzend gewischte Böden, das Rattern der Kofferrollen von Reisenden aus der ganzen Welt im Ohr. »Früher war das ein Miniflughafen, jetzt ist er wenigstens standesgemäß«, sagt Timo ein bisschen zur Ehrenrettung. Er sieht bei seiner Ankunft aus wie ein Tourist mit seiner verwaschenen schwarzen Jeans, dem blauen Pullover mit Kragen, nur das Logo seines Ausrüsters Butterfly auf seiner roten Jacke verrät, dass er Tischtennisspieler ist.

Bevor wir uns in eine der vielen Warteschlangen an den Einreiseschaltern einreihen, blättert Timo noch schnell in seinem Reisepass. Welches Visum gilt gerade? Zehn Visa für China kleben in seinem Pass, da muss er schon genau hinschauen. »Ich beantrage meist gleich eins für die zweifache Einreise«, erklärt er, denn manchmal fliegt er sogar zweimal in einem Monat nach China.

Am Schalter greift der Beamte in blauer Uniform und mit strengem Seitenscheitel mechanisch nach Timos Pass. Seine Augen lässt er genauso mechanisch hoch und runter marschieren. Vom Pass in Timos Gesicht und wieder zurück. Auf einmal vertreibt ein Lächeln die Strenge aus seinem Blick. »Are you Table Tennis Player«, fragt er, seine Augen weiten sich. »Yes«, antwortet Timo, legt den Kopf zur Seite und fragt zurück: »Do you like Table Tennis?« Ein jugendlich begeistertes »Yeah, yeah« kommt ihm entgegen. Herzlich willkommen im Land des Tischtennis. Bei unserer Abreise am Flughafen in Düsseldorf war Timo noch einer von Tausenden. Im Wartebereich hinter den Boutiquen und Duty-Free-Shops hing direkt über unseren Plätzen ein Großbildschirm, auf dem ein Nachrichtensender Timos Finalteilnahme bei den German Open in Dortmund meldete und dazu ein Foto von ihm zeigte. Die Blicke der anderen Reisenden huschten dennoch an Timo vorbei.

Die Chinesen zeigen dagegen schon oft bei der ersten Gelegenheit, was ihnen Tischtennis bedeutet. Bei einer früheren Einreise öffnete einmal ein Beamter den Diplomatenschalter, das kam ihm angebracht vor für die ankommende Tischtennisgesellschaft.

Es scheint sich auch diesmal herumgesprochen zu haben, dass Timo kommt. Dort, wo Geschäftspartner oder Chauffeure mit bedruckten oder selbst beschriebenen Schildern Reisende in Empfang nehmen, wartet nicht nur ein junger Mann mit einem Schild »BOLL TIMO«. Vier ältere Männer laufen auf Timo zu, in den Händen Schlägerhölzer und Zeitschriften, unter dem Arm trägt einer eine kleine grüne Tischtennisplatte zum Zusammenklappen.

»Meine Rentnerfangruppe«, sagt Timo und lacht. »Ni hao«, guten Tag, begrüßen ihn die vier Herren. Ein schwarzer Stift wird Timo gereicht, er lässt ihn mit großen Schwüngen über alles gleiten, was ihm entgegengehalten wird, über Fotos, Hölzer und auch die kleine Tischtennisplatte. Einer der Männer kramt einen Zettel aus seiner Tasche, auf dem zwei chinesische Schriftzeichen zu sehen sind, deutet auf ein Schlägerholz und Timo weiß, dass es jetzt um einen Sonderwunsch geht. »Mein Name in chinesischen Schriftzeichen.«

Timo lässt sich Zeit für die beiden Zeichen, eines sieht aus wie eine Kombination aus T und J, das andere wie ein nicht zu Ende gebauter Förderturm eines Bergwerks. Während Timo mit zusammengepressten Lippen konzentriert die Zeichen malt, flüchten seine Augen nicht auf die Vorlage. »Das macht Spaß, vielleicht unterschreibe ich jetzt immer auf Chinesisch, meine deutsche Unterschrift kann hier sowieso keiner lesen.« Die älteren Herrschaften bedanken sich auf Chinesisch, »Xie xie«, und verabschieden sich. »Bor« haben sie gesagt, einer hat Timo auch beim Vornamen genannt, es hörte sich an wie das englische »Team«. »›Timo‹ sagen sie hier nicht zu mir, es gibt kein chinesisches Zeichen dafür. ›Team Bor‹ sagt aber auch keiner, sie nehmen eines von beiden, ›Team‹ oder ›Bor‹. Wie ein Künstlername, wie Ronaldo«, sagt Timo und freut sich über seinen Vergleich. Über das Treffen mit einer Kleingruppe ist er erleichtert, »manchmal ist schon am Flughafen sehr viel los. Wenn es zu viele sind, kann es ungemütlich werden. Da wird mancher Fan ruppig und egoistisch. Jeder will sein Autogramm, sie machen sich dann selbst Stress.«

Ein junger Mitarbeiter des Organisationskomitees des Euro-Asia-Turniers bringt uns zum Bus, Carl, so stellt er sich vor. Einen westlichen Namen haben sich inzwischen viele Chinesen zugelegt, und wir werden noch Abigails und Christians treffen. »You are very popular in China, you are superstar«, sagt Carl und dass er ihn gestern noch im Fernsehen gesehen habe im Finale der German Open. Er selbst spiele Tennis, Sport im Freien sei ihm lieber. Vorn beim Busfahrer baumelt ein Anhänger mit dem Porträt Maos. Der Minibus setzt sich ruckartig in Bewegung Richtung Stadt. Als könnte es China nicht erwarten, dass Timo wieder ihre Besten herausfordert in ihrem und seinem Lieblingsspiel.

Eine Dreiviertelstunde dauert die Fahrt zu unserem Hotel, die Sonne blendet durch die Busfenster herein. »Sie scheinen wieder etwas mehr für die Umwelt getan zu haben«, bemerkt Timo und hebt den Blick zum Himmel, der wie eine Folie über der Stadt liegt. Bei vergangenen Reisen hatte Timo dabei nur grauen Dunst zu sehen bekommen. Vor den Olympischen Spielen 2008 in Peking hatte die Regierung mit Fahrverboten für Autos und Produktionspausen für luftverpestende Fabriken versucht, aus Grau Blau zu machen. An einigen Tagen war auch Bläuliches zu erkennen gewesen.

Der junge Mann an der Hotelrezeption, Mitte zwanzig, Designerbrille, deutet eine Verbeugung an und sagt: »Welcome, Mister Bor, I saw you on TV against Ma Lin yesterday.« Vor ihm steht allerdings nicht Mister Bor, ich bin es, weil ich Timos Pass zum Einchecken vorgelegt habe, damit Timo schnell in der Lobby ein paar Formalitäten mit den Vertretern des Europäischen Tischtennis-Verbandes klären kann. Schönes Kompliment eigentlich. Aber fallen die äußerlichen Unterschiede nicht auf, nicht einmal meine helleren Haare? Offensichtlich tun sich Asiaten genauso schwer damit, westliche Gesichter auseinanderzuhalten wie umgekehrt. Ich kläre das Missverständnis auf und bekomme als Reaktion ein peinlich berührtes »Ooooh«.

Nur ein Zimmer liegt zwischen Timos und meinem im elften Stock, als besonderes Extra bieten die Zimmer eine Panoramascheibe im Bad, selbst aus der Wanne könnte man also rausgucken, auch wenn sich vor dem Fenster nur schmucklose Nutzarchitektur abzeichnet. Es bleibt noch etwas Zeit zum Umziehen und Frischmachen, zum Abwehren der ersten Müdigkeitsattacke. Zehn Stunden Flug und sieben Stunden Zeitverschiebung nach vorn machen sich bemerkbar. Aber wir haben viele Pläne und wollen deshalb an diesem Mittag gleich los und mit unserer offiziellen Annäherung an das chinesische Tischtennis beginnen.

Auch ein Wunder muss einmal klein angefangen haben, irgendwo müssen selbst Chinesen lernen, den Tischtennisball so schnell und fehlerlos zu spielen. Deshalb wollen wir uns anschauen, wie aus jungen Chinesen große Tischtennisspieler werden. Die Shichahai-Sportschule hat uns eingeladen, ein Vorzeigeinstitut, ihr eilt der Ruf voraus, aus Talenten Weltmeister machen zu können, und das seit Jahrzehnten. Timo hat sich mit Trainingsanzug und Sportschuhen schon ganz auf Tischtennis eingestellt, als er mich von meinem Hotelzimmer abholt. Ein Fahrer wartet in der Hotellobby und läuft mit uns zielstrebig auf einen der zehn Minibusse zu, die hintereinander vor dem Hotel parken. Sie sehen alle gleich aus und scheinen hier zu den beliebtesten Verkehrsmitteln zu gehören, etwa 15 Fahrgäste haben auf den mit weißem Stoff bezogenen Sitzen Platz.

Rechteckiger Beton, wo wir unterwegs auch hinschauen, aber die chinesische Schrift, eine Kunst für sich, verziert mit ihren Zeichen manche Fassade wie Ornamente. Mehrfaches Hinschauen verlangen die Häuserklötze vom ungeübten Betrachter, ehe sie mit einem Detail wie etwa einer Gardine preisgeben, ob in ihnen gearbeitet oder gewohnt wird. Am Horizont wölben sich Berge, wie zur Beruhigung, dass auch diese Betonlandschaft ein natürliches Ende findet.

Die Schule besteht aus mehreren Gebäuden, unsere erste Station ist ein festliches Empfangszimmer mit schweren, dunklen Holzmöbeln. Zwei lange Sitzbänke stehen einander gegenüber, zwischen ihnen hätte eine Tischtennisplatte Platz. Ein Fotograf wartet bereits und macht erste Bilder von Timo, der sich im Raum umsieht, um sich mit der Atmosphäre vertraut zu machen.

Wenn schon der beste nicht-chinesische Tischtennisspieler zu Besuch kommt, dann muss die Form gewahrt werden, und für diese Form ist ein kleiner Mann zuständig, Ende fünfzig, mit durchdringendem Blick, er trägt eine Sportjacke und blaue Filzpantoffeln, als wäre die Schule sein Zuhause. Mit beiden Händen überreicht er uns seine Visitenkarte: Liu Yanbin. Gleich fünf Titel stehen auf der Karte und die zwei interessanten für uns sind Vizedirektor der Sportschule und Vizepräsident des Tischtennis-Verbandes von Peking. Mit Boxen und Sportstätten hat er auch noch zu tun.

Liu Yanbin setzt sich uns gegenüber auf die andere lange Sitzbank und beginnt auf Chinesisch, neben ihm hat eine junge Dame Platz genommen, die zu unserer Überraschung erst einmal ins Deutsche übersetzt: »Willkommen zu unserer Schule, unsere Schule hat fünfzig Jahre alt.« Dann fährt sie auf Englisch fort. Die Shichahai-Sportschule hat gerade ihren Geburtstag gefeiert. Und in ihren fünfzig Jahren sind hier zehn Tischtennis-Weltmeister ausgebildet worden. Liu Yanbin fängt an aufzuzählen: Fan Changmao, Wang Tao, Zhang Yining, Guo Yue, Guo Yan, Ma Long. Eine klangvolle Liste von den achtziger Jahren bis heute. Wang Tao half mit, den Weltmeistertitel 1995 nach sechs Jahren Unterbrechung von den Schweden zurück nach China zu holen. Zhang Yining sprach bei der Eröffnungsfeier der Spiele von Peking 2008 stellvertretend für alle Athleten den olympischen Eid und gewann einige Tage später die Goldmedaille im Dameneinzel. Timo murmelt halblaut die Namen nach, auch um unseren Gastgebern zu zeigen, dass er sehr wohl verstanden hat, was los ist: Von hier aus haben es einige bis ganz nach oben geschafft.

Auf einem Bildschirm an der Wand, groß wie eine Tischhälfte, beginnt nun ein Film über die Schule mit dem Titel »Shichahai Sports School – A Glory to Beijing Sports«. Mit Bescheidenheit kommt man hier wohl nicht weiter. Kleine Turnerinnen wirbeln um den Stufenbarren, Kampfsportler heben üppig beladene Gewichtsstangen, schließlich fliegen

Tischtennisbälle durchs Bild. Liu Yanbin blickt zwischendurch zu uns herüber, ein wenig prüfend, ob wir die entscheidenden Aussagen auch mitbekommen.

Der Film will nicht nur die Botschaft vermitteln, dass hier Sportler zum Wohl der Gesellschaft ausgebildet und mit modernsten Methoden betreut und dazu noch schulisch hervorragend gefördert werden. Es geht in den zehn Minuten auch ums Grenzenüberwinden und Öffnen, darum, dass immer mehr Sportler aus Übersee zum Trainieren anreisen und aus der Shichahai-Sportschule Athleten kommen, die heute auf der ganzen Welt leben. Allein im Tischtenniswettbewerb bei Olympia in Peking starteten Absolventen von Shichahai für vier verschiedene Länder, unter ihnen Liu Jia, sie lebt jetzt in Österreich und wurde schon Europameisterin.

Es wird langsam Zeit für Tischtennis. Zwei Stockwerke geht es nun nach unten. Tischtennis kommt näher, das hören wir am ganz speziellen Sound. Es sind die Geräusche, die einen auf der ganzen Welt mit verbundenen Augen an den Tisch führen würden: die quietschenden Schuhe auf dem Hallenboden, das Springen der Bälle auf den Tischen, das Auftreffen auf die Schläger, und das alles in einem besonderen Takt. Dieser Takt verrät schon etwas über die Spielstärke, denn je gleichmäßiger und schneller er ist und je seltener er unterbrochen wird, desto besser sind die Spieler. Was wir gerade hören, sind viele Takte gleichzeitig, die meisten von ihnen ziemlich flott und ohne Pausen. Doch als wir die letzte Treppenstufe erreicht haben, beendet ein Ruf alle Geräusche. Stille.

Timo schaut um die Ecke in die Halle und blickt in die Gesichter von 36 Schülern und vier Trainern. Alle klatschen heftig in die Hände und wo wir nur hinschauen: breites Grinsen. Timo nickt zweimal freundlich. Ein neuer Ruf des Trainers in der Mitte der Halle – und alle drehen sich wieder zu ihren Tischen und spielen eine Übung. Nicht irgendeine, sondern eine, bei der sie zeigen, was sie schon alles können, vor allem wie gut ihr Vorhand-Topspin ist und wie flink ihre kurzen Beine sie von einer Ecke des Tisches zur anderen tragen. Eine Übung in anspruchsvollem Takt.

Das Licht in der Halle ist so taghell, dass wir vergessen könnten, in einem Keller zu stehen. Eine riesige chinesische Nationalflagge verleiht dem Raum etwas Offizielles, ein Hoheitszeichen, es geht um einen nationalen Auftrag. 27 Tische stehen in drei Reihen. Die letzte Reihe ist gerade unbesetzt, hier darf sich Timo einen Tisch aussuchen. Das Klacken der Bälle hat ihm Lust aufs Spielen gemacht, er zieht seine Trainingsjacke aus, holt seinen Schläger aus dem Rucksack, lockert kurz Arme und Beine und wartet auf den ersten Spielpartner. Es ist – kein Chinese.

Ein Junge aus Kasachstan, 13 Jahre alt, darf die ersten Bälle spielen, und weil in China vieles nicht zufällig passiert, kann man daraus einiges schließen. China will sich öffnen und dabei früh anfangen, nicht erst, wenn die Spieler aus anderen Ländern schon technisch ausgereift sind. »Sie scheinen auf ihre ausländischen Schüler hier besonders stolz zu sein«, das fällt auch Timo sofort auf.

Ausländische Kinder in einer chinesischen Elitesportschule, das wäre vor einigen Jahren noch undenkbar gewesen. Dahinter steckt ein edles Motiv und ein eher pragmatisches. Freundschaft mit anderen Ländern ist das edle, sie gehört zum chinesischen Wertesystem. Doch gleichzeitig treibt die Chinesen die Sorge, Tischtennis so sehr zu vereinnahmen, dass überall das Interesse daran verloren geht, auch in China selbst. Wer möchte noch zuschauen, wenn sich im Endspiel der chinesischen Meisterschaft dieselben gegenüberstehen wie im Finale der Asienspiele, der Weltmeisterschaft und der Olympischen Spiele? Spannend bleibt es nur, wenn nach Timo Boll noch andere die Chinesen fordern, und warum nicht einmal ein Spieler aus Kasachstan? Auch ein Chinese stellt sich nun zu Timo an den Tisch, 15 Jahre, mit stämmigen Oberschenkeln, selbst beim Fußball würde er mit ihnen auffallen. In seinen muskelgewölbten Armen steckt ebenfalls viel Kraft. Er wechselt sich mit dem Jungen aus Kasachstan ab. Auf Timos Tischhälfte kommt ein Topspin nach dem anderen angesaust, Timo geht immer mehr in die Knie, um mit seiner Rückhand noch dagegenhalten zu können, und hebt staunend die Augenbrauen. »Unglaublich, wie die sich in die Bälle reinlegen, mit was für einer Power!«, ruft er mir zu.

Aus Timos Spielpartnern wird eine Dreiergruppe, denn ein zierlicher Chinese wird von seinem Trainer an den Tisch geschickt. Ehe er den Ball hochwirft und anfängt zu spielen, pustet er die Backen auf wie vor einer fast unlösbaren Aufgabe. Doch mit seinen dünnen Ärmchen zieht er sieben, acht, neun gewaltige Topspins hintereinander ohne Fehler. Er ist neun Jahre alt und lebt – in Frankreich. Seit drei Wochen ist er in der Schule, weil seine chinesischen Eltern hier derzeit als Trainer arbeiten. »Hast du das gesehen?«, fragt mich Timo, »der Kleine war nach einem Fehler so peinlich berührt, dass er in der Pause erst mal ohne Ball seine Technik korrigiert hat.«

Nach drei Gegnern zieht Timo ein kleines Zwischenfazit: »Die haben alle unglaublich Zug in den Bällen. Und sie haben alle die Ma-Long-Technik, das ist ja Wahnsinn!« Zu spielen wie Ma Long ist wohl im Moment die herrschende Lehrmeinung. Ma Long hat es mit seiner Spielweise immerhin bis zum Olympiasieger im Einzel gebracht. Seine Nerven waren eine Zeit lang nicht so gut wie seine Technik, sonst hätte er schon viel früher einen WM-Titel im Einzel und olympisches Gold gewonnen. Ma Longs Technik hat Timo gleich bei den

23

jungen Spielern erkannt.»Es ist beim Vorhand-Topspin eine ziemlich lange Bewegung mit dem Arm, der ganze Körper wird in die Bewegung reingelegt. Tischtennis wird dadurch körperlich viel härter.«

Von den Besten lernen, das gilt hier in China und es ist ein großer Unterschied zu dem, wie Timo Tischtennis gelernt hat. Wir setzen uns in der Halle auf eine Bank.»Wie ist es denn bei dir losgegangen?«, will ich wissen.»Erkennst du Gemeinsamkeiten?«

»Ich glaube, ich sehe hier eher Unterschiede, wenn ich an meine Anfänge zurückdenke.«

»Hattest du auch Vorbilder, denen du nachgeeifert hast?«

»Meine Idole waren Jan-Ove Waldner und Jörg Roßkopf, aber ich wusste gar nicht, wie sie genau gespielt haben. Ich wusste nur, dass sie tolle und erfolgreiche Spieler waren. Im Fernsehen habe ich mir nicht viel Tischtennis angeschaut, gezeigt wurde es ja ohnehin nicht oft. Guck dir dagegen hier die Chinesen an, sie müssen sich ihre Vorbilder genau angeschaut haben. Das sehe ich schon, wenn sie sich zum Aufschlag hinstellen – wie Ma Long.«

»Erzähl doch mal von deinen ersten Schlägen.«

Angefangen habe ich in einem Keller, ich war damals vier Jahre alt. Mein Vater hatte eine Platte gekauft, die gerade so in den Raum passte. Er war ein ambitionierter Hobbyspieler, aber obwohl er erst mit Mitte zwanzig richtig mit Tischtennis angefangen und sich alles selbst beigebracht hatte, ist er bis in die Bezirksklasse gekommen. Als er die Platte im Keller aufgebaut hatte, wollte ich sofort anfangen zu spielen. Sie hat mich neugierig gemacht, und dieses Geräusch, wenn der Ball auf die Platte gesprungen ist, ist mir schnell vertraut geworden.

Gespielt habe ich mit meinem Vater zwar nicht lange am Stück, vielleicht eine Viertelstunde, aber dafür jeden Tag. Manchmal sind wir abends noch einmal in den Keller zum Spielen gegangen, als ich schon den Schlafanzug anhatte. Offenbar hat mein Vater gleich gesehen, dass ich Gefühl für den Ball hatte. Besonders oft vorbeigeschlagen habe ich jedenfalls nicht. Tischtennis war damals jedoch nur ein Sport von vielen für mich. Im Garten haben mein Vater und ich zum Beispiel ein Badmintonnetz aufgestellt, mit Schnüren die Linien gezogen und uns im Sommer jeden Abend heiße Matches geliefert. Auf der Straße habe ich mit Freunden aus der Nachbarschaft Tennis mit dem Softball gespielt. Damals fuhren noch nicht so viele Autos durch unsere Straße, wir konnten manchmal eine halbe Stunde spielen, ohne gestört zu werden. Ich glaube, die vielen unterschiedlichen Sportarten haben mir sehr geholfen fürs Tischtennis. Ich habe mir immer kleine Strategien zurechtgelegt und einen Blick für Spielsituationen angeeignet.

Die Tischtennisplatte im Keller hätte damals beinahe Konkurrenz bekommen. Als ich fünf Jahre alt war, wollten meine Eltern nämlich auf einem Wiesengrundstück einen Tennisplatz bauen. Boris Becker hatte ein Jahr vorher Wimbledon gewonnen, und der Tennisboom breitete sich gerade aus. Mein Vater fragte also bei der Gemeinde nach einer Baugenehmigung. Sein Plan war, den Platz einzuzäunen und einen Trainer für mich zu engagieren. Doch die Gemeinde lehnte seinen Antrag ab, weil das Gelände ein Wasserschutzgebiet war. Wer weiß, vielleicht wäre ich sonst beim Tennis gelandet.

Timo legt eine kleine Erzählpause ein und nimmt einen Schluck Wasser. An den 18 besetzten Tischen fliegen die Bälle weiter hin und her. Nur ab und zu wendet einer der kleinen Spieler seinen Blick kurz vom Tisch ab und dreht sich verstohlen zu uns, um zu sehen, ob der Gast aus Deutschland ihm nicht vielleicht gerade zuschaut, wie er sich besonders anstrengt.

»Meinst du, du wärst auch in China Tischtennisprofi geworden?«

»Ich weiß nicht, ob ich in diesem System durchgekommen wäre«, antwortet Timo. Überhaupt aufgenommen zu werden in dieses System ist schon schwer genug. Und wenn er das geschafft hätte, wäre ihm vielleicht die Lust vergangen, weil er sich so früh auf einen einzigen Sport hätte beschränken müssen.

Erst mit der Zeit habe ich mich ganz auf Tischtennis konzentriert. Das wäre in China undenkbar gewesen, denn hier muss man sich entscheiden. Ich dagegen habe auch erst noch Fußball gespielt, ich war Stürmer. Es gab einmal ein Spiel, in dem ich neun Tore geschossen habe, und am Ende einer Saison in der F-Jugend hatte ich neunzig Tore auf dem Konto. Ich glaube, ich hatte einen ziemlich guten Schuss. Mein Vater erzählt gerne, wie ich einmal den gegnerischen Torwart direkt am Kopf getroffen habe und der arme Kerl rausgetragen werden musste. Passiert ist ihm aber zum Glück nichts.

Im Fußball wäre ich jedoch nie so weit gekommen wie im Tischtennis. Dafür gibt es zwei Gründe: Ich hätte mich zum einen mit der Spielidee nicht so wohlgefühlt. Wenn man im Fußball den Ball abspielt, muss man dem anderen vertrauen, dass er damit etwas Anständiges produziert. Im Tischtennis bin ich für alles allein verantwortlich, was ich sehr angenehm finde. Genauso wichtig ist aber bei meiner Entscheidung für Tischtennis der zweite Grund. Dazu gibt es eine Geschichte.

Meine Erziehung haben sich meine Eltern genau aufgeteilt, auch weil ich keine Geschwister hatte: Mein Vater hat mich im Sport gefördert, meine Mutter in der Schule. Sie ist auch nie mitgekommen, wenn ich zum Sport gefahren bin. Beim Fußball hatte sie Sorge um mich, dass ich mich verletzen könnte, denn ich war nicht der Robusteste. In der Schule bin ich Streit auch aus dem Weg gegangen und habe mich nie gekloppt.

Einmal, als ich acht Jahre alt war, ist meine Mutter dann doch mit zum Fußball gekommen und hat bei einem Heimspiel zugeschaut, da wollte ich natürlich mein Bestes geben. In der Mitte des Spiels kam es zu einem Zweikampf, in dem ich auf einen anderen Jungen zugelaufen bin. Er war größer als ich und vor allem korpulenter. Wir sind zusammengeprallt. Während er stehen blieb, hat es mich sofort zurückgehauen auf den Ascheplatz, es war ein steinharter Boden und ich bin mit dem Kopf aufgeschlagen. Mir wurde ganz komisch. Meine Mutter ist gleich mit mir zum Arzt gefahren. Seine Diagnose lautete: Verdacht auf Gehirnerschütterung. Nach ein, zwei Tagen ging es mir zwar schon besser, aber dennoch ist eine Erkenntnis geblieben: Für eine große Fußballkarriere bin ich einfach nicht hart genug.

Im Tischtennis konnte ich mich ganz nach meinen Möglichkeiten entwickeln. Unser Tischtennisverein war wie eine kleine Familie, es ging viel freundschaftlicher zu als beim Fußball. Meine Fortschritte konnte man zu Hause an der Platte in unserem Keller sehen, dort mussten wir die Anforderungen für mich erhöhen. Hinten an die Wand haben wir Holzleisten angebracht, das war das Tor. Mein Ziel sollte es sein, nicht nur den Punkt zu machen, sondern den Ball noch hinter meinem Vater ins Tor zu treffen. Ich habe ihn also erst in die eine Ecke geschickt, damit das Tor frei wurde, und dann versucht, in die andere zu treffen. Am Anfang hat es mir mein Vater noch leicht gemacht und eine Ecke extra ein bisschen offen gelassen. Später musste er sich ganz schön anstrengen, um meine Bälle zu bekommen.

Der Keller befindet sich in Höchst, im Odenwald, ganz im Süden Hessens. In Erbach, ein paar Orte weiter, wurde Timo Boll am 8. März 1981 geboren. Man kann sich in Höchst die nächste größere Stadt aussuchen, Darmstadt, Heidelberg, Aschaffenburg, Hanau und Frankfurt sind alle etwa eine halbe bis ganze Stunde Fahrt entfernt. Die Hügel um

Höchst herum sind hoch genug, um den Ort zu beschützen, aber noch flach genug, um Einflüsse von außen durchzulassen, damit die 10.000 Einwohner nicht zu Hinterwäldlern werden. Höchst im Odenwald scheint es jedenfalls an nichts zu fehlen. Vor allem nicht an Vereinen. An der Erbacher Straße, einer der Hauptstraßen, hängen jede Menge Schaukästen. Darin lädt der Kaninchenzuchtverein zur Grillfeier, der Carneval-Club stellt sein Prinzenpaar vor und der Naturschutzverein berichtet von der Verleihung der Plakette »Schwalbenfreundliches Haus« an eine engagierte Dame aus Mümling-Grumbach.

Höchst ist das Tor zum Odenwald, hier beginnen Ausflüge und Wanderungen, sie können tief in den Wald hineinführen, ehe man nach vielen Kilometern wieder herauskommt. Vielleicht ja in der Ortschaft mit dem Namen, über den sich Timo gerne amüsiert: Etzen-Gesäß.

Nach zweimal Abbiegen vom Ortseingang in Höchst findet man Timos Elternhaus, innen führt eine Steintreppe hinunter in den Keller, wo sein Tischtennisleben anfing.

Unten wartet er schon selbst. Tag und Nacht. Ein lebensgroßer Pappaufsteller seines Ausrüsters Butterfly vertritt ihn jetzt in dem nur 2,20 Meter hohen holzverkleideten Raum, das typische Modell des deutschen Hobbykellers. Seine Mutter Gudrun Boll lächelt: »Er steht eben mit einem Bein immer noch bei uns.« Inzwischen ist der Keller eine kleine Timo-Boll-Sammlung geworden, Urkunden, Medaillen, Zeitungsartikel, Pokale. Ständig kommen neue Exponate dazu, eine Tischtennisplatte passt jetzt nicht mehr hinein.

An den Wänden ist vor lauter Urkunden kaum noch etwas von der Holzverkleidung zu sehen. Die Sammlung beginnt gleich neben der Tür mit einem sechsten Platz bei der Kreisrangliste am 5. Mai 1988. Ein besonderes Dokument, nicht nur weil es die erste Urkunde ist, sondern auch, weil

im Laufe der Karriere nicht mehr viele sechste Plätze dazugekommen sind. Von allen Regalen blitzen Pokale. Einer der
größten ist vom Boden aus fast hüfthoch und würde so viel
Sekt fassen, dass eine ganze Fußballmannschaft davon be-
schwipst wäre. Nicht immer stehen die größten Pokale für
die größten Siege, aber dieser tut es. Er ist die Belohnung
fürs Besiegen der drei besten Chinesen hintereinander beim
World Cup 2005 in Lüttich.

Timos Eltern Gudrun und Wolfgang Boll sind zwei be-
sonnene Menschen, die sich bei dem, was ihnen wichtig ist,
richtig ins Zeug legen. Seine Mutter, schulterlange braune
Haare, hessischer Akzent, wollte Timo das Leben so leicht
wie möglich machen und gleichzeitig dafür sorgen, dass die
Schule nicht unter dem Sport leidet.»De Timo«, beginnt sie
Sätze über ihren Sohn gern.»Ich habe ihn ganz schön ver-
wöhnt«, gibt sie zu und berichtet von einem Anruf des Bun-
destrainers Istvan Korpa, der ihr sagte, sie solle doch Timo
kein Essen mehr ins Trainingslager nachschicken, neun Jahre
alt war Timo damals. Heute muss sie selbst darüber lachen.
Wenn Timo abends vom Training nach Hause kam, wollte
sie ihn noch für einen langen, anstrengenden Tag belohnen.
»Ich habe dann noch was Richtiges gekocht, Bratenfleisch,
Rotkraut, Klöße.«

Von seiner Mutter habe er das Bedürfnis nach Bodenhaf-
tung, sagt Timo, die Einstellung, kein Geld zu verprassen,
und von seinem Vater die innere Ruhe und Ausgeglichenheit.
Sein Vater, 1,75 Meter groß, grauer Haarkranz, ist in der
Tat ein eher stiller Mann, der dafür herzlich über Anekdoten lachen kann. Mit seiner Einstellung zum Tischtennis ist
Wolfgang Boll bestimmt ein angenehmer Gegner.»Wenn ich
an den Tisch ging, wollte ich immer gewinnen. Ich habe aber
den Gegner respektiert, und wenn ich verloren habe, bin ich
oft zu ihm gegangen, habe ihm gratuliert und gesagt: ›Es

hat mir trotzdem Spaß gemacht.‹ Spiele mit schönen Ballwechseln haben mir immer gefallen«, sagt er, ebenfalls mit
hessischem Akzent. Tischtennis aus Spaß am Spielen – das
wollte er auch seinem Sohn weitergeben, er war schließlich
sein erster Trainer.

Das Internet hat er mit einigen Videos über Timos frühe
Spiele versorgt. Warum ein Tischtennisschläger manchmal
Kelle genannt wird, wird etwa auf einem dieser Filme auf
YouTube klar, denn Timo hält den Schläger schon mit vier
Jahren über seinen Kopf wie ein Schaffner bei der Zugabfer-
tigung. Als ihm der Schläger zu schwer wird, greift er mit
beiden Händen zu. Bis zu sechs Mal spielt er den Ball ohne
Fehler übers Netz. Der Ball springt laut auf den Tisch, aber
nicht laut genug, um auf der Tonspur Timos angestrengtes
Atmen zu übertönen.

Nur ein Jahr später, mit fünf, liegt der Schläger fest in der
Hand, Timo gibt dem Ball Unter- und Überschnitt, aus dem
Hintergrund zählt sein Vater die Punkte mit, das ist ebenfalls
auf Video festgehalten. Vor allem ist der Ehrgeiz geweckt,
denn nach einem erfolgreichen Schmetterball schreit Timo
»Jaaaaaaaaa!«.

Timo lernte schnell dazu, und die spielend leichten Anfänge hat er nicht vergessen.

Begonnen haben wir damit, dass ich den Ball mit dem Schläger
gestreichelt und über den Tisch gerollt habe. Diese Übung war
meinem Vater besonders wichtig, damit ich ein Gespür für den Ball
bekomme. Wert gelegt hat er auch darauf, dass ich den Ball nach
dem Aufspringen fallen gelassen, von unterhalb des Tisches nach
oben gezogen und dabei weich getroffen habe. Daraus wurden
meine ersten Topspins. Meine Technik war damals gar nicht mal
besonders sauber, dafür habe ich ein sehr gutes Ballgefühl bekommen. Ich konnte mit Rotation schon sehr früh gut umgehen.

Mit fünf hatte Wolfgang Boll Timo im Verein angemeldet, beim TSV 1875 Höchst. Mit sechs Jahren fuhr er mit ihm zu den ersten Wettkämpfen, wie er erzählt:»Bevor ich ihn an den Tisch gelassen habe, habe ich ihm oft gesagt: ›Wenn du eine Runde gewinnst, ist es gut, wenn nicht, ist es auch nicht schlimm.‹ Das hat seinen Ehrgeiz angestachelt. Er wollte nicht verlieren. Am Ende hat er dann oft gewonnen, obwohl er häufig gegen Kinder gespielt hat, die drei Jahre älter waren als er.«

Die Bälle fliegen in der Sportschule in Peking immer noch unaufhörlich hin und her, auch Timo greift jetzt wieder zu seinem Schläger. Ihm fällt eine Gemeinsamkeit auf:»Die besten Chinesen trainieren immer untereinander und nie gegen Schwächere. Bei mir war es ähnlich, ich hatte immer ältere Trainingspartner, die mich nach oben gezogen haben.« Geprägt habe das nicht nur sein Spiel, sondern auch seine Persönlichkeit.»Weil ich der Jüngste war, musste ich mich immer unterordnen. Ich hatte nie das Bedürfnis, mit meiner Spielstärke anzugeben.«

In seiner Altersklasse war Timo in Hessen schon mit neun Jahren nahezu konkurrenzlos und gewann seinen ersten Landesmeistertitel bei den C-Schülern. Bereits damals beobachtete sein Vater bei ihm eine besondere Eigenschaft:»Er hatte die Ruhe und behielt die Übersicht am Tisch. Er hat immer dahin gespielt, wo es dem Gegner nicht gepasst hat, mal direkt auf den Körper oder mit extremem Winkel in die Ecke.«

Timo hatte, mit Unterstützung seines Vaters und dank seines Talents, viel schneller als andere das Spiel lesen gelernt mit seinen unterschiedlichen Geschwindigkeiten, Platzierungen, Rotationen. Und gelernt, den Gegner nie aus dem Blick zu verlieren, um zu erahnen, wohin der Ball kommt.

Bei aller Übersicht und Strategie – wenn es einmal nicht so gut lief, brach der Ärger schon mal aus Timo heraus. Seine Wut bekam meistens der Schläger ab. »Den habe ich dann auf den Boden gekloppt. Ab und zu ist er auch zerbrochen.« Nach einem Wettkampf war Tischtennis dagegen kein Thema mehr, egal wie es ausgegangen war, ob frühe Niederlage oder Turniersieg. Und das werden später alle seine Trainer als bemerkenswert festhalten, sein erster Trainer Helmut Hampl und die Bundestrainer Istvan Korpa, Dirk Schimmelpfennig, Richard Prause und Jörg Roßkopf: dass da einer ist, der bestens abschalten kann, wenn er nicht mehr in der Sporthalle steht.

Als er erstmals Deutscher Schülermeister wurde, 1994 gegen Christoph Schröder, hielt es Timo nicht für nötig, seine Eltern anzurufen. Sie erfuhren es am nächsten Tag. »Ich war eben nicht der große Telefonierer.« Und es gab aufwühlende Mannschaftsspiele, die seine Kollegen nicht losließen. Jeden der entscheidenden Ballwechsel haben sie in der Umkleidekabine noch einmal durchdiskutiert, während Timo in der Ecke saß und seelenruhig seine Sachen zusammenpackte. In Timos Innenwelt ruhte der Ball. »Wenn das Spiel vorbei ist, habe ich eigentlich kein Interesse mehr daran«, sagt er, »da höre ich lieber zu, was die anderen erzählen, und lasse mich ein bisschen berieseln.«

In der Shichahai-Sportschule holen die Trainer nun ein Mädchen in einem zitronengelben Trikot an Timos Tisch. Während die Jungs Timo ihre besten Schläge vorführen, steht sie noch schüchtern in der Ecke und schlurft dann betont x-beinig Richtung Tisch. Gegen Europas Besten zu spielen scheint ihr ein bisschen unangenehm zu sein. Vor Timo verbeugt sie sich erst einmal. Sie spielt mit links – genau wie Timo. Ihre ersten beiden Vorhand-Topspins landen im Netz. Doch mit jedem Schlag wird sie sicherer und ihr Gesicht zeigt nun Entschlossenheit. Ihr Körper spannt sich, stolz und ein wenig feierlich. Der Schwung, mit dem sie den Ball schlägt, lässt ihre Haare nach vorn fliegen.»Verrückt, dass sie sich direkt mit der Vorhand hinstellt und gleich Topspin spielt«, wundert sich Timo über ihre Angriffslust. Als sie nach einer langen Serie von Topspins Bälle aufsammelt, stelle ich ihr einige Fragen, Carl, unser Betreuer vom Organisationsteam, übersetzt Chinesisch-Englisch. Zhou heißt sie, ist elf Jahre alt, spielt seit vier Jahren Tischtennis und lebt seit drei Jahren im Internat der Shichahai-Sportschule.

Sie sei zu zierlich für andere Sportarten wie Radfahren gewesen, deshalb kam Tischtennis infrage. Mit sieben Jahren hat sie angefangen und bei der letzten nationalen Schülermeisterschaft schon den vierten Platz belegt. Ihr Trainingspensum: in der Schulzeit täglich vier Stunden, in den Ferien fünf. Morgens um halb neun beginnt die erste Einheit, nachmittags um halb drei die zweite, in den Ferien jeweils zweieinhalb Stunden, sonst zwei.»Jeden Abend um 20 Uhr telefoniere ich mit meinen Eltern«, erzählt sie. Ihre Eltern würden sie regelmäßig besuchen, in den Ferien fahre sie nach Hause. Zu Hause, das ist Anshan im Nordosten Chinas, 600 Kilometer entfernt von Peking. Aus ihrer Heimatstadt kommen auch die Einzel-Weltmeisterin Guo Yue und die Doppel-Weltmeisterin Li Xiaoxia.

Rückschlag sei ihre besondere Stärke, dabei sieht auch Zhous Vorhand-Topspin beachtlich aus. Ihr Vorbild sei Zhang Yining.»Ich hoffe, dass ich einmal Weltmeisterin werden kann«, sagt sie. Möchte sie von Timo vielleicht etwas wissen, ihm eine Frage stellen? Sie schüttelt heftig den Kopf, als habe man sie eben gefragt, ob sie rückwärts vom Zehn-Meter-Brett springen wolle. Ein Autogramm von Timo holt

33

sie sich aber noch. Die Trainer rufen nun alle zusammen für ein Gruppenfoto, und wenn Timo es in paar Jahren noch einmal anschauen wird, könnte er darauf vielleicht Spieler entdecken, die ihren Platz in der Weltrangliste gefunden haben. Der stellvertretende Schuldirektor Liu Yanbin kommt noch einmal auf uns zu. Wir wollen erfahren, wie die Kinder in seine Schule aufgenommen werden. »Die Schule veranstaltet Turniere für ganz China, um die besten Spieler auszuwählen. Nach körperlichen Fähigkeiten und Talent, nach psychischen Fähigkeiten, aber auch nach Fleiß«, erzählt er. Außerdem reisen zweimal im Jahr Trainer durch die Provinzen und suchen die größten Talente aus, viele von ihnen sind zwischen acht und zehn Jahren alt.

Auch Timo erhielt eine Einladung, als er acht Jahre alt war. Von dem Mann, der aus ihm den bisher besten deutschen Tischtennisspieler und die Nummer eins der Weltrangliste machen würde. Timo hatte gerade bei den hessischen Jahrgangsmeisterschaften den dritten Platz belegt, als er von Helmut Hampl zum Sichtungslehrgang eingeladen wurde. Ein langes Probetraining also, bei dem Hampl herausfinden wollte, ob neue Talente heranreiften, die in die Fördergruppen aufgenommen werden sollten.

Hampl hatte früher selbst in der Bundesliga gespielt und als hessischer Landestrainer schon andere Spitzenspieler wie Jörg Roßkopf nach oben gebracht. Wie war nun sein erster Eindruck von Timo, dem Jungen, der sich als sein bester Schüler herausstellen sollte? Ein begnadetes Genie? »Ein etwas pummeliger Junge mit viel Ballgefühl«, sagt Hampl trocken. Aha. Seinen zweiten Eindruck sollte er dann beim Lehrgang in Frankfurt am Main bekommen, er fand dort in der Sportschule statt und dauerte fünf Tage. Für Timo eine ganz neue Erfahrung.

Ich war zum ersten Mal über Nacht von zu Hause weg – eine Katastrophe. Ich war in einem Viererzimmer untergebracht, und die anderen drei Jungs schliefen schon tief und fest. Nur ich konnte nicht einschlafen. Für mich ist eine Welt untergegangen, weil ich mir so allein vorkam und Angst hatte, ich würde die ganze Nacht kein Auge zutun. Was sollte ich also machen? Ich war schon am Heulen, bin rausgegangen auf den Flur und habe zum Glück gleich den ersten Trainer gefunden. Wenig später kam Helmut in mein Zimmer, hat sich zu mir ans Bett gesetzt, mich zugedeckt und ist noch ein bisschen bei mir sitzen geblieben, bis ich eingeschlafen war.

Fürsorglich – das war also Timos erster Eindruck von Hampl. Dabei wirkt der Trainer anfangs knurrig, manche seiner Sätze fallen etwas von oben herab, wohl auch weil er 1,92 Meter groß ist. »Der Schleifer« ist er früher genannt worden, wegen seiner strengen Art, und Timo erinnert sich noch an Trainingseinheiten in Frankfurt, bei denen er gleich wieder nach Hause geschickt wurde, weil er mit seinem Vater zu spät ankam. Ob Stau die Ursache war oder etwas anderes, interessierte Hampl nicht. Die Profis lässt Hampl heute noch einen Euro bezahlen für jede Minute, die sie zu spät kommen.

Doch das ist nur eine Seite von Helmut Hampl und Timo sagt, sie sei im Laufe der Jahre auch immer weiter in den Hintergrund getreten. Die andere: Für seine Spieler gibt Hampl alles, er schälte sogar Orangen, als Timo das zu mühsam war.

Hampl arbeitet heute noch dort, wo damals der Lehrgang stattfand, in der Sportschule des Landessportbunds Hessen neben dem Fußballstadion der Frankfurter Eintracht, in der Otto-Fleck-Schneise, wo beinahe alle großen deutschen Sportverbände sitzen und die benannt ist nach einem Forstmeister des umliegenden Waldes. Hampl hat dort seinen Dauerplatz, in einer Vitrine hängt sein Porträt, er ist zu Hessens Trainer des Jahres gewählt worden und am schwarzen Brett verkünden mehrere Zeitungsartikel den Sprung seines besten Spielers auf Platz eins der Weltrangliste, auch wenn Timo Boll schon seit einigen Jahren für Borussia Düsseldorf spielt. Auf dem Weg durchs Haus in die Cafeteria wird Hampl niemand begegnen, der nicht gerne ein Schwätzchen mit ihm hält.

Hat Hampl sich als Trainer denn nicht immer einen Spieler wie Timo gewünscht, so wie ein Goldschmied einen perfekten Edelstein zum Bearbeiten? Ungerührt erklärt Hampl: »Er war schon gut am Anfang, aber die anderen waren nicht so weit weg von ihm.« Das mag auch an Hessen liegen, das mit seinem Fördersystem sehr viele sehr gute Tischtennisspieler hervorbringt. Früh versuchen die Trainer, die besten Talente zu finden und sie dann im Kadertraining auszubilden.

Am ersten Lehrgangstag begann Hampl mit seinem Testprogramm, um herauszufinden, wie viel Talent in den jungen Spielern steckt. Die Lernfähigkeit wollte er zum Beispiel prüfen und machte dafür eine halbe Stunde Einzeltraining. Für Timo hatte er eine besondere Aufgabe ausgesucht: Rückhand-Topspin. Der zählt zu den schwierigsten Schlägen, denn bei ihm bleibt anders als beim Vorhand-Topspin nicht so viel Platz für die Bewegung, sie wird zum großen Teil vor dem Bauch ausgeführt, und der Ball bestraft technische Schwächen mit einem lustlosen Flug ins Netz oder einer Bogenlampe am Tisch vorbei.

Als Hampl die ersten Bälle auf die andere Tischhälfte spielte, war er beeindruckt: »Innerhalb von drei Bällen konnte er den Rückhand-Topspin.« Doch das genügte nicht. Wie würde Timo am nächsten Tag spielen? Würde sich sein

Arm noch an den richtigen Bewegungsablauf erinnern?»Er
konnte es perfekt«, erzählt Hampl und auf seinem Gesicht
breitet sich ein Grinsen aus, fröhlich und bedeutungsvoll, als
sei er persönlich bei der Mondlandung dabei gewesen.
Lernfähigkeitstest also mit Eins bestanden.»Er hat das
Handgelenk eingesetzt, er hat den Touch gehabt.« Vom
Touch, vom Gefühl, den Ball ideal zu treffen, werden später
sogar die Chinesen reden, wenn sie Timos Spiel beschreiben.

Und noch jemanden lernte Timo bei diesem Lehrgang
kennen, der in seinem Leben sehr wichtig werden würde:
Christian Lüllig. Mit ihm verstand er sich so gut, dass er ihn
später als Trauzeugen auswählen würde. Bei einem Testspiel
während des Lehrgangs brachte Timo Christian Lüllig mit
einem Seitenschnittaufschlag fast zur Verzweiflung. Doch
anstatt zu fluchen, fing Timos Gegner an zu lachen.»Wir
waren uns gleich sympathisch«, sagt Lüllig. Später, bei einer
hessischen A-Schüler-Rangliste, wiederholte sich etwas Ähnliches: als sich die beiden ein hartes Duell lieferten, Lüllig
in einem Riesenballwechsel den Punkt machte und jubelte,
aber Timo, anstatt sich zu ärgern, zu lachen anfing.

Christian Lüllig ist zwei Jahre älter als Timo Boll, er wohnt
heute bei Wiesbaden und arbeitet in der Marketingabteilung
einer großen Firma. Mit dem Tischtennis hat er längst aufgehört, zwischenzeitlich spielte er beim SV Wehen Wiesbaden Fußball und ist jetzt Trainer im Leistungszentrum. Er
sieht schon auf den ersten Blick wie eine Sportskanone aus,
wie ein Surfer. Umso überraschender, dass er mit seinem son-
nigen Gesichtsausdruck erzählt, Wasser sei so gar nicht sein
Element. Trotz seines sportlichen Ehrgeizes hat Lüllig Timos
Ausnahmestellung von Anfang an anerkannt.»Bollinger, so
nenne ich ihn heute noch, hat in entscheidenden Situationen
immer die bessere Antwort gehabt. Immer wenn es knapp
war, hat er sein bestes Tischtennis gespielt. Und er hat wirk-

lich gespielt, das Spiel zelebriert, ganz unbekümmert. Das zeichnete ihn damals schon aus und unterscheidet ihn heute noch von anderen Spielern der Weltspitze.« Nur bei der Siegerehrung wirkte Timo nicht so gelassen, erzählt Lüllig mit einem Augenzwinkern:»Ihm ist mindestens der Deckel, wenn nicht der ganze Pokal runtergefallen. Mit so viel Erfolg kann man ja auch nicht klarkommen.«

Zunächst zweimal, dann dreimal in der Woche sollte Timo fortan zum Kadertraining nach Frankfurt fahren, er war aufgenommen in den Förderkreis, obwohl er nicht bei allen Prüfungen gut abgeschnitten hatte. Bei der Kondition etwa, wo es beispielsweise den Coopertest gab: zwölf Minuten laufen, so weit, wie man kommt.»Er ist oft gegangen, anstatt zu laufen«, erzählt Hampl und lächelt milde. Wie ein Athlet sah Timo ohnehin nicht aus, und es scheint ihn selbst manchmal ein bisschen zu erstaunen, wie aus ihm später so ein drahtiger Sportler wurde. Denn seine körperlichen Schwächen hat er nicht vergessen:

Ich war beim Laufen immer der Schlechteste. Vor diesen Läufen hatte ich wirklich einen Horror. Ich habe versucht, alles zu geben, aber wenn ich auf die Zielgerade eingebogen bin auf unserer Strecke am Frankfurter Stadtwald in Niederrad und die letzten 150 Meter vor mir sah, musste ich auf einmal anfangen zu würgen. Ins Ziel bin ich meistens mehr gestürzt und habe mich dabei übergeben. Das war irgendwie psychisch, weil ich mich so verausgabt hatte. Ich war wirklich jedes Mal der Letzte.»Das kleine, dicke Boll« haben mich die anderen scherzhaft genannt und einer von ihnen, Björn Ungruhe, hat mir immer gern die Backen geknuddelt, weil die so schön dick waren.

Für Timos Figur gab es eine einfache Erklärung. Während andere mit zwei Taschen voll Trainingskleidung ins

Trainingslager fuhren, hatte er eine Tasche mit Klamotten dabei und eine mit Proviant, und darin immer mindestens eine Tupperdose mit Süßigkeiten, die ihm seine Mutter eingepackt hatte, gefüllt mit Plätzchen, Gummibärchen und langen grünen Schnüren mit süßem Apfelgeschmack, einem Meisterwerk der Aromastoffindustrie.

Wenn der Trainer die Süßigkeitendose gefunden hat, dann hat er sie sofort einkassiert. Am Ende des Lehrgangs habe ich sie leer zurückbekommen. Er hat gesagt, er hätte alles an die anderen Trainer verteilt. Zum Glück hat er sie nicht immer gefunden. Aber manchmal hat er mich auf frischer Tat ertappt, wenn ich im Zimmer saß, eine Hand in der Dose, und es nicht mehr rechtzeitig geschafft hatte, sie zu verstecken. Auch die anderen waren immer ganz heiß auf den Kuchen meiner Mutter, weil sie wirklich sehr gut backen kann. Später, als ich zwischen 10 und 14 Jahre alt war, habe ich zwar vor der Schule nie viel gegessen, ein kleines Brot vielleicht. Mittags habe ich dann aber umso mehr reingehauen, im Training hatte ich irgendwelche Plunderstückchen vom Bäcker dabei und nach dem Training habe ich mir noch mal vier Toasts mit Salami und Käse überbacken reingezogen. Das hat offenbar etwas angesetzt.

Helmut Hampl hatte jedoch trotz oder gerade wegen Timos nicht gerade athletischer Figur eine einmalige Entscheidung getroffen: »Als er ein Jahr hier im Leistungszentrum war, also mit neun Jahren, habe ich mir überlegt: Mit ihm kannst du etwas machen, was du noch nie gemacht hast. Bis zu seinem elften Lebensjahr habe ich kein Wettkampftraining mit ihm gemacht«, also keine Übungen, die das Spiel nach-ahmen, bei denen die Spieler viele Entscheidungen treffen müssen, sogenannte unregelmäßige Übungen. »Es gab nur Kontroll- und Techniktraining. Vorhand und Rückhand im regelmäßigen Wechsel. Dadurch habe ich versucht, die Technik so aufzubauen, dass er sowohl eine starke Vorhand als auch eine starke Rückhand bekommt.«

Das war eine Abkehr von der damaligen Tischtennislehre. Die fand es nämlich schick, eine besonders starke Vorhand auszubilden, so spielten die Asiaten. Eine Betonung der Vorhand setzt jedoch flinke Beine voraus, denn die Rückhand muss oft umlaufen werden. Weil Timo diese flinken Beine nicht hatte, bekam er eine herausragende Rückhand, mit der er heute spektakuläre Punkte machen kann.

»Wenn ich ihm gesagt hätte, er solle alles mit der Vorhand spielen, wäre er nur Durchschnitt geworden. Ziel unseres Trainings war nicht der Punktgewinn. Ziel war es, keinen Fehler zu machen«, erläutert Hampl. Er arbeitete mit Timo auf ein lückenloses Spiel hin. Egal, wo der Gegner hinspielt, jeder Zentimeter des Tisches soll abgedeckt werden, auch der kritische Punkt in der Mitte, an dem sich der Spieler zwischen Vorhand und Rückhand entscheiden muss.

Heute benutzt Hampl einen erstaunlich großen Vergleich. »Er war wie Mozart. Denn von Mozart sagt man immer, er sei ein Wunderkind gewesen. Auch Timo konnte man in seinem jungen Alter ziemlich schnell ziemlich viel beibringen.« Doch ist »Mozart des Tischtennis« nicht fast ein geschützter Begriff? Reserviert für den wohl begabtesten Spieler, den das Tischtennis bisher erlebt hat, den Schweden Jan-Ove Waldner? Wegen seiner Kreativität und der Fähigkeit, dem Gegner genau dahin zu spielen, wo er es am wenigsten erwartet? Mit seinem Vergleich stellt Hampl Timo Boll auf eine Stufe mit Waldner und adelt ihn als Nachfolger des großen Schweden.

Drei Dinge waren also früh zu sehen, die Timos Begabung fürs Tischtennis ausmachen: seine Lernfähigkeit. Seine Stärke, sich im entscheidenden Moment zu konzentrieren und strategisch zu denken. Und das Talent zum Entspannen. Bevor es losging und wenn alles vorbei war, erzählt Timo, ließ er Tischtennis eben Tischtennis sein.

Es gibt Spieler, die denken von morgens bis abends nur an Tischtennis. Ich beschäftige mich im Grunde nur damit, wenn ich in der Halle stehe, wo ich ja eine Menge Zeit verbringe. Gerade früher habe ich mir außerhalb der Halle nicht viele Gedanken über Tischtennis gemacht. Meine Mutter hat am Wochenende meine Tasche gepackt, mein Vater die Autoschlüssel geholt, und erst dann habe ich gefragt: Wo geht es überhaupt hin? In der Halle habe ich einfach drauflosgespielt. Was sich vielleicht ein bisschen dröge anhört, ist, glaube ich, eine Stärke von mir: Ich habe mich vorher überhaupt nicht verrückt gemacht. Auf der Rückfahrt und zu Hause haben wir nie viel über Tischtennis gesprochen. Ich glaube, es würde mich sehr belasten, wenn ich mir auch noch in meiner Freizeit Gedanken über Tischtennis machen würde.

Das Training hatte sich mittlerweile deutlich ausgeweitet. Als Timo elf war, bekamen er und seine Eltern Besuch vom Deutschen Tischtennis-Bund. Istvan Korpa, der damalige Bundestrainer für den männlichen Nachwuchs, hatte bei ihnen im Wohnzimmer Platz genommen. Als Spieler war er mit Jugoslawien Mannschaftseuropameister geworden und hatte im Einzel bei der EM 1970 das Finale erreicht. Sein Anliegen an Familie Boll: Timo solle ins Internat, nach Heidelberg. Das sei besser für seine Entwicklung. »Wir wollen die besten Talente konzentrieren. Dabei orientieren wir uns nicht nur an den besten Ländern in Europa, sondern vor allem an China.« Es sei ein gutes Gespräch gewesen, erzählt Korpa, »wir haben alle Argumente ausgetauscht.« Aber eine Chance hatte er mit seinem Plan nicht. »Das kommt für uns nicht infrage. Timo will nicht und er hat doch hier in Hessen eine hervorragende Förderung«, entgegnete

Wolfgang Boll. Timo saß schweigend daneben. Seinen Eltern hatte er schon vorher erklärt, dass er auf keinen Fall von zu Hause wegwolle. Noch heute sagt Timo: »Ich habe viel zu sehr an Höchst gehangen. Und zum Glück ist aus unserer Trainingsgruppe in Hessen kaum einer ins Internat gegangen, dadurch hatten wir vielleicht sogar ein besseres Training als in Heidelberg.«

Diese Entscheidung hat Korpa akzeptiert: »Gerade Timos Mutter hatte Bedenken, weil sie der Schule Priorität eingeräumt hat. Ich habe aber auch gesehen, wie sehr sich Helmut Hampl engagiert hat.« Hampl und Korpa kennen sich gut, für die FTG Frankfurt hatten sie in den Siebzigern fünf Jahre zusammen in der Bundesliga gespielt. Korpa wohnt ebenfalls in Hessen und besuchte Timo weiterhin regelmäßig im Training, um seine Entwicklung zu verfolgen und sich mit Hampl auszutauschen.

So wie Hochbegabte in der Schule Klassen überspringen, so ließ Timo beim Tischtennis einige Altersstufen aus. Mit elf Jahren spielte er bei den Erwachsenen in der Mannschaft, als Nummer eins in der Bezirksklasse beim TSV 1875 Höchst, sein Vater spielte auf Position drei. »Na, darfst du heute Abend auch mal mit?«, fragten die Gegner Timo, er durfte ohnehin nur Freitagabend dabei sein, weil samstags keine Schule war. Doch am Tisch erlebten sie ein kleines Wunder und wurden ausgespielt. Ein Junge, der es den Erfahrenen zeigte, mit einem nicht gerade spektakulären, aber durchdachten Spiel. Timo wurde als Attraktion bewundert, als kleiner Tischtennis-Prinz. Er kann sich dabei nur an zwei Ausnahmen erinnern, als einmal einer der Älteren nach einem Fehler auf seinen nicht zu verachtenden Unterschnittaufschlag rief: »Scheiß Kinderaufschläge!«, und ein anderer nach einer Niederlage durch die Halle brüllte: »Jetzt verliere ich schon gegen den kleinen Scheißer!«

In der zweiten Hälfte jener Saison rückte Timo in die erste Mannschaft nach, sie spielte in der Verbandsliga und stieg mit Timo in die Hessenliga auf. Auch dort gewann er die meisten seiner Spiele. Um noch weiter nach oben zu kommen, musste Timo den Verein wechseln. Er ging zur FTG Frankfurt und bekam dort einen besonderen Doppelpartner: Helmut Hampl. Lustig habe es ausgesehen, erzählt Timo, »das dicke Boll und der schlanke Helmut nebeneinander. Damals war ich, glaube ich, schon ein bisschen besser als er, denn er war nicht mehr der Schnellste. Aber ich habe mich untergeordnet und seiner Erfahrung vertraut, so lief es ganz harmonisch ab.« Hampl sagt, dass ihm das Zusammenspiel mit Timo in einer Mannschaft und im Doppel wichtig war, um ihn noch besser führen zu können, um ihn vorzubereiten auf das Leben als Tischtennisprofi.

Dass Timo auf eine solche Karriere zustürmte, zeigte er auch bei den Nachwuchs-Europameisterschaften. 1995, mit 14 Jahren, gewann er bei den Schülern im Einzel, Doppel und mit der Mannschaft die Goldmedaille. Nach einem Jahr bei der FTG Frankfurt wechselte er zum TTV Gönnern, einem Klub aus der Zweiten Bundesliga. Timos Bühne wurde immer größer, und selbst die Zweite Liga absolvierte er im Schnelldurchlauf. Eine Saison mit nur einer Niederlage im Einzel an Position fünf, dann stieg er mit dem TTV Gönnern in die Bundesliga auf. Mit 15. Als jüngster Stammspieler der Bundesliga-Geschichte. Und damit verbunden war ein Experiment, das es so im deutschen Sport noch nie gegeben hatte.

Sein Leben abseits des Tischtennis sollte ja auch noch weitergehen, vor allem die Schule. Sport, Französisch und Englisch waren Timos Lieblingsfächer. Diktate in Deutsch seien ihm leichtgefallen, in Aufsätzen habe er zu seiner Überraschung immer gute Noten bekommen, Physik und Chemie hätten ihm dagegen weniger Spaß gemacht, erzählt er. In seine Zeugnisse schrieben seine Lehrer jede Menge Zweier und Dreier. Eine Vier bekam Timo nur in Mathe. »Schriftlich stand ich in Mathe immer zwischen Zwei und Drei, aber mündlich hat mir mein Lehrer immer eine Vier oder Fünf reingehauen. Er war eigentlich ein guter und fähiger Lehrer, aber ich war ihm vielleicht zu ruhig.«

Doch außer ins Leistungszentrum Frankfurt noch nach Gönnern zum Training fahren, das mehr als 150 Kilometer von Höchst entfernt liegt, und am nächsten Tag wieder zur Schule? »Wir mussten uns etwas einfallen lassen«, sagt Hampl, der damals auch Cheftrainer in Gönnern war. Für das Problem Schule und Bundesliga auf einmal gab es jedoch eine Lösung: Wenn Timo nicht nach Gönnern kommt, dann kommt eben Gönnern zu ihm. Eine ganze Bundesligamannschaft zieht zu ihrem hoffnungsvollsten Spieler. Ein einmaliger Plan. Für Tischtennis. Für den gesamten deutschen Sport.

In China ziehen Kinder Hunderte Kilometer von ihren Eltern weg, um eine der besten Tischtennisschulen zu besuchen. 2000 solcher Schulen soll es in China geben, staatliche und private, auf dem Land und in der Stadt. Zwölf dieser Schulen stehen unter der Aufsicht des Chinesischen Tischtennis-Verbandes, Shichahai ist eine von ihnen. Timos Verein TTV Gönnern ließ sich dagegen auf ein Experiment ein, und die anderen Bundesligaspieler mussten sich bereit erklären, eine Wohnung in Höchst zu beziehen, die vom Verein angemietet wurde. Sie waren also nicht nur Bundesligaspieler, sondern auch Trainingspartner für Deutschlands größtes Talent.

So etwas wird es wahrscheinlich nie mehr geben. Wenn ich heute zurückdenke, weiß ich erst richtig zu schätzen, was das für eine Geste war, was für ein einmaliges Modell. Der Verein hätte es sich einfacher machen können. So sind Tausende von Mark und später Euro an Fahrtkosten entstanden, weil die Mannschaft natürlich am Wochenende zu den Spielen nach Gönnern gefahren ist. Sie haben wirklich alles für mich getan, damit ich es gut habe und in Höchst wohnen bleiben kann.

Jeden Morgen ist Helmut mit dem Auto hergekommen. Ohne ihn hätte es dieses Modell sowieso nicht gegeben. In China sind die Eltern dagegen heilfroh, wenn ihre Kinder in einem Internat aufgenommen werden. Ich habe es selbst bei einem China-Aufenthalt erlebt, dass dann die ganze Familie mitfiebert, wenn die Ausscheidungsspiele anstehen. Der Sport hat in China eben einen Stellenwert wie bei uns der Schulabschluss. Von daher sehe ich heute erst, was dieses Modell eigentlich bedeutet hat.

Zur ersten Bundesligasaison wurde aus Gudrun Boll die Mutter einer ganzen Tischtennismannschaft. Sie suchte Wohnungen für die Spieler aus, bestückte sie mit Geschirr und Bettwäsche, nahm Päckchen an und schaute, dass alle versorgt waren. Dass Timo Nestwärme brauchte, auch mit 15, spürten Trainer und Eltern gleichermaßen. »Ich habe das ganz stark so empfunden, er ist einfach ein Familienmensch und sehr heimatverbunden«, sagt seine Mutter.

Auch mit dem neuen Modell einer professionellen Trainingsgruppe in Höchst wollte Hampl noch mehr Trainingszeit gewinnen. Wenn es schon mal ein so großes Talent gibt. Und weil alle Nachmittage bereits mit Übungseinheiten belegt waren und das Wochenende mit Wettkämpfen, blieb nur noch der Morgen. Hampl besuchte also den Direktor des Höchster Gymnasiums. »Timo spielt jetzt in der Bundesliga und ist Schüler-Europameister, das ist doch eine Ehre für die Gemeinde Höchst. Daraus soll noch mehr werden, deshalb muss Timo auch morgens trainieren«, erklärte er ihm. Als

Antwort bekam er: »Ja, wir können das machen, wenn die Noten stimmen.«

Die Sonderregelung in der Schule brachte Timo Trainingszeit, aber ein wenig unangenehm war es ihm auch. Er wollte nicht auffallen. Als eine Lehrerin einmal vor der Klasse erwähnte, sie habe in der Zeitung von seinen Erfolgen gelesen, war ihm das peinlich. Als etwas Besseres wollte er auf keinen Fall dastehen. Doch wenn seine Klassenkameraden Musikunterricht hatten, Kunst oder Sport, stand Timo immer wieder in der Sporthalle und trainierte mit seiner Mannschaft. Durch das neue Modell kam er auf sieben Trainingseinheiten in der Woche. Fünfmal am Nachmittag, zweimal für je drei Schulstunden am Vormittag. »Er musste als Ausgleich mal ein Bild malen oder so«, sagt Hampl. Als Timo von diesem Bild erzählen soll, fängt er an zu grinsen: »Stimmt. Aber das Bild hat mein Vater für mich gemalt.«

Später wird sich Hampl oft anhören müssen, Timo sei verhätschelt worden, auch von ihm, und zu sehr in Abhängigkeit von ihm geraten. »So ein Quatsch!«, faucht Hampl. »Die Einzigen, die Timo bis heute kritisieren, sind sein Vater und ich.«

Nicht nur die Nähe zu seiner Familie ist Timo wichtig, auch die zu seinen Freunden, ob aus der Schule, der Nachbarschaft oder dem Sport. Timo bringe alles mit, um ein guter Freund zu sein, findet Christian Lüllig: »Er ist absolut verlässlich, hat immer ein offenes Ohr trotz aller Verpflichtungen und ist einfach eine Vertrauensperson. Wenn man ein Geheimnis hat, kann man es ihm bedenkenlos anvertrauen.«

Was ihm seine Freunde in der Schule bedeuteten, das mussten auch wieder die Trainer des Deutschen Tischtennis-Bundes erfahren. Istvan Korpa traf sich mit Timo und Wolfgang Boll. Es ging um die bevorstehenden Jugend-Europameisterschaften. Vor jeder großen Meisterschaft gab es drei Lehrgänge, alle mussten sich gemeinsam vorbereiten, nur überschnitt sich einer dieser Lehrgänge mit Timos Klassenfahrt. »Die Mannschaft muss komplett da sein, sie schaut auf dich, denn als Nummer eins bist du auch Vorbild«, sagte Korpa zu Timo. »Was ist dir wichtiger, die Klassenfahrt oder die erfolgreiche Gestaltung der EM?«, fragte der Bundestrainer und dachte beim Stichwort Klassenfahrt auch an wenig Schlaf und Alkohol. Aber Timo verteidigte seine Position: »Ich mache doch schon zwei Lehrgänge mit.« Von der Fahrt konnte Korpa ihn nicht abbringen, nicht einmal mit Druck. »Dann müsst ihr mich eben sperren.« Das war sein letztes Wort.

Gespielt hat Timo trotzdem, wieso sollte der Verband auf seinen besten Spieler verzichten? Korpa machte eine Ausnahme für Timo, auch weil er ihn für vernünftig und gewissenhaft hielt. »Er hat für die Mannschaft immer das Maximale gegeben.« Von der Jugend-EM kam Timo mit der Silbermedaille im Einzel zurück. Und in den folgenden beiden Jahren wieder mit der Goldmedaille im Einzel. Das Fachmagazin »deutscher tischtennis sport«, das heute einfach »tischtennis« heißt, schrieb 1997: »In seiner Alterskategorie beherrscht derzeit niemand der bis zu zwanzig Monate älteren Spieler selbst die schwierigsten Schlagtechniken derart perfekt wie Jugend-Europameister Timo Boll. Für manchen ist Timo Boll bereits jetzt ein ›Herr der Bälle‹. Der Vergleich ist nicht unangebracht, verfügt der junge Mann doch im Gegensatz zu vielen anderen über die besondere Fähigkeit, die Flugbahn des Balles nicht nur durch Geschwindigkeit und Effet, sondern auch durch bewusste Platzierung maßgeblich zu beeinflussen.«

Timo sagt heute: »Wenn ich nicht so erfolgreich gespielt hätte, dann hätten mich bestimmt Trainer und Mitspieler auf dem Kieker gehabt und gesagt: ›Der Boll kann machen, was er will.‹« Notfalls hätte er auf die Jugend-EM verzichtet. »Es gibt eben manchmal wichtigere Dinge als Tischtennis. Ich habe schon damals gemerkt, wie gut es mir getan hat, mal den Kopf freizubekommen vom Tischtennis.« Verständnis fand er mit seiner Einstellung bei Helmut Hampl. »Timo war immer ein Kumpeltyp, er wollte mit seinen Kumpels wegfahren.« In seinen Trainingsgruppen war Timo trotz mancher Privilegien beliebt. »Immer, wenn die Jungs was von mir wollten, haben sie Timo vorgeschickt, ob sie nun ins Kino wollten oder ich eine Konditionseinheit ausfallen lassen sollte. Timo war immer integriert in die Gruppe, er wollte nie gesondert gesehen werden.« Und Timo fügt hinzu: »Bei mir ist Helmut am ehesten weich geworden.«

Die Klassenfahrt war damals zugleich der vorläufige Abschluss von Timos Schullaufbahn auf dem Gymnasium. Zehnte Klasse, mittlere Reife mit einem Notendurchschnitt von 2,5, und jetzt ein neuer Abschnitt: Gemeinsam hatten sie einen Entschluss gefasst, Timo, seine Eltern, Helmut Hampl, und dabei den Schuldirektor mit einbezogen. Timo sollte es einmal versuchen, sich ganz auf Tischtennis zu konzentrieren, als Profi auf Probe.

Als großes Risiko habe ich diese Entscheidung nicht empfunden, denn ich hatte damals schon ein Jahr mit einer ausgeglichenen Bilanz in der Bundesliga gespielt. Mit 16 Jahren habe ich mehr verdient als mein Vater als Maschinenschlosser. Vorher hätte ich nie gedacht, dass man mit Tischtennis so viel Geld verdienen kann. Ich habe damals pro Monat 4000 Mark bekommen und noch einmal 500 für jedes gewonnene Spiel.

Sein erstes Bundesligaspiel hatte Timo Boll mit dem TTV Gönnern zu Borussia Düsseldorf geführt. Ein Los als Symbol. Denn Düsseldorf war der Klub von Jörg Roßkopf, dem besten deutschen Spieler und Timos Vorbild. Weltmeister im Doppel mit Steffen Fetzner war er 1989 geworden, drei Jahre später Europameister im Einzel und Olympiazweiter im Doppel.

Als ich von diesem Gegner hörte, hatte ich sofort das Begriffspaar Roßkopf/Düsseldorf im Kopf. Das einzige Bundesligaspiel, das ich bis dahin live gesehen hatte, war auch ein Spiel von Borussia Düsseldorf mit Roßkopf gewesen, da war ich neun. Ich bin damals ein bisschen durch die Halle gelaufen, als mir Rossi, wie ihn alle nannten, entgegenkam. Das ist deine Chance für ein Autogramm, dachte ich mir. Ich habe meinen ganzen Mut zusammengenommen und ihn nach einer Unterschrift gefragt. Seine Antwort: Nicht während des Spiels. Ich war unglaublich enttäuscht.

Auch die Bundesligakarriere von Timo Boll begann mit einer Enttäuschung. Sein Gegner, der Belgier Philippe Saive, war ihm ein ganzes Stück überlegen. Timo verlor und tröstete sich mit Demut:»Für einen aus dem unteren Paarkreuz war das ein Wahnsinnsspieler, deshalb war es eine Ehre, überhaupt gegen ihn zu spielen, und ich war ziemlich nervös.« 1700 Zuschauer hatten sein erstes Bundesligaspiel gesehen, die meisten waren jünger als Timo, sie hatten zuvor an der Kinderolympiade teilgenommen.

Auf seinen ersten Sieg in der Bundesliga musste Timo allerdings nicht lange warten, er gelang ihm im ersten Heimspiel. Helmut Hampl sieht den furiosen Erfolg gegen Miroslav Bindatsch vom TTC Frickenhausen noch vor sich, in dem Timo Bindatschs lange Aufschläge mit seinem schnellen Handgelenk beantwortete. Timo gewann, und Hampl glaubt, dass dieser Sieg wie Dünger für sein Selbstvertrauen gewirkt habe.

Die Zeit in Gönnern brachte noch eine Besonderheit mit sich: Nach dem Aufstieg in die Bundesliga war Xu Zengcai in den Verein gekommen, ein früherer chinesischer Nationalspieler. Er würde Timo mit seinem Spiel, aber auch mit seiner Art darauf vorbereiten, dass der Schlüssel für eine große Tischtenniskarriere in der Ferne liegt – in China.

In der Shichahai-Sportschule ist Timo ganz schön ins Schwitzen gekommen. »Ich bin bestens eingespielt, mein Block steht für den Wettkampf!«, ruft er mir zu. Der stämmige Chinese und der Kasache ziehen die Beläge von ihren Schlägern ab, Timo soll seine Unterschrift auf die Hölzer schreiben. Von jetzt an ist die Erinnerung an eine kleine Trainingseinheit mit einem Weltranglistenersten bei jeder Ballberührung dabei.

Timo packt seine Sachen zusammen und schaut noch einmal in die große Halle, wo immer noch einige Kinder spielen. Er wirkt irgendwie zufrieden, so kommt es mir vor. »Was geht dir denn gerade durch den Kopf?«, frage ich ihn.

»Es beruhigt mich, dass es den Kindern auch Spaß macht. Es ist nicht nur stupides, hartes Training. Du kannst nicht nur durch Zwang so gut werden. Man sieht, was den Kindern Tischtennis bedeutet.«

»Du machst dir ja richtig Sorgen um den Ruf deiner Sportart.«

»Klar. Mir sagen oft Leute: Die Chinesen, die sind doch nur deshalb so gut, weil sie den ganzen Tag über gedrillt werden und nichts von ihrer Kindheit haben. Aber schau doch mal in die Gesichter der Kinder. Die sind begeistert. Ich habe schon ganz andere Sachen erlebt. Als ich in einem anderen Trainingszentrum in Peking mal ein bisschen rumgelaufen bin, stand ich auf einmal bei den kleinen Turnerinnen in der Halle. Sie haben gerade Spagat geübt. Ihre Füße lagen dabei auf zwei Kästen und die Trainer haben die Mädchen zur Dehnung immer weiter nach unten gedrückt, bis sie vor Schmerzen geschrien haben. Das ist im Tischtennis anders. Ich glaube auch, es ist eine große Chance und Ehre, hier zu sein.«

»Woher kommt deine Überzeugung?«

»Ich höre immer sehr genau zu, wenn zum Beispiel chinesische Trainer erzählen, und ich bekomme viel von Spielerkarrieren mit. Wer sich für den Leistungssport entscheidet, wird in China abgesichert. Entweder man schafft es bis ganz nach oben oder man bekommt einen Job vermittelt. Viele können hier Trainer werden, denn es gibt Unmengen von Trainerstellen. Das Risiko bei einer Profikarriere im Tischtennis ist viel geringer als bei uns.«

Im besten Fall beginnt hier eine Weltkarriere mit Ruhm und Wohlstand. Und noch scheinen Eltern ihr Kind gerne in ein Sportinternat wie Shichahai zu geben, daran hatte offenbar auch die Ein-Kind-Politik nicht allzu viel geändert, die Ende der siebziger Jahre in China eingeführt wurde, um dem Bevölkerungswachstum und der schlechten Versorgung entgegenzuwirken und mehr Wirtschaftswachstum zu erreichen. Es kamen etwas mehr Kinder vom Land ins Sportinternat, weil dort die Ein-Kind-Politik nicht so streng durchgesetzt wurde wie in der Stadt, erfahren wir vom stellvertretenden Schuldirektor Liu Yanbin. Wenn das erstgeborene Kind auf dem Land ein Mädchen war, durfte die Familie ein zweites Kind bekommen, denn die Söhne sind als Arbeitskräfte schon eingeplant und müssen später die Eltern in der Rente unterstützen. Das war eine der Ausnahmeregeln der Ein-Kind-Politik. Inzwischen ist daraus die Zwei-Kind-Politik geworden. Nachwuchssorgen hat Shichahai jedenfalls nicht, wie Liu Yanbin versichert:»Die Eltern wollen ihre Kinder zu uns schicken und die Kinder wollen zu uns, wir müssen niemand überreden.« Derzeit betreuen sie neunzig Tischtennisspieler in der Schule, die jüngsten von ihnen sind sechs Jahre alt. Wenn sie 15 sind, entscheiden Eltern, Trainerteam und Spieler dann, ob Tischtennis wirklich ihr Beruf werden soll.

Wir gehen die Treppen wieder nach oben, vorbei an einer großen Wand, die an das fünfzigjährige Jubiläum der Schule erinnert und auf der viele Meister von früher abgebildet sind wie in einer Ahnengalerie. Die Schule dürfen wir aber erst verlassen, als wir noch ein Gastgeschenk in der Hand halten: einen Beutel mit dem Film über die Sportschule und einem Briefmarkensatz mit den Köpfen von all den berühmten Tischtennisspielern, die in der Shichahai-Schule ein Stück von dem gelernt haben, was erfolgreiches chinesisches Tischtennis ausmacht. Und die einen ganz anderen Weg hinter sich haben als den, der Mitte der achtziger Jahre im Odenwald begann.

Busfahrt in die Geschichte

Wie China das Wunderland des Tischtennis wurde

Der Bus holt uns wieder von der Sportschule ab und chauffiert uns durch Pekings breite Straßen zurück zum Hotel. Ein Motorroller fährt an uns vorbei. Der Fahrer, ein Mann in einem abgewetzten Sakko, schaut kurz zu uns herein und stößt dann ein »Bor« aus, kein bisschen verwundert über die Begegnung mit Timo, als sei eben heute wieder einmal Boll-Tag in Peking.

An einer Straßenecke stupst mich Timo an und zeigt auf einen kleinen Laden. Ein Tischtennisschläger über dem Eingang verrät, was es hier zu kaufen gibt. Und auch die Schriftzeichen kommen ihm bekannt vor: »Pingpang qiu«, murmelt Timo, »Ping Pong Ball«, der chinesische Name für Tischtennis. Die Zeichen für Ping und Pong unterscheiden sich nur durch einen Strich, es sieht aus, als stehe Ping auf dem linken Bein und Pong auf dem rechten.

Vorn beim Busfahrer steht eine Flasche mit Tee, die Teeblätter liegen schwer auf dem Flaschengrund und ich frage mich, wie lange wohl schon. Vielleicht gießt der Fahrer immer wieder mal heißes Wasser nach.

Jetzt beugt er sich nach hinten und hält uns mit auffordernder Geste eine Packung Kaugummis unter die Nase – sie schmecken ein bisschen nach Medizin. Von der Packung lächelt uns Olympiasiegerin Zhang Yining an. Am Tisch lächelt sie eigentlich nie, ihre Spielweise hat ihr den Namen »Eiskalte Killerin« eingebracht. Wer weiß, ob sie darauf stolz ist.

Mit Tischtennis kann man in China leicht beeindrucken. Sogar die Käufer von Kaugummis. Mit dem Schläger in der Hand haben sich auch die Staatschefs gerne fotografieren lassen, angefangen von Mao Zedong bis zu Hu Jintao. Wie schafft es Tischtennis nur, in China zugleich volksnah und staatstragend zu sein? Was bedeutet den Chinesen überhaupt Tischtennis? Sie scheinen Tischtennis als Gesellschaftsspiel wie Omas bestes Kuchenrezept weiterzugeben. Von Generation zu Generation. Und das nun schon so lange, dass man vielleicht nicht mehr weiß, woher es eigentlich kommt. Es waren schließlich gar nicht die Chinesen, die Tischtennis erfunden haben. In den englischen Salons des ausgehenden 19. Jahrhunderts entwickelte es sich, auch als Schlechtwettervariante des Tennis. Das macht es umso erstaunlicher: Ein anfänglich aristokratisches Spiel wurde zum Nationalsport eines kommunistischen Landes.

Wie es dazu kam? Durch nichts weniger als Weltpolitik.

Mao Zedong, der Große Vorsitzende der Kommunistischen Partei und Staatsgründer der Volksrepublik China, war Tischtennis so dankbar, dass er es zum Nationalsport machte. Denn Tischtennis half ihm dabei, internationale Anerkennung zu finden.

Der Zweite Weltkrieg war in China in einen Bürgerkrieg übergegangen. Die kommunistische Rote Armee von Mao Zedong kämpfte gegen Chiang Kai-shek und dessen Truppen der Nationalpartei Kuomintang um die Vorherrschaft in China. Die Rote Armee siegte, der Vorsitzende der Kommunistischen Partei Mao rief 1949 die Volksrepublik China aus und wurde Regierungschef. Chiang Kai-shek floh mit eineinhalb Millionen Anhängern auf die Insel Taiwan. Von dort aus wollte er die Republik China fortführen und bildete eine Übergangsregierung, die irgendwann wieder für ganz China verantwortlich sein sollte. Sein Regime auf Taiwan vertrat China auch bei den Vereinten Nationen.

Mao dagegen bekam internationale Anerkennung durch Tischtennis. Der Internationale Tischtennis-Verband ITTF war 1952 einer der ersten Sportverbände der Welt, der die Volksrepublik als Mitglied aufnahm.

Bis dahin war Tischtennis ein unbedeutender Sport in China gewesen, eingeführt Anfang des 20. Jahrhunderts aus

Europa durch Handel, Diplomatie und Militär, zuerst wurde es daher in den Hafenstädten gespielt. Doch Mao machte Tischtennis zum Mittel, um China nach innen und außen zu stärken. Von ihm stammt auch der martialische Ausspruch: »Betrachtet den Tischtennisball als Kopf eures kapitalistischen Feindes. Trefft ihn mit eurem sozialistischen Schläger und ihr habt den Punkt für das Vaterland gewonnen.«

Tischtennis passte perfekt zu einem kommunistischen Regime: einfach und ohne teure Ausrüstung zu spielen, geeignet für Stadt und Land. Ein Volkssport für die selbst ernannte Volksrepublik. Dass Tischtennis eine Einzelsportart ist und in Maos Regime das Kollektiv Vorrang haben sollte, ist nur auf den ersten Blick ein Widerspruch. Denn in China hat sich der einzelne Spieler bis heute unterzuordnen in die Trainingsgruppe und die Mannschaft.

Wenn man in Deutschland die Leute auf der Straße fragen würde, welche Begriffe ihnen zu China einfallen, würden als Antworten vielleicht besonders häufig Mao, Mauer und Tischtennis genannt. Als Timo und ich uns im Bus darüber unterhalten, frage ich ihn, was er in China schon von Mao und der Mauer gesehen hat.

»Von Mao begegnen mir immer wieder Bilder. Und an der Mauer war ich tatsächlich 2007 zum ersten Mal, also nach mehr als zehn Jahren Chinareisen. Vorher hatte es einfach nie in den Zeitplan gepasst. Wie bestimmt alle, die da waren, hat sie mich unglaublich beeindruckt. Aber China wäre für mich ohne die Mauer genauso faszinierend.«

Was Mao betrifft, hat die Staatsführung inzwischen eine offizielle Beurteilung herausgegeben: Er hatte zu siebzig Prozent recht und zu dreißig Prozent unrecht. Millionen von Hungertoten, die auf seine desolate Wirtschaftspolitik zurückgehen, sowie Opfer von Staatsterror lassen sich in China heute nicht mehr leugnen. Aber Mao scheint China nicht loszulassen, weil so vieles mit ihm verbunden ist, auch der Durchbruch des Tischtennis.

Der ereignete sich so: 1953 reiste China erstmals zu einer Tischtennis-Weltmeisterschaft, und zwar nach Bukarest. Die Herrenmannschaft wurde Siebter. Nur sechs Jahre dauerte es bis zu einem ganz großen Triumph, er gelang 1959 bei der Weltmeisterschaft in Dortmund. Der 21 Jahre alte Rong Guotuan gewann das Herreneinzel und damit den ersten Weltmeistertitel überhaupt für China im Sport. China war in der Welt des Sports angekommen – dank Tischtennis. Wieder war Mao mit Worten nicht zimperlich und nannte den Sieg im Tischtennis »unsere geistige Atomwaffe«.

Zwei Jahre später trug Rong Guotuan noch einmal zu einem großen Sieg bei, einem, der auch ein politischer war. 1961 fand die Weltmeisterschaft erstmals in China statt, in Peking. Im Mannschaftsfinale der Herren standen sich China und Japan gegenüber. Das war politisch so brisant, als hätten kurz nach dem Zweiten Weltkrieg Deutschland und die Sowjetunion ein Fußballfinale bestritten. Denn Japan hatte China im Krieg überfallen und unvorstellbare Massaker an der Bevölkerung verübt.

Im Tischtennis war Japan die Weltmacht Nummer eins. Fünfmal hintereinander hatten die Japaner bis 1961 den Mannschaftstitel bei den Herren gewonnen. In der 15.000 Zuschauer fassenden Arbeitersporthalle von Peking warteten nun alle auf dieses Finale. Und auf Rong Guotuan, den Weltmeister im Einzel. Doch seit seinem Titelgewinn zwei Jahre zuvor hatte er an Stärke eingebüßt. Er verlor gleich seine zwei ersten Spiele, China lag zurück. Seine beiden Mannschaftskollegen glichen danach nicht nur aus, sie brachten China in Führung. 4:3 stand es, als Rong Guotuan zu seinem letzten Spiel an den Tisch ging. Er gewann 2:1 – China war nun auch zum ersten Mal Mannschaftsweltmeister. Ein weiterer Schub für Tischtennis folgte. Denn es sorgte nicht nur für internationale Anerkennung, sondern auch noch für Revanche. Tischtennis erfüllte China ganz große Wünsche. Die international bedeutendste Episode sollte aber noch folgen.

Unser Bus steuert jetzt weiter Richtung Hotel. Timo tippt eine SMS in sein Smartphone und zieht anschließend noch ein zweites aus seinem Rucksack. Meinen verwunderten Blick muss er bemerkt haben, denn er sagt: »An sich bin ich ein sparsamer Mensch, aber Handys habe ich drei, um von den neuesten Modellen jeweils alle Stärken nutzen zu können.« Mobiltelefone sind Verbündete der Spieler gegen die Langeweile, auch deshalb legen sich viele immer das beste Modell zu. Denn alle Transfers zusammengerechnet muss Timo bereits mehrere Wochen in solchen Shuttlebussen verbracht haben. Vom Flughafen zum Hotel, vom Hotel zur Halle, von der Halle wieder zurück. »Ich genieße die Zeit, man ist ein bisschen für sich«, sagt Timo und lehnt sich zurück. In einem Shuttlebus passiert jedenfalls nicht viel und der Kopf kann sich hier zum Beispiel auf den Wettkampf einspielen.

Glenn Cowan muss damals auch schon mit seinen Gedanken in der Sporthalle gewesen sein, als er in den Bus einstieg. Es war die Weltmeisterschaft 1971 im japanischen Nagoya und die erste WM des Amerikaners Cowan, er war gerade 18. Mit seinen langen Haaren, Schlapphut und Schlaghose trug er die Mode der Siebziger spazieren. Ein Hippie beim Tischtennis.

Von der Trainingshalle wollte er mit dem Shuttle zur Wettkampfhalle fahren. Erst im Bus merkte er, dass keiner seiner Teamkollegen aus den USA drinnen saß. Es waren die chinesischen Nationalspieler, die ihn anschauten, manche belustigt, manche misstrauisch, manche so entsetzt, als wäre er ein Außerirdischer. Schließlich trugen damals selbst die chinesischen Frauen ihre Haare kurz. Doch Aussteigen ging nun nicht mehr, der Bus war schon losgefahren und mit ihm kam etwas ins Rollen, das als Ping-Pong-Diplomatie in die Geschichte eingehen sollte.

»Sag mal, wo ist dir die Ping-Pong-Diplomatie denn schon begegnet?«, frage ich Timo.

»Sie wird immer wieder mal erwähnt, zum Beispiel bei Banketten, wenn die Funktionäre ihre Reden halten.«

»Also wie ein Symbol für Verständigung durch Sport?«

»So könnte man es sagen. Ich selbst habe mich früher gar nicht so dafür interessiert, weil ich dachte, dass es ja im Grunde nur um den Austausch zwischen einer amerikanischen und einer chinesischen Mannschaft ging. Und die USA spielen für uns Tischtennisspieler keine besonders große Rolle. Ein großes Land zwar, aber mit einem kleinen Tischtennismarkt. Ich dachte also, Ping-Pong-Diplomatie heißt: Wogen geglättet, politische Annäherung erreicht. Aber je länger ich darüber nachdenke, desto häufiger frage ich mich: Was wäre eigentlich ohne diese Annäherung passiert? Wo würde China stehen? Es war doch ein Wahnsinnsschritt, der letztendlich auch auf mich, auf mein Leben, große Auswirkungen hatte.«

China hatte sich schließlich damals selbst isoliert. Auch im Tischtennis. Die beiden Weltmeisterschaften 1967 und 1969 hatten die Chinesen ausgelassen, in ihrem Land tobte die Kulturrevolution. In diesem Kampf war nicht mehr viel Platz für Tischtennis. Zhuang Zedong, der Weltmeister im Einzel von 1961, 63 und 65, erhielt in dieser Zeit Trainingsverbot. Mao wollte die Kommunistische Partei Chinas erneuern und nach seinen Vorstellungen umbesetzen, deshalb hatte er 1966 die Kulturrevolution ausgerufen. Es entbrannte ein Streit um die richtige Ideologie des Kommunismus. Eine Radikalisierung der Gesellschaft mit gegenseitiger Bespitzelung war die Folge, die nicht mit dem offiziellen Ende der Kulturrevolution 1969, sondern erst mit Maos Tod 1976 nachließ. Schüler und Studenten wurden zur Feldarbeit geschickt, um das harte Leben der Bauern kennenzulernen. Auf einmal war alles verdächtig. Besitz vor allem, aber auch Begabung. Und zu den Opfern gehörte der erste Held des chinesischen Tischtennis, Rong Guotuan. Er wurde der Spionage verdächtigt und zu vier Jahren Gefängnis verurteilt. 1968 kam er in einem See ums Leben, ob freiwillig oder ob er dazu gedrängt wurde, ist bis heute nicht geklärt. »Ich liebe mein Leben, aber meine Ehre liebe ich noch mehr«, soll er gesagt haben. Eine Bronzestatue erinnert heute in seiner Heimatstadt Zhuhai an den ersten chinesischen Weltmeister.

Tischtennis sollte China jedoch zurück auf die Weltbühne bringen, erst sportlich, dann politisch. Bevor die Weltmeisterschaft 1971 in Japan anstand, reiste der Präsident des Japanischen Tischtennis-Verbandes Koji Goto nach Peking, wo er von Ministerpräsident Zhou Enlai empfangen wurde, und lud China zur WM ein. Die Entscheidung, nach Jahren der Abstinenz doch wieder zur Tischtennis-WM zu fahren, traf Mao selbst, und Zhou Enlai gab der Mannschaft noch ein Motto mit auf den Weg: »Zuerst die Freundschaft, dann der Wettkampf.« Es ist ein geflügeltes Wort im internationalen Sport geworden: »Friendship first, competition second.«

Dieses Motto musste nun eine 15-minütige Belastungsprobe überstehen, so lange sollte die Fahrt von Glenn Cowan und der chinesischen Nationalmannschaft im Bus zur Halle dauern. Galt Zhou Enlais Botschaft eigentlich auch für den Umgang mit Amerikanern? Zwischen China und den USA herrschte Eiszeit, im Koreakrieg Anfang der fünfziger Jahre hatten sie gegeneinander gekämpft. Außerdem führten die USA gerade Krieg in Vietnam und wollten den Kommunismus in Asien zurückdrängen.»Unser Delegationsleiter hatte uns vorher gesagt: Ihr dürft jedem die Hand schütteln, nur keinem Amerikaner. Und ihr dürft mit jedem Fotos machen, nur mit keinem Amerikaner«, erzählte Zhuang Zedong später bei einem Vortrag. Er saß 1971 in der letzten Reihe des Busses und wurde zusammen mit Glenn Cowan zum Hauptdarsteller der Ping-Pong-Diplomatie.

Die Geschichte vom Beginn dieser Annäherung musste Zhuang Zedong immer wieder erzählen. In China. In den USA. Sie hat ihn mehr geprägt als seine acht Weltmeistertitel. Glenn Cowan starb 2004 und Zhuang Zedong trug die Erinnerung an diese Begegnung bis zu seinem Tod 2013 allein durch die Welt. Im Internet kann man sich einige seiner Vorträge als Videos anschauen.

Als der Bus Richtung Halle rollte, fragte Cowan nach einem Dolmetscher unter den Chinesen und begann mit einer kleinen Rede.»Ich weiß, mein Schlapphut, meine Haare, meine Klamotten sehen für euch lustig aus. Aber es gibt viele, viele Menschen, die so aussehen wie ich und die denken wie ich.« Cowan sah sich als Revolutionär und damit als Verbündeter der Chinesen:»Wir haben ebenfalls Unterdrückung in unserem Land erlebt, die wir bekämpfen. Und wir werden bald die Kontrolle übernehmen, weil die Leute an der Spitze von gestern sind.«

Als Reaktion auf Cowans Eröffnung kam von den Chinesen – gar nichts.»Als alle gemerkt hatten, dass der Fremde ein Amerikaner ist, hat sich niemand getraut, ihn anzusprechen«, erzählte Zhuang Zedong. Die Kulturrevolution habe ihren Teil dazu beigetragen, die Spieler einzuschüchtern:»Jeder, der auch nur irgendeinen Kontakt zu einem Ausländer unterhielt, wurde als Verräter verdächtigt.«

Als erfolgreichster Spieler war Zhuang Zedong eine Art Mannschaftssprecher. Diese Rolle wollte er nun ausfüllen und Cowan ansprechen. Zwei Dinge hätten ihn dazu bewogen. Zum einen ein Satz von Mao:»China sollte alles dafür tun, um eine gute Beziehung zu den Vereinigten Staaten aufzubauen.« Wie der Satz in die politische Konstellation passte? Mao wollte das belastete Verhältnis zu den USA aufbrechen, um Chinas internationalen Einfluss zu steigern. Und dass die USA durch den Vietnamkrieg geschwächt waren, machte eine Annäherung für ihn wahrscheinlicher. Zwei Supermächte als Gegner waren Mao ohnehin eine zu viel. Denn die Rivalität mit der Sowjetunion hatte sich immer weiter zugespitzt. China und die Sowjetunion stritten um die Vorherrschaft in der kommunistischen Bewegung und steckten zudem in einem Grenzkonflikt, in dem es auf beiden Seiten Tote gegeben hatte.

Zum anderen erinnerte sich Zhuang Zedong an seine Herkunft.»Ich kam aus einer gebildeten Familie und meine konfuzianische Erziehung hatte mich gelehrt, zu anderen freundlich zu sein.« Zu dieser Freundlichkeit gehört als Erstes ein Geschenk. Aber als er in seiner Tasche kramte, fand er erst nur Anstecker mit dem Bild von Mao und eine Mao-Mütze. Unpassend, dachte er sich. Dann zog er ein Seidentuch heraus, auf dem der Huangshan aufgemalt war, die schönste Berglandschaft Chinas. Das wollte er Cowan überreichen.

Geschenke spielen eine große Rolle in der chinesischen Kultur, sie sollen Verbindungen zwischen Menschen schaffen, Erinnerungen festhalten, und was sie bedeuten, hat auch Timo schon erfahren:

Zu jedem Turnier im Ausland bekommen wir Spieler in der Regel vom ausrichtenden Verband einen Ablaufplan. Ich hatte mir leider abgewöhnt, diese Zettel zu lesen, weil im Grunde immer dasselbe draufstand. Das hat mich einmal in eine unangenehme Situation gebracht. Bei einem Preisgeldturnier in Harbin, ganz im Nordosten Chinas, überreichten die Veranstalter jedem von uns Spielern ein Bild mit Tigerfell, keinem echten, denn dort sind die Tiger vom Aussterben bedroht. Dann fragten uns die Veranstalter, was wir denn für sie dabeihätten. Tja, und wir Tischtennisspieler, wie wir halt so sind, hatten eben unseren Ablaufplan leider nicht gelesen. Auf dem stand als Programmpunkt: Austausch von Geschenken. Die Gesichter der Organisatoren wurden ganz schön lang, als sie merkten, dass wir ihnen nichts mitgebracht hatten. Seitdem lese ich mir die Ablaufpläne wieder genau durch.

Mit seinem Seidentuch in der Hand musste Zhuang Zedong 1971 noch an seinen Teamkollegen vorbei. Sie wollten ihn aufhalten, als er ihnen sagte, er würde jetzt mit dem Amerikaner sprechen. Doch er hörte nicht auf sie. Über einen Dolmetscher begann das Gespräch.»Obwohl die amerikanische Regierung nicht freundlich gegenüber China war, sind die Menschen in Amerika immer die Freunde der Chinesen gewesen. Um diese Freundschaft auszudrücken, möchte ich dir dieses Geschenk machen.« Cowan zeigte sich gerührt, so erzählte es Zhuang Zedong:»Sein jungenhaftes, nettes Lächeln hat mich sehr beeindruckt. Ich habe es bis heute nicht vergessen.«

Die beiden tauschten noch einige Freundlichkeiten aus. Und es wäre wohl bei einer zwischenmenschlichen Begegnung geblieben, wenn nicht so viele Journalisten an der Halle auf die Chinesen gewartet hätten, um über ihre Rückkehr auf die internationale Tischtennisbühne zu berichten.

Als die Türen des Busses aufgingen, bot sich den Fotografen ein überraschender Anblick: ein Amerikaner mit einem chinesischen Geschenk in der Hand und neben ihm Weltmeister Zhuang Zedong. Mehrere japanische Zeitungen druckten dieses Foto am nächsten Tag auf ihren Titelseiten mit der Überschrift:»USA und China nähern sich an.«

Damit begann das diplomatische Spiel erst richtig, auch
für Zhuang Zedong, der am selben Abend zum Delegationsleiter zitiert wurde. Er solle den Kontakt zu Cowan sofort
beenden, wurde ihm befohlen. Wieder verwies er auf den
Auftrag Maos, dass sie doch ein gutes Verhältnis zu den
Amerikanern aufbauen sollten. Einspruch des Delegations-
leiters: Zhuang solle sich auf den Wettkampf konzentrieren
und nicht mehr an Politik denken. Wie politisch Tischtennis
sein kann, sollte Zhuang Zedong jedoch in der zweiten Runde des Einzels erfahren, als er gegen einen Kambodschaner
auf Anweisung seiner Mannschaftsleitung kampflos aus-
schied, weil China die damaligen Machthaber in Kambod-
scha als Marionetten der USA ansah. Außerdem musste er
dem Delegationsleiter versprechen, nicht mehr mit Cowan
zu reden.

Aber Cowan wollte noch mit ihm reden. Er hatte im Bus
nichts bei sich gehabt, was er Zhuang Zedong hätte schen-
ken können, abgesehen von einem Kamm.

Am zweiten Wettkampftag wartete Glenn Cowan daher
bereits auf Zhuang Zedong, umarmte ihn und überreichte
ihm als Geschenk ein T-Shirt mit dem Aufdruck »LET IT BE«
und einer amerikanischen Flagge, auf der statt der Sterne
das Peace-Zeichen prangte. Auch diesen Moment hielten die
Fotografen fest. Nun wurde es langsam offiziell, denn der
Delegationsleiter der Amerikaner besuchte seinen chinesischen Kollegen und fragte ihn, ob die Amerikaner nicht nach
dieser WM nach China reisen könnten, die Mannschaften
aus Kolumbien, Kanada, England und Nigeria seien von den
Chinesen doch auch eingeladen worden.

Mit dieser Entscheidung war der chinesische Delegationsleiter überfordert. Er schickte ein Telegramm ans Außen-
ministerium seines Landes und bat um Hilfe. So erzählte es
Zhuang Zedong, auch wenn nicht sicher ist, was im Laufe

der Jahre noch alles an Schmückendem um diese Legende herumgeflochten worden ist. Das Ministerium sagte: Die Zeit ist noch nicht reif für einen Besuch der Amerikaner. Schließlich unterstützte die USA noch das Regime in Taiwan. So sah es auch Ministerpräsident Zhou Enlai. Und Mao Zedong. Die Ping-Pong-Diplomatie schien zu Ende, nach einem Ping aus Seide und einem Pong aus Baumwolle. Doch laut Zhuang Zedong ging sie dann erst richtig los – mit einer Schlaftablette.
»Wie wir alle wissen, wirken Schlaftabletten nicht sofort. Weil Mao nicht schlafen konnte, las er sich noch einmal ein paar Berichte durch, die für die politisch Verantwortlichen bestimmt waren.« Dabei stieß Mao auf die Geschichte mit seinem Tischtennis-Weltmeister und Glenn Cowan. Offenbar hat sie ihn beindruckt, denn am nächsten Tag verkündete er einen Entschluss: »Ladet das amerikanische Team nach China ein. Die Begegnung zwischen Zhuang Zedong und Cowan ist so natürlich. Dieses Treffen war von der Geschichte gewollt.«

Die Mitglieder des amerikanischen Teams erfuhren davon an ihrem letzten Wettkampftag der WM. Helle Aufregung war die Folge. »Wir hatten es auf einmal sehr eilig, denn in allen amerikanischen Pässen stand ein Vermerk, dass wir nicht ins kommunistische China reisen durften. Unsere Pässe mussten also schnell zur Botschaft in Tokio, um den Vermerk zu beseitigen«, erinnert sich Connie Sweeris. Sie war damals 23, Zahnarzthelferin aus Grand Rapids im Bundesstaat Michigan und die beste Spielerin der USA. Am Telefon erzählt sie mir von dieser Reise, die sie immer noch begleitet.

Dass hier etwas Historisches vor sich ging, wurde ihr erst in Etappen klar. Zum Beispiel in Hongkong, von wo aus die Tischtennisspieler einen Tag nach Ende der Weltmeisterschaft in die Volksrepublik einreisten. Denn in Hongkong wurden sie von Korrespondenten der größten amerikanischen Medien angesprochen, ob sie nicht eine Kamera mit ins Land nehmen oder sich schon einmal für eine Exklusivstory verabreden könnten. Die 15-köpfige amerikanische Tischtennisdelegation war schließlich die erste amerikanische Gruppe seit 1949, die China besuchte. Als einer ihrer chinesischen Begleiter später gefragt wurde, wann er zum letzten Mal einen Amerikaner gesehen habe, antwortete er: »Auf dem Schlachtfeld des Koreakriegs.«

Sweeris' erster Eindruck in China war nicht gerade der beste: »Wir mussten einen Fluss überqueren, und auf der Brücke standen bewaffnete Rotarmisten mit Gewehren. Sie haben uns unsere Pässe abgenommen und gesagt, die würden wir erst bei unserer Ausreise zurückbekommen. In einem kommunistischen Land zu sein und keinen Pass zu haben, hat mich nervös gemacht.« Sie musste sich selbst gut zureden, dass ihr schon nichts passieren werde. »Ich habe mir gesagt: Sie haben uns doch eingeladen und alles initiiert. Also werden sie auch alles dafür tun, uns zu beschützen und sicher wieder rauszubringen.«

Zwei Freundschaftsspiele standen während dieser einwöchigen Reise auf dem Programm, eins in Peking, eins in Schanghai. In der riesigen Stadionhalle in Peking standen zwei Tische, einer für die Spiele der Damen, einer für die der Herren. Aber beeindruckend war vor allem die Kulisse: 18.000 Zuschauer. Für die Amerikaner war es schon viel, wenn einmal 700 Menschen zu ihren US Open in die Halle kamen, die Spieler mitgerechnet. »Tischtennis wurde bei uns in den USA eher als Freizeitsport angesehen, jeder hat mal in der Army oder im College gespielt, aber als Leistungssport war es unpopulär«, erklärt Sweeris.

In Peking waren Zuschauer einfach in die Halle abkommandiert worden, so reimte es sich Sweeris zusammen, das

Spiel fand schließlich mitten am Tag statt. »Die Regierung schien alles unter Kontrolle zu haben. Wenn jemand einen Punkt machte, haben alle geklatscht, gleichzeitig, wie gesteuert, das war nichts Spontanes.« Die meisten Zuschauer trugen die Mao-Uniform, auch Militärs waren in der Halle. Sportlich mithalten konnten die Amerikaner eigentlich nicht. Sie standen zwischen Platz 21 und 28 der Weltrangliste, gerade einmal 5000 organisierte Tischtennisspieler gab es in den USA, unter ihnen keinen richtigen Profi. Doch vorgeführt wurden sie trotzdem nicht. Die Chinesen nahmen es mit dem Freundschaftsspiel wörtlich und machten gegen Satzende wie zufällig einige leichte Fehler, so dass auch die Amerikaner einige Spiele gewannen. Bei Weltmeisterschaften bis in die achtziger Jahre sollen die Chinesen den anderen Ländern sogar Titel im Doppel oder Mixed überlassen haben, als Zeichen der internationalen Freundschaft.

Zum Abschluss der Wettkämpfe in Peking liefen beide Mannschaften noch einmal in die Halle ein, paarweise, ein Amerikaner und ein Chinese und sie hielten sich an den Händen. Diese sportliche Atmosphäre war auch der Grund, warum sich Sweeris bis heute mit ihrem Tischtennisspiel nicht für politische Zwecke benutzt fühlt. »Wir konnten doch sogar mit den Chinesen trainieren. Es war ein Privileg. Ich war sehr glücklich darüber, nach China zu reisen und für die USA Geschichte zu schreiben. Ich weiß noch, als mein Sohn in der High School war, ein Buch über amerikanische Geschichte lesen sollte und im Unterricht sagte: ›Ich kenne das Foto und diese Frau. Das ist meine Mutter.‹ Es war das Cover des Magazins ›Time‹, das uns vor der Chinesischen Mauer zeigte.«

Der Besuch der Chinesischen Mauer war ein Höhepunkt für die Amerikaner, der andere der Empfang durch den 73 Jahre alten Ministerpräsidenten Zhou Enlai in der Großen

Halle des Volkes. Er schüttelte jedem die Hand und machte Fotos mit allen. »Zhou wirkte auf mich wie ein gütiger, intelligenter Mann und drückte sich immer sehr diplomatisch aus«, beschreibt Sweeris ihn. Ein Satz von ihm an die Amerikaner wird in die Geschichte eingehen: »Ihr Besuch in China hat ein neues Kapitel aufgeschlagen in den Beziehungen zwischen dem chinesischen und dem amerikanischen Volk.« Nach der Begrüßung eröffnete Zhou eine Fragerunde. Er wollte wissen, ob es irgendeine Kritik an China gebe, ob sie etwas hätten besser machen können. Der Präsident des US-amerikanischen Tischtennis-Verbandes Graham Steenhoven sagte daraufhin: »Ja, ich habe etwas zu beanstanden.« Sofort herrschte gespenstische Stille. Ein Eklat lag in der Luft, ausgerechnet verursacht vom Leiter der amerikanischen Delegation. »Meine Kritik ist«, begann er, »Sie geben uns zu viel zu essen.« Erleichtertes Raunen in der Runde. Auch Sweeris hat die Bewirtung nicht vergessen. »Wir haben sehr viel Armut gesehen. Aber bei diesen riesigen Banketten wurden uns zehn Gänge serviert. Dabei auch viel Ungewohntes, gedämpfter Fisch mit Kopf und Flossen, Haimagensuppe und schwarze Hühnerfußsuppe.«

Eine Frage nach Zhous Haltung zum Tischtennis gab es auch, und er erwiderte: »Obwohl ich schon im fortgeschrittenen Alter bin, kann ich immer noch spielen. Es ist der einzige Sport, den ich beherrsche.« Glenn Cowan stellte ebenfalls eine Frage. Was denn der chinesische Ministerpräsident über die Hippies denke. Zhou Enlais Antwort: »Junge Leute sollten verschiedene Wege ausprobieren. Aber sie sollten versuchen, etwas zu finden, das im Einklang mit der Mehrheit steht. Ich wünsche Ihnen dabei viel Erfolg.« Cowan war generell begeistert von China, vor allem vom Umgang der Menschen miteinander: »Wo sonst kann man ein drei Jahre altes Kind sehen, das ein zwei Jahre altes auf dem Arm trägt?«

Die amerikanische Delegation verließ nach dem Abenteuer ihres Lebens China, und hinter den Kulissen flog der Ball weiter von einer Seite zur anderen im politischen Ping-Pong-Spiel. Zehn Tage nach der Ausreise des Tischtennisteams erhielt die amerikanische Regierung eine Nachricht von Zhou Enlai: Die chinesische Regierung unterstreiche ihre Botschaft, den amerikanischen Präsidenten Richard Nixon zu empfangen. Nixons damaliger Nationaler Sicherheitsberater, der spätere US-Außenminister Henry Kissinger, wertete das als »wichtigste Kommunikation mit einem amerikanischen Präsidenten seit dem Zweiten Weltkrieg«. Zweimal flog Kissinger 1971 nach China, um einen Besuch Nixons vorzubereiten.

Tischtennis war also das Vorspiel für eine bedeutende politische Annäherung. Aber war es nicht einfach nur benutzt worden für berechnende Machtpolitik? Die USA und China hatten schließlich schon vor der Weltmeisterschaft in Nagoya freundliche Signale aneinander ausgesendet. Die Chinesen wollten eben einen Platz in der ersten Reihe der Weltgemeinschaft haben. Die Amerikaner ihrerseits wollten den Vietnamkrieg vergessen machen, sie sahen China auch als Handelspartner. Und als Gegengewicht zur Sowjetunion. Vor allem brauchte auch Nixon ein Erfolgserlebnis. »Wenn es noch etwas gibt, was ich vor meinem Tod tun möchte, dann nach China reisen«, hatte er 1970 in einem Interview mit dem Magazin »Time« gesagt.

Nixon flog dann tatsächlich in die Volksrepublik, im Februar 1972, als erster Präsident der Vereinigten Staaten. Er traf Zhou Enlai, er traf Mao Zedong. Es war der Beginn einer neuen Epoche. »Eine Woche, die die Welt verändert hat«, resümierte Nixon nach seiner Rückkehr in die USA, und seine Reise nach China ist wohl neben dem Vietnamkrieg und Watergate das dritte Ereignis, das aus seiner Amtszeit herausragt. Sogar ein geflügeltes Wort ist daraus entstanden: »Only Nixon could go to China.« Es bedeutet, dass nur ein Anti-Kommunist wie Nixon glaubwürdig mit den Kommunisten in China verhandeln konnte.

Die Ping-Pong-Diplomatie machte Weltpolitik. Mit der Sowjetunion konnten sich die USA auf die Begrenzung strategischer Waffen einigen. Die Amerikaner hoben ihr Handelsembargo gegen China auf. China wurde von 1971 an bei den Vereinten Nationen auf Beschluss der Vollversammlung von der Volksrepublik vertreten. Taiwan war damit ausgeschlossen, weil die Volksrepublik darauf bestand, ganz China allein zu repräsentieren.

Die chinesische Tischtennismannschaft kam 1972 zum Gegenbesuch in die USA und bestritt wieder Freundschaftsspiele. Nixon empfing sie im Weißen Haus, die amerikanischen Spieler mussten hinter einer Absperrung warten. Als Nixon rauskam, rief ihm einer der Spieler zu: »Mister President, möchten Sie nicht das amerikanische Team begrüßen, das nach China gereist ist?« Nixon schüttelte ihnen im Vorbeigehen die Hände, hielt einen kurzen Plausch, das wars.

Mag sein, dass Tischtennis für Nixon nur Ping Pong war, ein unbedeutendes Spielchen, so wie Krocket im Garten. Aber hätte es ein besseres Symbol geben können für diese Annäherung als das Tischtennisspiel? Eine passendere Rahmenhandlung? Im Tischtennis waren die Chinesen zu Hause und konnten sich der Welt als Meister präsentieren, gerade gegenüber den USA. Dazu noch der Charakter des Spiels: Hin und her, Ping und Pong, der eine spielt den Ball übers Netz, der andere spielt ihn zurück, er fliegt ziemlich schnell, aber wenn keiner hart auf ihn einschlägt, kann ein Ballwechsel ganz schön lange dauern.

So sehr sich Tischtennisspieler sonst dagegen wehren, dass ihr Sport Ping Pong genannt wird, weil es so verniedlichend klingt – die Ping-Pong-Diplomatie darf sehr gerne so heißen.

Tischtennis löste damals in der internationalen Politik ein anderes Spiel ab: Domino und die damit verbundene Theorie der Amerikaner, nach der die Staaten in Asien alle nacheinander umfallen und kommunistisch werden könnten. Der kleine Tischtennisball hatte den großen Erdball in Bewegung gebracht.

In China haben die Ereignisse Anfang der siebziger Jahre den Tischtennismythos tief im Bewusstsein der Nation verankert. So schreibt der chinesische Autor Da Chen in seinem Roman »Die Farben des Berges. Eine Kindheit in China«: »Der Erfolg dieser Ping-Pong-Diplomatie ließ uns anschwellen wie Heißluftballons.« Auch für den Sport selbst hatte das Folgen: China schickte viele Trainer in die Welt hinaus, als Lehrmeister und Kulturbotschafter.

Auf die Ping-Pong-Diplomatie berufen sich viele, wenn sie mit Sport Politik machen und Verständigung zwischen Ländern erreichen wollen. Als der amerikanische Präsident Barack Obama ein Badmintonteam zur Vertrauensbildung in den Iran senden wollte, war sofort von einer »Badminton-Diplomatie« die Rede, Indien und Pakistan sprachen bei der Cricket-Weltmeisterschaft 2011 von ihrer Hoffnung, das Halbfinale der beiden streitenden Länder könne die gleiche Wirkung haben wie die Ping-Pong-Diplomatie, und Tischtennis selbst wollte ebenfalls sein Erbe pflegen, deshalb lud der internationale Verband 2011 gemeinsam mit der Organisation »Peace and Sport« unter anderem Mannschaften aus Indien und Pakistan, Nord- und Südkorea, dem Iran und den USA, China und Russland zu einem Turnier mit untereinander gemischten Doppeln ein.

Das Geniale am Tischtennis hat auch der Regisseur Robert Zemeckis erkannt. In seinem Film »Forrest Gump« lässt er Tom Hanks mit Unterstützung des Computers das rasanteste Tischtennis der Welt lernen und anschließend als Ping-Pong-Diplomat nach Peking reisen. Vor Beginn der

Dreharbeiten riefen die Universal Studios bei Connie Sweeris an und fragten, wie die Uniformen und die Trikots ausgesehen und was sie im Wettkampf gemacht hätten. Sweeris schickte ihnen ein Emblem des US-amerikanischen Tischtennis-Verbandes, das sie damals auf den Trikots getragen hatten. In einer Filmszene hat sie es wiedererkannt. »Sie haben uns gesagt, der Weltfrieden läge in unseren Händen«, sagt Forrest Gump, »aber alles, was ich tat, war Tischtennis zu spielen.«

Zurück im Hotel haben wir uns zum Abendessen verabredet. Mit einem Freund von Timo, den er gerne trifft, wenn er nach China reist. Und der uns davon erzählen kann, wie man mit Tischtennis heute noch Politik in China macht. Ahmed Latheef ist der Botschafter der Malediven in Peking. »Du wirst ihn gleich erkennen, er sieht aus wie Mahatma Gandhi«, kündigt Timo mir an. Einen Augenblick später betritt ein kleiner, kahlköpfiger Herr mit Gelehrtenbrille die Hotelhalle, in schwarzem Anzug und mit einem Hut unter dem Arm. Schon von Weitem strahlt er Timo an. Sie begrüßen sich mit einem langen, herzlichen Händedruck, dann stellt Timo uns vor.

»Latief« spricht Timo seinen Nachnamen aus, der zugleich sein Rufname ist. Bei einem Urlaub von Timo auf den Malediven im Jahr 2000 haben sie sich kennengelernt, Latheef war damals Vorsitzender des Tischtennis-Verbandes der Malediven. Tischtennis gehört zu den Sportarten, die in jedem noch so kleinen Land vertreten sind, 226 nationale Verbände zählt der Weltverband zu seinen Mitgliedern. Und erhebt den Anspruch, als erster und einziger Sportverband alle Länder und Territorien zu vereinen. Die beiden sitzen mir im Hotelrestaurant gegenüber, wir wechseln ins Englische, Timo legt Latheef vertraut die Hand auf die Schulter und erzählt mir von ihrer ersten Begegnung.

»Wieland Speer, den ich aus Hessen kenne, war Nationaltrainer der Malediven. In der Hauptstadt Male hat er mich
in die Halle eingeladen und dort haben wir uns kennengelernt. Die Chemie hat gleich gestimmt. Wir haben immer viel
Spaß zusammen, Latheef ist so offen, ehrlich und unkompli-
ziert. Kein Lautsprecher.« Latheef rutscht in seinem Stuhl
nach unten. »Ich werde gleich ganz rot«, sagt er und fängt
an zu lachen.
»Du hast mir sogar eine Audienz beim Präsidenten der
Malediven besorgt. Und mir dafür die passenden Kleider
geliehen«, erzählt Timo weiter.
»Stimmt, da war doch etwas.«
»Das war bei meiner zweiten Reise auf die Malediven«,
sagt Timo. Beim ersten Mal hatte es ihm so gut gefallen,
dass er mit seiner späteren Frau Rodelia 2003 noch einmal
hingeflogen ist. Und die schöne Inselwelt fand Timo gerade
gut genug, um Rodelia, die von allen Deli genannt wird, dort
einen Heiratsantrag zu machen.
»Ich hatte jedenfalls für die Audienz nichts Anständiges
dabei außer einem Hemd. Mit einer solchen Einladung rechnet man ja im Urlaub nicht. Deshalb hast du mir noch eine
Stoffhose geliehen und ein paar Lackschuhe besorgt, die nur
leider zwei Nummern zu klein waren.«
»Und wie war es beim Präsidenten?«, frage ich.
»Sehr nett. Eher wie bei einem kleinen König, ganz vor-
nehm mit Empfangszimmer. Eine Viertelstunde war ich bei
ihm für einen sehr gepflegten Small Talk über Tischtennis
und die Malediven.«
»Ich hoffe, du hast ihm deine ehrliche Meinung über unser Land gesagt«, wirft Latheef ein.
»Soll ich dir was sagen? Mir ist noch nie ein Abschied im
Urlaub so schwergefallen wie auf den Malediven, das hat
mir richtig leidgetan. Auch mit den Angestellten in unserem

Hotel haben wir ein richtig persönliches Verhältnis aufgebaut, wir haben zusammen Volleyball gespielt und uns viel unterhalten.«

»Dann komm doch mal wieder in unser Land.«

»Das muss ich«, verspricht Timo und erinnert sich: »So weit weg von meinem normalen Leben wie auf den Malediven war ich wohl noch nie. Wir sind doch auf diese kleine private Insel gefahren und haben ein Barbecue gemacht mit Fisch, den wir selbst gefangen hatten. Ich weiß nicht, ob ich schon mal so lange ohne Handy und Fernseher war.«

Auf den Malediven vertiefte sich Timo auch ins Tauchen. Bei seinem ersten Urlaub dort reiste Christian Lüllig mit ihm. Während Lüllig noch zögerte, ins Wasser zu springen und abzutauchen, war Timo schon weit hinausgepaddelt und winkte und rief seinem Freund zu, er solle doch endlich reinkommen, es sei so herrlich und gebe so viel zu sehen. Timo schwärmt: »Beim Tauchen bin ich unheimlich gelöst. In eine andere Welt vorzustoßen hat mich so fasziniert wie kaum etwas vorher. Auch wenn man bedenkt, dass unsere Erde ja zum größeren Teil aus Wasser besteht. Ich war allerdings richtig enttäuscht, wenn ich bei einem Tauchgang mal keinen Hai gesehen habe.«

Latheef holt ein kleines Päckchen aus seiner Tasche. »Für deine Frau«, sagt er lächelnd und überreicht es Timo, der es gleich auspackt. Es ist eine kleine maledivische Figur, eine Tänzerin. Timo mustert sie freudig überrascht. »Die wird einen besonderen Platz bei uns bekommen, vielen Dank!« Er holt sie vorsichtig aus der Verpackung und stellt sie vor sich auf den Tisch.

Wir gehen erst einmal gemeinsam zum Büfett, um uns etwas zu essen zu holen, bevor ich Latheef frage, wie er Politik und Tischtennis verknüpft. Kurz darauf stehen drei Teller mit Reis und Gemüse vor uns.

»Als die Malediven 2007 eine Botschaft in Peking eröffneten, wurde ich der erste Botschafter meines Landes in China«, beginnt Latheef. Mit gerade einmal 320.000 Einwohnern ist der Inselstaat nicht gerade ein diplomatisches Schwergewicht. Um nicht zu sagen, er steht in der letzten Reihe. Doch Latheef hat andere Erfahrungen gemacht. Wie? Durch Tischtennis. »Ich bekomme Zugang zu Leuten, an die ich sonst nie herangekommen wäre. Wenn ich anfange, über Tischtennis zu reden, öffnen sie sich«, erklärt er und erzählt von einer Begegnung. »Ich war zu einem Neujahrsempfang eingeladen. Ein chinesischer Vizeminister begrüßte die Botschafter. Er war sehr förmlich, alles war hochoffiziell.« Doch die Veranstaltung nahm für Latheef eine unverhoffte Wendung. »Ich habe dem Vizeminister gesagt, dass ich Tischtennis spiele. Und was soll ich sagen? Der offizielle Gesichtsausdruck verschwand, er fing an zu strahlen und sagte, dass er auch spiele. Wir haben uns fantastisch unterhalten. Seitdem kommt er bei jedem Empfang zuerst auf mich zu, um mich zu begrüßen.«

Timo sitzt neben Latheef und hebt die linke Augenbraue, erstaunt, dass nicht nur ihm mit Tischtennis in China wunderbare Dinge passieren. Diese Kontakte, die sich über Tischtennis herstellen lassen, kann Latheef bestens gebrauchen, denn China ist ein wichtiger Partner für die Malediven. Die Chinesen machen mittlerweile die größte Gruppe an Touristen auf den Malediven aus: 120.000 im Jahr. Sie sind die größte Reisegruppe der Welt geworden. »Weltweit sind es 60 Millionen Chinesen, die jedes Jahr ins Ausland reisen«, erklärt Latheef, »die Europäer bleiben länger, aber die Chinesen geben mehr Geld aus. Sie sind noch nicht so vertraut mit dem Reisen, das merkt man an ihrem Benehmen, an ihrer Lautstärke, überhaupt an ihren Umgangsformen. Es gibt Vierzig-, Fünfzigjährige, die Geld haben, aber zum

75

ersten Mal außerhalb von China sind.« Latheef sagt es mit Nachsicht, Timo scheint sich seinen Teil zu denken, denn er wirft einen vielsagenden Blick in unsere kleine Runde. Auf jeden Fall gibt es in China inzwischen Reisebüros, die zum Urlaub im Ausland gleich noch einen Benimmkurs anbieten.

Jedes Jahr organisiert Latheef in Peking ein Tischtennisturnier für alle Botschaften. »Ich spiele selbst nicht mit. Denn wenn ich gewinnen würde, sähe das nicht so gut aus«, sagt er und grinst schelmisch. 98 Teilnehmer waren es beim letzten Mal, meistens gewinne ein Russe. Könnte dieses Botschaftsturnier in Peking vielleicht das einzige internationale Tischtennisturnier der Welt sein, bei dem kein Chinese gewinnen kann, weil China im eigenen Land keine Botschaft hat? Latheef wiegt den Kopf hin und her. Nun ja, der ungarische Botschafter sei mit einer Chinesin verheiratet. Die habe beim letzten Mal gewonnen. »Wir konnten sie nicht ausschließen«, sagt Latheef mit einem Augenzwinkern. »Das wäre undiplomatisch gewesen.«

Wenn sich Latheef ein Bild davon machen möchte, wie die Menschen in China wirklich denken, nicht nur die politische Führung, geht er ebenfalls zum Tischtennis. Er spielt dann mit Bankangestellten oder mit Journalisten des chinesischen Staatsfernsehens CCTV. »Sie sind meistens sehr überrascht, wenn ich gegen sie gewinne. Ich durfte die Halle erst verlassen, als ich gegen einen von ihnen verloren hatte.«

Bei aller Bedeutung – der Stellenwert des Tischtennis verändere sich gerade, glaubt Latheef. »Tischtennis ist ein bisschen in Gefahr. Dass sie im Tischtennis oben sind, ist für die Chinesen so selbstverständlich geworden.« Und im Sport, der auch von Überraschungen lebt, vom Drama, sind Selbstverständlichkeiten schädlich. Zudem haben die Jugendlichen neue Interessen, das Internet oder andere Sportarten wie Basketball. Und Tischtennis haftet der Ruf des Offiziellen an. »Wir werden sehen«, sagt Latheef und es klingt ein bisschen besorgt, was aus seinem schönen Spiel wohl werden wird. Dann greift er seinen schwarzen Hut und macht sich auf den Weg. »Ich habe heute Morgen mal nachgeschaut. Das Einzige, was ich gerade trage, was nicht in China hergestellt wurde, ist mein Hut«, sagt er lachend und schüttelt Timo und mir zum Abschied mit festem Druck die Hand.

Zwei Stunden haben wir geredet, aber es ist noch nicht zu spät für Timo, noch einen Gang in die Hotelsauna vorzuschlagen. »Das lockert die Muskulatur und macht schön müde.« Wir gehen in den Wellnessbereich, vorbei am Fitnessraum, wo Timos europäische Teamkollegen Tiago Apolonia aus Portugal und Adrian Crisan aus Rumänien auf dem Laufband etwas für ihre Ausdauer tun und vielleicht auch gegen ihre Müdigkeit, um dem Jetlag eins auszuwischen.

Bei achtzig Grad und knisterndem Ofen sitzen Timo und ich eine Viertelstunde nebeneinander, entspannt schweigend, und lassen die Bilder des Tages noch einmal an uns vorüberziehen.

77

Das »Ping Pong Package«

Der Weg an die Spitze der Weltrangliste

Beim Frühstück am nächsten Morgen macht Timo den Eindruck, als habe sich seine innere Uhr schon ganz auf die chinesische Zeit umgestellt. Sieben Stunden nach vorn. Nach nur einer Nacht. Gut gelaunt schlendert er zum Büfett, holt sich ein Glas Saft, eine Waffel und bestellt ein Omelett. Vielleicht hat der Besuch in der Hotelsauna die nötige Entspannung gebracht, um in der Nacht durchschlafen zu können.

Bei unserer Ankunft hatte Timo noch befürchtet, dass der Jetlag ihn mit ganzer Wucht heimsuchen würde. »Im Flugzeug habe ich zu viel geschlafen«, sagt er. Fünf Stunden, eindeutig zu lang. »Man muss die Müdigkeit tagsüber merken. Wenn man abends gerädert ist, schläft man gleich in der ersten Nacht gut und hat die Umstellung so gut wie geschafft.«

An unserem Tisch kommt Adrian Crisan vorbei. »Gut geschlafen?«, fragt Timo, und die Antwort geben eigentlich schon Crisans dunkle Augenringe. »Kein bisschen«, antwortet er und setzt sich zu Tiago Apolonia, der schon auf ihn gewartet hat.

Mit einer Sporttasche über der Schulter nähert sich Wladimir Samsonow unserem Tisch. Der Weißrusse ist in Europa Timos härtester Gegner und zugleich ein guter Freund. Die beiden klatschen sich zur Begrüßung ab. »Bin gerade erst angekommen«, erzählt Samsonow, »die Nacht durchgeflogen, ich gehe erst mal schlafen.« Über Flugzeiten und Schlafgewohnheiten zu reden ist für Timo und seine Kollegen kein Small Talk. Es ist ein zentrales Gesprächsthema, denn wenn sie sich nicht frisch fühlen, wie sollen sie dann am Tisch schnell auf die Aufschläge und Topspins ihrer Gegner reagieren können? Werner Schlager schlurft an uns vorbei, der Österreicher ist 2003 in Paris Weltmeister geworden. Das Team Europa ist damit komplett, um sich in Peking zusammen dem Eindruck entgegenzustemmen, dass sich die

Kräfteverhältnisse im Tischtennis immer mehr zugunsten von Asien verschieben. Aber auch Schlager sieht noch nicht hellwach aus. »Mein Körper kennt sich grad nicht aus«, bestätigt er, »soll er müde sein oder nicht – er weiß es nicht.« Mit Zeitzonen, Uhrumstellen, Schlafrhythmen muss sich Timo beschäftigen, seitdem er 16 Jahre alt ist, seitdem er seine erste Dienstreise als Tischtennisprofi nach China unternommen hat. Diese erste Reise führte ihn gleich ins Allerheiligste des Tischtennis: ins Trainingszentrum der chinesischen Nationalmannschaft.

Damals waren wir noch keine Gefahr für die Chinesen, deshalb haben sie uns bedenkenlos eingeladen, mich und andere junge Nationalspieler wie Lars Hielscher und Zoltan Fejer-Konnerth. In Peking durften wir mit dem B- und Juniorenkader der chinesischen Nationalmannschaft trainieren. B-Mannschaft hört sich nach zweiter Wahl an, aber diese Spieler waren überragend, Liu Guozheng gehörte dazu, Feng Zhe, Tan Ruiwu.

Schon als wir in die Halle kamen, waren wir unglaublich beeindruckt. Die Halle war schmal und sehr, sehr lang, ein richtiger Schlauch. Man konnte nur eine Reihe stellen, dafür aber mit zwanzig, dreißig Tischen hintereinander. An den Wänden gab es Rinnen, in die die Bälle reinfielen. Nach der Trainingseinheit konnte man die Bälle dort einfach aufsammeln. Eine Halle nur für Tischtennis hatte ich vorher noch nie gesehen.

Und dann diese Tische. Wir hatten noch nie auf solchen chinesischen Tischen gespielt. Der Ball sprang auf ihnen ganz anders, und in den ersten zwei, drei Tagen sind wir damit überhaupt nicht zurechtgekommen. Sie nahmen die Rotation des Balles stark an, und es passierte zum Beispiel dies: Ich habe Aufschlag gemacht, mein chinesischer Trainingspartner hat mit Unterschnitt reingehackt, ich habe einen langen Ball erwartet, um Topspin ziehen zu können. Aber durch die komische Oberfläche des Tisches ist der Ball extrem kurz geblieben oder sogar zweimal aufgesprungen. Darauf konnten wir uns überhaupt nicht einstellen.

Auch vor den Spielern hatten wir große Ehrfurcht. Als ich gesehen habe, wie hart die arbeiten, ging mir durch den Kopf: Ich bin eigentlich zu schlecht, um mit euch zu trainieren. Ich habe ohnehin nicht besonders fest gespielt. Aber die Chinesen haben auf die Bälle draufgehauen, dass es nur so knallte. Natürlich habe ich daraufhin versucht, selbst ein bisschen fester zu spielen und mich ihnen anzupassen, aber das war leider nicht so schnell möglich.

Timo steht auf und holt sich noch einen Orangensaft und etwas Obst vom Frühstücksbüfett. Als könnte er sich nachträglich noch stärken für die Strapazen, die er in jenem Trainingslager erlebt hat.

Mein erster Trainingspartner damals war Liu Guozheng. Gegen ihn sollte ich bei der WM 2005 ein denkwürdiges Match spielen. Aber dazu später. Der hat einen Vorhand-Heuler gehabt, dass ich gar nicht richtig mitgekommen bin und mich ständig unter Druck gefühlt habe, das war fast ein Unwohlsein. Ich dachte, wie gesagt: Vielleicht bringt es ihm gar nichts, mit mir zu trainieren.

Den größten Unterschied zwischen europäischem und chinesischem Training konnte man beim Balleimertraining sehen, also der Trainingsform, bei der der Trainer seitlich des Tisches kurz hinter dem Netz steht und die Bälle schnell hintereinander einstreut. Wir hatten damals auch einen chinesischen Trainer in Deutschland, der mit uns dieses Training gemacht hat. Er hat uns vielleicht fünfzehn oder zwanzig, maximal dreißig Bälle am Stück zugespielt. Die Chinesen dagegen hatten in ihrem Trainingszentrum riesige Schüsseln mit Bällen und mussten 100 bis 150 Bälle spielen – am Stück, ohne große Pause.

Ich wollte natürlich zeigen, dass ich auch belastbar bin, und habe nach dem eigentlichen Training noch solche Balleimerserien eingelegt, eine Dreiviertelstunde vielleicht. Nachdem ich einige solcher Serien gespielt hatte, konnte ich meinen Arm kaum noch heben. Es hat nur noch alles gebrannt. Wenn wir rumgejammert haben, dass alles so anstrengend ist, kam Tan Ruiwu zu uns, der seit 2004 für Kroatien spielt. Damals war er der Beste in der Trainingsgruppe, eine richtige Maschine, aber auch ein kleiner Kasper, deshalb hatten ihn die Trainer auf dem Kieker. Tan Ruiwu hat uns jedenfalls gern aufgezogen, obwohl er zwei Jahre jünger ist als ich. Wenn einer von uns gestöhnt hat, rief er durch die Halle: »Tourist, Tourist!«

Zehn Tage sind wir in diesem Trainingslager geblieben, zweimal am Tag haben wir trainiert, und es hat uns wahnsinnig viel gebracht, weil wir immer gefordert waren. Das extrem harte Training bis zur Ausbelastung kannte ich vorher nicht. Diese Erfahrung habe ich mitgenommen. Was ich auch nicht vergessen habe, ist der Druck, den die chinesischen Spieler bekommen haben, wie viel Disziplin und Zug hinter ihrem Training steckte.

Timo ist nach dem Frühstück noch für einen Programmpunkt eingeplant. Er und die anderen Europäer sollen gegen einige Hotelgäste spielen, denn unser Hotel hatte in seinem Bonusprogramm für treue Gäste mit einem besonderen Angebot gelockt: dem »Ping Pong Package«. Sozusagen Tischtennis all-inclusive, denn neben den Übernachtungen im selben Hotel wie die Tischtennisstars gehören der Eintritt zum Euro-Asia-Wettkampf dazu sowie garantierte zwei Sätze gegen die europäischen Spitzenspieler.

»Ist gut«, murmelt Timo mit stoischem Gesichtsausdruck, als er von dieser Aufgabe erfährt. China scheint seine ohnehin große Geduld noch einmal zum Wachsen zu bringen.

Im Foyer des Hotels steht ein Tisch, Timo darf sich am Anfang noch etwas auf einer Bank ausruhen, anfangen soll Werner Schlager. Vor »Slage« – so hört es sich an, wenn die Chinesen seinen Namen rufen – baut sich der erste chinesische Gegner auf. Und die umstehenden Chinesen, es mögen etwa fünfzig sein, fangen begeistert an zu klatschen. Wer wohl das Ping Pong Package gebucht hat? Ehrgeizige Väter vielleicht, die ihren Söhnen die Gelegenheit geben wollen, sich von den großen Meistern inspirieren zu lassen? Oder Tischtennisfreaks, die im nächsten Training angeben wollen, dass sie erst Timos Aufschlag spielend entschärft und dann mit ihrem Wahnsinnstopspin gegen ihn gepunktet haben? Die Bälle, die erst Schlager und dann den anderen Europäern entgegenfliegen, geben die Antwort: weder noch. Für Timos ersten Gegner, etwa elf Jahre alt, ist der Ball, nun ja, vielleicht ein bisschen klein. Man könnte auch sagen, dass sein Schläger ihn nicht unbedingt magnetisch anzieht. Timo legt sich selbst größte Zurückhaltung auf, um den Ball so sanft wie möglich übers Netz zu lupfen, damit sein Gegenüber ihn doch einmal erreichen kann und der Satz nicht gleich wieder vorbei ist. Was ist hier mit China los?

Offenbar zieht Tischtennis mittlerweile ein erlebnishungriges Großstadtpublikum an, das über die Sportart gerade einmal weiß, dass sie in China irgendwie wichtig ist. Auch Timos zweiter Gegner, ein Herr um die vierzig, würde wohl in jedem deutschen Freibad beim Rundlauf eher früher als später ausscheiden. Timo lässt ihm einige Punkte und ein Lächeln zukommen. Die umstehenden Gäste johlen und klatschen. Als er fertig ist und dieser Teil des Ping Pong Packages eingelöst, stellt sich Timo neben mich und seufzt mir unauffällig zu: »So schlechte Spieler wie hier habe ich in China noch nie gesehen.«

»Dann sollten wir diesen Eindruck gleich mit einer Tasse Kaffee oder Tee herunterspülen«, erwidere ich. Timo nickt. Wir laufen hinüber ins Hotelbistro.

»Kann ja sein, dass das in Zukunft häufiger vorkommt und dass du gerade gegen das neue China gespielt hast«, sage ich, als wir uns hingesetzt haben.

»Das glaube ich auch. Aber mich erstaunt schon, wie schnell dieser Wandel passiert. Dafür muss ich mich nur im Hotel umschauen«, antwortet Timo und dreht seinen Kopf in einem Halbkreis, um die ganze Weite der nobel glänzenden Hotelhalle einzufangen. »Es ist gar nicht so lange her, da sah China noch ganz anders aus.«

Als ich 1997 mit 16 Jahren zum ersten Mal in das Land gereist bin, war China eine andere Welt. Eine sehr, sehr arme Welt. Mitten in Peking standen zusammengeschusterte Wellblechverschläge, vielleicht zwei mal drei Meter groß, die man kaum als Hütten bezeichnen konnte. Man konnte darin noch nicht einmal aufrecht stehen. Ich konnte mir nicht vorstellen, dass dort Menschen leben. Ich habe auch viele Menschen gesehen, die einfach auf der Straße geschlafen haben.

Wenn ich einen Indikator benennen sollte für die Entwicklung des Landes, würde ich dafür die Fahrräder wählen. Fahrräder machten 1997 noch mehr als 95 Prozent des Straßenverkehrs aus. Die Straßen waren so überfüllt von Fahrrädern, dass man schon von einem Fahrradstau reden konnte. Ich konnte kaum glauben, was die Chinesen alles auf ihren Gepäckträgern transportiert haben, die waren beladen bis zum Gehtnichtmehr. Für uns sah es aus wie Schrott, aber ich bin mir sicher, dass sie sich mit irgendwelchen Blechteilen noch etwas zum Lebensunterhalt verdient haben.

Auch das Klima war brutal. Diese schwüle Luft war so extrem, dass ich am Anfang geradezu um Luft gerungen habe. Schwitzen kannte ich vom Sport, Schwitzen ohne Sport, weil die Luft so feucht ist, war mir neu.

Nicht immer ist es das, was man sieht, was als erster Eindruck bleibt. Im großen Essenssaal der Sportschule war es der Geruch. Ich musste erst einmal die Luft für eine Minute anhalten, weil der Geruch mich fertiggemacht hat. Es war ein ungewohnter Geruch und so penetrant, dass ich Mühe hatte, den Brechreiz zu unterdrücken. Unsere kleine deutsche Gruppe hatte ein abgetrenntes Abteil. Mit Stäbchen konnten wir damals noch nicht essen, also mussten sie für uns länger nach Messer und Gabel suchen.

Wie ein geübter Autofahrer von seiner ersten Fahrstunde erzählt Timo von dieser Zeit. Viele tausend Kilometer liegen zwischen jener Zeit und dem Jetzt. Aber wohl auch weil es seine erste Reise nach China war, redet sich Timo zurück in die Vergangenheit, ohne dass ich etwas fragen muss und ohne dass er zwischendurch einen Schluck von seinem Kaffee trinkt.

Das Essen war okay, Sportschulenessen eben. Ich habe versucht, vor allem Nudeln und Reis zu essen, denn das Fleisch sah weniger appetitlich aus, Stücke mit großen Fetträndern, überall schaute man auf Knochen und Knorpel. Die Chinesen haben das alles in den Mund gesteckt, das Fleisch abgelutscht und den Rest wieder ausgespuckt. Die Knochen flogen dann überall auf dem Tisch herum. Wenn es bei uns zu Hause Fleisch gab, dann ja meistens Schnitzel. Aber irgendwann habe ich mich daran gewöhnt und kam mit dem Essen zurecht, selbst Aal und Schlangenfleisch habe ich probiert.

In China habe ich gelernt, viele verschiedene Dinge zu essen. Das war ich von zu Hause nicht gewohnt. Selbst in Deutschland hatte ich bis dahin kaum chinesisch gegessen. In meiner Zweitligasaison beim TTV Gönnern kam einmal der Vorschlag, nach dem Spiel noch chinesisch essen zu gehen. Ich habe mich mit Händen und Füßen dagegen gewehrt. Ich wollte irgendwas Bekanntes, in eine Pizzeria oder ein deutsches Lokal gehen. Zum Glück haben sie nicht auf mich gehört, denn hinterher musste ich mir eingestehen, dass es doch gar nicht so schlecht war. Ich hatte damals irgendwas mit Reis und Hühnchen bestellt, also Chinesisch für Anfänger.

Dass ich mich an das Fremde herantraue, habe ich China zu verdanken. Es waren keine Dschungelprüfungen, aber große Umstellungen. Manchmal musste ich auch kämpfen. Inzwischen macht es mir aber gar nichts mehr aus, wenn der ganze Fisch auf dem Tisch liegt und sich jeder ein Stück herauszieht.

Mit den Fingern spielt Timo die Bewegungen nach, das Zerlegen eines Fisches mit zwei Stäbchen. Wir bleiben noch etwas im Hotelbistro sitzen und bestellen ein Sandwich. Das Hotel könnte eigentlich auf der ganzen Welt stehen, es gehört zu einer amerikanischen Kette. Helle Brauntöne geben ihm eine vornehme Zurückhaltung. Zu einem chinesischen Ort machen es allein die Gäste. Zwei Tische weiter sitzen vier Chinesen an einem runden Tisch und beginnen zu rauchen. Timo schaut kurz hinüber. »Das gäbe es bei uns nicht mehr.« Rauch als Zeichen dafür, dass wir in China sind.

Der Lehrgang damals, 1997, war jedoch nicht die einzige Erfahrung auf Timos erster Reise nach China. Direkt im Anschluss spielte er auch seinen ersten Wettkampf in China.

Vom Lehrgang aus sind wir damals direkt zu den China Open nach Zhuhai gefahren. Es war eines meiner ersten Turniere der Pro Tour. Bei diesem Turnier habe ich zum ersten Mal persönlich eine Vorstellung davon bekommen, welche Bedeutung Tischtennis in China hat. Eine Polizeieskorte hat uns zur Halle gefahren, vorn zwei Motorräder, hinten zwei Motorräder. Uns einfache Tischtennisspieler haben sie so behandelt, wie ich es sonst nur von Staatsgästen kannte.

Auf der Fahrt haben wir uns allerdings Sorgen um die Fahrradfahrer gemacht, die wurden von der Polizei ziemlich brutal weggerammt. Das sollte wohl bedeuten: Hier kommen die Stars und das Fußvolk hat aus dem Weg zu gehen. Für die Menschen in China scheint das normal zu sein. Das Verhältnis zwischen Polizei und Bürgern ist vollkommen anders, als wir es kennen. Die Polizei behandelt die Bürger rabiat, aber umgekehrt lassen sich die Leute auch nicht so sehr von Polizisten einschüchtern, wenn sie sich zum Beispiel ein Autogramm holen wollen. Sie probieren es selbst dann noch, wenn die Polizisten sie schon ermahnt und abgedrängt haben. Ein Deutscher wäre da viel ehrfürchtiger und würde nicht so viel riskieren.

Fasziniert hat mich auch die Atmosphäre in der Halle, weil die Zuschauer ganz anders mitgehen als bei uns. Ich mag unser deutsches Tischtennispublikum, es ist fachkundig und begeisterungsfähig. Das chinesische ist laut, es ruft im Ballwechsel »Oh« und »Ah«, wenn es spektakuläre Schläge sieht. Das war mir fremd, aber gerade deshalb fand ich es unheimlich faszinierend. Je mehr ich das Land kennengelernt habe, desto besser hat es mir gefallen.

Nach dem Wettkampf sind wir in Bussen noch zu einem Bankett gefahren, das in einem riesigen Saal stattfand. Liu Guoliang, der Olympiasieger von 1996, saß nicht mit uns in einem der Busse, sondern wurde in einem eigenen Auto chauffiert, kam aber gleichzeitig mit uns an. Als er ausgestiegen ist, hat der komplette Verkehr aufgehört zu fließen. Alle sind stehen geblieben, die Autofahrer, die Fahrradfahrer, und die Leute haben gerufen: »Liu Guoliang, Liu Guoliang!« Ich stand daneben und konnte nur staunen.

Eine Bedrohung sahen die Chinesen damals nicht in Timo Boll, und vielleicht hat sie der Eindruck, den sie von ihm in diesem Trainingslager und bei den China Open gewannen, darin bestärkt. Wie soll dieser nicht gerade modellathletische junge Deutsche einmal gegen unsere Besten gewinnen?, mögen sie sich gefragt haben. Doch die Verlaufskurve einer Tischtenniskarriere in China ist eine völlig andere als in Europa. Mit 16 spielen die Chinesen schon auf einem sehr hohen Niveau und sind körperlich viel stärker belastbar. In Europa dagegen entwickeln sich die Spieler langsamer.

Dass Timo dennoch innerhalb der nächsten Jahre zu den Chinesen aufschloss, hatte zwei Gründe: Er bekam einen chinesischen Trainingspartner. Und er lernte eine Technik, mit der er den Chinesen höchst unangenehm wurde.

Nach dem Aufstieg 1996 brauchte Timos Verein TTV Gönnern dringend Verstärkung, um in der Bundesliga gut mitspielen zu können, und verpflichtete den Chinesen Xu Zengcai. Xu, geboren 1961, also zwanzig Jahre vor Timo, stammt noch aus der Generation, die in den achtziger Jahren das Welttischtennis beherrscht hatte. Mit der Mannschaft war er 1987 Weltmeister geworden, 1988 erreichte er bei den Olympischen Spielen in Seoul das Achtelfinale, beim World Cup wurde er Vierter, ein Jahr später bei der WM in Dortmund schied er im Viertelfinale gegen den Schweden Jörgen Persson aus.

Schon vor seinem Wechsel nach Gönnern hatte Xu Zeng-cai drei Jahre in der Bundesliga gespielt, und zwar für den TSV Heilbronn-Sontheim. Und gegen diese Mannschaft bestritt Timos Team ein Vorbereitungsspiel.

Ich wusste damals schon, dass er zu uns wechseln würde, und habe nur gedacht: Wahnsinn, Xu Zengcai wird dein Mannschaftskollege! Ich konnte das kaum glauben, weil ich so einen großen Respekt vor ihm hatte und es als Ehre empfand, mit ihm zusammenspielen zu dürfen. In diesem Vorbereitungsspiel war ich die Nummer sechs bei Gönnern und Xu die Nummer eins bei Heilbronn. Er hat Bälle gespielt, bei denen ich gedacht habe: So etwas ist doch physikalisch gar nicht möglich! Unfassbare Vorhand-Raketen mit einer riesigen Bewegung. Und dann seine Beine! Ich hatte noch nie solche Muskelpakete gesehen. Ich war ja damals eher ein bisschen speckig oder sagen wir: nicht richtig austrainiert. Jedenfalls habe ich mich schon in diesem Spiel darauf gefreut, ihn täglich im Training zu sehen. Insgeheim habe ich gehofft, dass er mir etwas zeigen kann von dem, was er beherrscht, auch weil er wie wir Europäer mit der Shakehand-Schlägerhaltung spielt.

Auf unserer gemeinsamen Reise nach Peking hätten wir uns gerne mit Xu Zengcai getroffen. Doch Xu kann leider nicht kommen. Er war zuletzt Provinztrainer in Fujian, inzwischen arbeitet er in der Sportverwaltung der Provinzhauptstadt Fuzhou. Aber vor unserer Reise konnte ich ihn noch fragen, wie er die Zeit mit Timo damals erlebt hat. Zhu Xiayong, Timos chinesischer Trainer in Düsseldorf, übersetzte, denn nach einigen Jahren ohne Übung traute sich Xu ein Telefonat auf Deutsch erst einmal nicht zu.

»Timo wirkte auf mich gleich sehr ehrlich und höflich«, erzählt Xu Zengcai, »er war sehr talentiert und hatte ein sehr gutes Ballgefühl. Er hat eine gute Aufnahmefähigkeit, außerdem ist er sehr wissbegierig und ehrgeizig.« Für sein Alter sei Timo mental sehr stark gewesen und es hat Xu Zengcai beeindruckt, dass Timo auch noch in kritischen Situationen sehr ruhig und aggressiv spielen konnte. »Auch heute noch sind seine starken Vorhand-Topspins und sein variables Spielsystem von Vorteil gegenüber den Chinesen. Wenn man sich auf seinen Vorhand-Angriff einlässt, kann er sehr gefährlich sein.« Und gab es eine Situation, in der ihn Timo überrascht hat? »Ja, als er ständig seine Frisur und Haarfarbe gewechselt hat.« Sein Lachen muss man nicht übersetzen.

Ich habe direkt mit Xu Doppel gespielt. Natürlich habe ich alles befolgt, was er mir gesagt hat. Er hat das Doppel gesteuert und mir immer angezeigt, was für einen Aufschlag ich machen soll. Xu Zengcai war eine große Inspiration für mich. Heute würde ich von mir behaupten, ein vollständiges Repertoire zu haben, ich beherrsche jeden Schlag. Das war damals noch ganz anders. Ich hatte meine Grundschläge, und die Schläge, die Xu gespielt hat, konnte ich gar nicht, zum Beispiel schnelle Flips. Er hat mir auch gezeigt, dass man sehr viel Aufwand betreiben muss, um erfolgreich zu

sein, und mir einige wichtige Dinge beigebracht. Topspin war seine
große Stärke und durch Xu habe ich meinen Spin noch verfeinert.
Es war eine sehr wichtige Phase damals, zwischen 15 und 18 Jahren. Meine Technik ist in dieser Zeit sehr stabil geworden. Es gab
kein Wackeln mehr mit dem Ellenbogen, kein Schlackern mehr. Es
ist unheimlich viel Zug in mein Spiel gekommen, gerade durch Xu,
mit dem ich damals die meisten Trainingseinheiten gemacht habe.

In dieser Zeit ist mir zum ersten Mal bewusst geworden, dass
ich viel präziser spielen muss, gerade bei Aufschlägen und Rückschlägen. Darauf hatten wir bis dahin gar nicht so großen Wert
gelegt. Für uns war Beinarbeit wichtig gewesen und dass wir im
Ballwechsel gut bestehen können mit unserem Topspin und aus
einer passiven Situation wieder herauskommen. Ohne Xu hätte ich
bestimmt nicht so früh gelernt, wie man einen Aufschlag kurz mit
Unterschnitt zurücklegt. Das war eine große Stärke in seinem Spiel.
Die Europäer konnten zwar einen Aufschlag kurz zurückspielen, die
Chinesen aber konnten das auch mit Schnitt. Wenn Europäer damals von aggressiver Rückgabe gesprochen haben, dann meinten
sie immer eine lange. Die Chinesen dagegen waren in der Lage,
auch kurz aggressiv, also mit Schnitt zu spielen und es dem Gegner
dadurch noch schwerer zu machen, ins Spiel zu finden.

Wie sie das gemacht haben, hat mir Xu gezeigt. Ich habe den
Schläger bis dahin bei der Rückgabe einfach nur hingehalten, mit
großer Vorsicht, damit der Ball bloß nicht zu weit fliegt. Er hat mir
beigebracht, dass ich wirklich eine Bewegung machen muss, um
den Ball zu kontrollieren und ihm auch Schnitt zu geben. Er wollte
mir helfen und ich glaube, er konnte mich gut leiden, ich war sein
Ziehsohn im Tischtennis.

Am Telefon hatte Xu Zengcai noch erzählt, dass er mit Timo
viel darüber gesprochen habe, wie er sich verbessern kann.
Topspin mit Rotation, Aufschläge und Rückschläge seien
ihm dabei besonders wichtig gewesen. Schwierigkeiten mit

der Verständigung hatten beide überhaupt nicht, das bestätigt auch Timo.

Xu hatte schon ein paar Jahre im Westen gespielt und konnte sich sowieso sehr gut anpassen. Man trifft in China Menschen, die ständig auf die Straße spucken und auch sonst ein für uns sehr ungewohntes, ruppiges Benehmen haben. Xu Zengcai hatte jedoch Umgangsformen, wie wir sie kennen. Wenn wir uns an der Halle zum Training verabredet hatten, war er immer pünktlich und bestens organisiert, während ich es in China erlebt habe, dass es manchmal von jetzt auf gleich losgehen kann mit der Fahrt zu einem Spiel oder einem Termin. Mit Xu konnte man auch jeden Spaß machen, ihn ein bisschen aufziehen und necken. Das hat er alles verstanden und mitgemacht.

Als er hier gewohnt hat, war ihm natürlich ein bisschen langweilig. Höchst ist ein kleiner Ort, wer hier aufgewachsen ist, kann sich gut beschäftigen und kennt genügend Leute. Xu dagegen hatte nicht viele Leute, mit denen er sich regelmäßig treffen konnte. Und so auffallend unchinesisch vieles an seinem Verhalten war, so chinesisch war seine Begeisterung fürs Glücksspiel.

Glücksspiel ist die chinesische Art, um auszubrechen. Früher, als der Kommunismus die chinesische Gesellschaft noch stärker geprägt hat, war alles noch mehr vereinheitlicht. Diese Glücksspiele liefen noch im Verborgenen ab. Inzwischen ist die Gesellschaft offener, und weil die kommunistische Ideologie nicht mehr alles so stark durchdringt, hat auch der Reiz zugenommen, durch Geld die gesellschaftliche Leiter hochzuklettern. Bei uns in Deutschland geschieht der Aufstieg eher durch Bildung, auf einem soliden Weg mit Schule, Ausbildung oder Studium. Man kann auch auf einem gewissen Grundniveau leben, ohne viel Ehrgeiz zu haben. In China ist der Drang nach Aufstieg viel stärker ausgeprägt. Deshalb auch die Glücksspiele: Sie bieten eine Möglichkeit, von heute auf morgen reich zu sein, das Schicksal herauszufordern. Da haben die

Chinesen eine viel größere Risikobereitschaft als wir Deutschen. Die Eltern schicken ihre Kinder auf ein Sportinternat, um ihnen eine Chance auf den Aufstieg zu geben. Und diese Chance müssen sie dann auch nutzen. Die Tischtennisspieler in China sind superreich, aber selbst sie zocken noch und teilen sich ihr Geld nicht ein.

In Höchst hatten wir jedenfalls eine kleine Spielhalle, vor der habe ich Xu Zengcais VW Polo hin und wieder stehen sehen, mit dem wir sonst durch die Gegend gefahren sind. Manchmal ist er auch ins Casino gefahren. Ab und zu ist seine Frau nach Höchst gekommen, Chen Zihe, bei Olympia 1992 in Barcelona hatte sie Silber im Doppel gewonnen. Auch wir Männer haben es gegen sie im Training extrem schwer gehabt, denn sie hatte ein sehr gewöhnungsbedürftiges Spiel: Penholder-Schlägerhaltung und kurze Noppen, mit denen sie geschossen hat. Aber das war noch nicht alles. Sie hat noch den Schläger gedreht und unsere Topspins mit den langen Noppen auf der anderen Seite abgestochen.

Xu und Chen haben mich manchmal eingeladen und bekocht. Einmal habe ich sogar an Heiligabend mittags bei ihnen gegessen. Gekocht hatten sie Jiaozi, chinesische Maultaschen, sie zählen mittlerweile zu meinen chinesischen Lieblingsspeisen. Dazu gab es noch einige Klassiker, verschiedene Fleischsorten, Huhn und Schwein, der Tisch war auf jeden Fall sehr reich gedeckt.

Eine vielseitigere Technik und ein Verständnis für die chinesische Lebensweise hat Timo also Xu Zengcai zu verdanken. Wer von den Besten lernen wollte, musste von den Chinesen lernen, denn damals, Mitte der neunziger Jahre, hatten sie gerade die Spitze des Welttischtennis zurückerobert. Ein sechsjähriges Interregnum der Schweden ging 1995 zu Ende.

Die Schweden hatten 1989 in Dortmund die Chinesen als herrschende Tischtennisnation bei den Herren abgelöst, sie im Mannschaftsfinale sogar 5:0 gedemütigt. Ein Land, das nur ein Prozent der Bevölkerung des Riesenreichs hatte, hatte China besiegt. China lag, unvorstellbar eigentlich, am Boden. All die Ehrfurcht vor den chinesischen Geheimniskrämern war für ein paar Jahre dahin. Die angebliche Magie erschien nur noch wie Tricks aus dem Kinderzauberkasten. Zwei Jahre später im japanischen Chiba stürzte die chinesische Männermannschaft auf den siebten Platz ab, 1993 bei der WM in Göteborg erreichte im Herreneinzel kein Chinese das Halbfinale.

Doch es passierte das, was die Chinesen an Dramaturgie lieben: hinfallen, sich besinnen und umso stärker wieder zurückkommen.

Die Bühne dafür stand im eigenen Land, in Tianjin, der nächstgelegenen und wichtigsten Hafenstadt für Peking, die beiden Städte trennen nur 110 Kilometer. In Tianjin fand 1995 die Weltmeisterschaft statt. Das Achtelfinale wurde zur großen Revanche. Ding Song, ein Abwehrspieler, besiegte Jörgen Persson, 21:18 im fünften Satz, Liu Guoliang warf Jan-Ove Waldner aus dem Wettbewerb, 21:19 im fünften Satz. Im Halbfinale waren die Chinesen dann unter sich, am Ende gewann Kong Linghui. Mit der für Europa typischen Shakehand-Haltung, nicht mit dem Penholder-Griff. Die Chinesen hatten also von den Europäern gelernt und ihr Spiel perfektioniert. Fast überflüssig zu erwähnen, dass sich die Chinesen auch den Mannschaftstitel zurückholten.

Doch wenn Timo nur versucht hätte, die Chinesen und ihre Spielweise so gut wie möglich zu imitieren, hätte er es sicher nie bis an die Spitze der Weltrangliste geschafft. Es wäre bei einem erfolglosen Versuch geblieben, die Chinesen einzuholen. Nein, er musste in gewisser Weise zu einem »Anti-Chinesen« ausgebildet werden. Entstanden ist dieser Plan im Kopf seines Trainers Helmut Hampl. Und im Gefühl von Timo.

»Viele Trainer in Deutschland haben damals gedacht, man müsse die Chinesen kopieren, also viel mit der Vorhand spielen, mit langen, geschwungenen Bewegungen«, erklärt Helmut Hampl, holt mit seinem Arm weit hinter dem Körper aus und schwingt ihn durch bis hinter den Kopf. »Die Chinesen haben damals unglaublich fest gespielt, und die vorherrschende Meinung war: Wenn einer fest spielt, muss ich fest dagegengehen.« Die Sache hatte nur einen Haken: Timos Kräfte reichten nicht für knallhartes Schleudertischtennis, und seine Beine waren auch nicht schnell genug, um jeden Ball mit der Vorhand zu spielen. Also musste sich Hampl etwas anderes einfallen lassen.

Er sprach mit Biomechanikern, studierte viele Spieler, er reiste zu Weltmeisterschaften. Der Schwede Erik Lindh fiel ihm auf, weil der den Ball schon früh nach dem Aufspringen traf und mit dem Schläger über den Ball ging. So konnte er das Spiel schnell machen und den Gegner unter Druck setzen. Er lief nicht weg vor den Chinesen, sondern blieb am Tisch stehen. Und bei Jan-Ove Waldner sah Hampl, dass der seinen Schläger in der Hand drehte wie beim Tennis, je nachdem, ob er Vorhand oder Rückhand spielte. Auch an seine Schulzeit erinnerte sich Hampl, an die Physikstunden. Seine Idee lautete: Eine ankommende Geschwindigkeit kann man ja auch umkehren, dafür reicht eine weiche Bewegung. Mit einem kurzen Kick das Tempo umkehren, das war die Lösung. Denn das kostete nicht so viel Kraft.

Spin gegen Speed. Diese Formel wurde zur Grundlage für Timos Spielstil und sie brachte, wie Hampl zufrieden feststellte, den Gegner in große Schwierigkeiten: »Wenn man den Ball sehr früh trifft und mit einer kurzen, schnellen Bewegung zurückspielt, springt er beim Gegner flach ab. Auf der anderen Seite des Tisches standen also die Asiaten, hatten gerade ihre lange Bewegung gemacht, ihr Schläger war oben, aber der Ball kam unten flach an. Das heißt: Sie waren in extremer Zeitnot.«

Die Bundestrainer hätten seine Vorstellungen damals skeptisch gesehen. Nur kurze Bewegungen? Das wird doch nichts. Doch Hampl ließ sich nicht beirren, er entwickelte über viele Jahre sein neues Konzept und schnürte ein technisches Gesamtpaket für seinen besten Schüler. Seine »Sechs goldenen Regeln« veröffentlichte Hampl im Fachmagazin »tischtennis« 2002, als Timo sie schon verinnerlicht hatte.

1. »Der Einsatz von Handgelenk und Unterarm muss stimmen.« Hampl meint damit, dass der Unterarm für die Beschleunigung des Balls zuständig ist und das Handgelenk für die Platzierung und die Art der Rotation. Timos Unterarm ist besonders schnellkräftig entwickelt, deshalb kann er schon dem ersten Angriffsball unheimlich viel Rotation mitgeben, sowohl auf der Vorhand als auch auf der Rückhand. Damit und mit einer klugen Platzierung gleicht er fehlende Härte im Spiel aus. Diese Rotation wird zum Markenzeichen von Timos Spiel.

2. »Für jeden Schlag muss man den richtigen Druckpunkt finden.« Diese Regel hat Hampl aus dem Tennis abgeleitet, ins Tischtennis übersetzt bedeutet sie: Beim Rückhandspielen muss mehr mit dem Daumen aufs Schlägerblatt gepresst werden, beim Vorhandspielen mehr mit dem Zeigefinger. Das bringt mehr Druck in die Schläge, aber auch mehr Stabilität und Ballgefühl. Um nicht vor lauter Druck zu verkrampfen, hält Timo den Schläger zwischendurch immer wieder locker. Manchmal sieht es sogar aus, als würde er ihm aus der Hand fallen. Timos Reaktionsschnelligkeit erleichtert ihm das Umgreifen, im Tennis bleibt zwischen den Schlägen dafür schließlich mehr Zeit.

3. »Den Schläger immer oben lassen – auch beim Rückführen.« Wenn Timo den Aufschlag des Gegners erwartet, hält er den Schläger oben wie ein Fechter seine Waffe und geht tief in die Hocke, bis seine Hüfte auf Höhe der Tischkante ist. Das bringt den optimalen Schlagwinkel, glaubt Hampl – und es verlangt eine austrainierte Beinmuskulatur.

4. »Balltreffpunkt und Körperbalance beeinflussen sich.« Wenn das Körpergewicht auf dem falschen Bein liegt, kann man den Ball nicht so druckvoll und kontrolliert spielen, das ist mit dieser Regel gemeint. Deshalb fordert Hampl, dass der Körperschwerpunkt auf beiden Beinen liegen muss, wenn man den Ball trifft. Und dass der Ball immer vor dem Körper getroffen wird, ganz gleich, ob der Spieler am Tisch steht oder einige Meter dahinter.

5. »Der Rückhand-Spinblock hat den Konter und Block abgelöst.« Diese Regel verlangt, dem Ball selbst bei passiven Schlägen wie dem Block mit dem Handgelenk einen kleinen Kick mitzugeben. So hat es auch Timo umgesetzt und kann mit dieser kurzen Bewegung Tempo und Rotation des ankommenden Balles nutzen. Denn sein Ball wird beim Gegner flach und schnell abspringen.

6. »Nur wer variabel spielen kann, wird sich auf Dauer durchsetzen.« Damit hat Hampl noch etwas Grundsätzliches formuliert. Der erfolgreiche Spieler muss aktives und passives Spiel beherrschen und zwischen beidem wechseln können. Wenn er eben noch den harten Topspin des Gegners mit einem Spinblock beantwortet hat, muss er blitzschnell umschalten und auf den nächsten Ball des Gegners mit einem Angriffsschlag reagieren können.

Mit dieser Technik und diesen Regeln hatten Timo Boll und Helmut Hampl das Tischtennis weiterentwickelt. Wer modernes Tischtennis sehen wollte, musste sich Timo Boll anschauen. Die Grundsätze hatte Hampl zusammengestellt und mit Timo im Training erarbeitet, einige Feinheiten hatte Timo jedoch auch von den Chinesen gelernt.

Helmut hat seine Prinzipien zusammengestellt und ich habe mir dazu noch etwas von den Chinesen abgeschaut. Alles zusammengenommen machte unser Konzept aus. Bei Wang Liqin war mir aufgefallen, dass er den Ball mit viel Handgelenkeinsatz spielt und seinen Arm bei der Vorhand regelrecht nach vorn schiebt. Kong Linghui geht beim Schlagen sehr stark über den Ball, spielt also sehr spinorientiert, gleichzeitig aber wahnsinnig sicher. Nachdem ich mir das angeschaut hatte, haben wir es zusammen im Training ausprobiert. Helmut ist das alles sehr strukturiert angegangen, er schreibt bis heute für jeden Trainingstag bestimmte Übungen auf. Ich gehe eher intuitiv vor, mitten im Training habe ich dann mal etwas versucht. Helmut hat auch sehr streng darüber gewacht, dass ich mich an seine Prinzipien halte. Wenn ich einmal von hinten blind draufgezogen habe, anstatt mit Rotation zu spielen, schallte gleich Helmuts Schrei durch die Halle. Mit der Zeit habe ich alles jedoch verinnerlicht, weil ich gemerkt habe, dass ich zum Beispiel beim Spinblock eine höhere Kontrolle über den Ball habe, als wenn ich ihn einfach nach vorn pressen würde.

Timos Spiel wurde dadurch nicht nur besser, es wurde auch ästhetischer. Denn die Arbeit zielte vor allem auf den schönsten Schlag im Tischtennis: den Topspin. Er vereint Technik, Dynamik und Eleganz. Er bringt Tempo hervor und Rotation. Und ein Ballwechsel, in dem die Topspins schnell und schön hin und her fliegen, kann ein Publikum elektrisieren.

Bis dahin hatte Timo eine allgemeine Technik gespielt, mit guter Übersicht und viel Ballgefühl. Doch mit der neuen Technik, die Hampl mit ihm zwischen 1998 und 2000 umsetzte, war Timo bereit für die Auseinandersetzung mit den Chinesen. Er hatte seinen eigenen Spezialschlag, einsetzbar als Eröffnungsball oder als Gegenschlag: einen Topspin, der nur so geladen war mit Drall. Es wurde Timos Reifeprozess vom jungen Talent zum Weltklassespieler. Parallel verlief sein menschlicher Reifeprozess, die Pubertät, und sie fiel im Vergleich zu vielen seiner Altersgenossen ziemlich harmlos aus: kein großes Auflehnen, keine Null-Bock-Phase. Als Timos Mutter erzählen soll, ob ihr Sohn sie denn vielleicht einmal mit irgendetwas geschockt habe, fällt ihr nur ein:»Er kam einmal vom Friseur zurück und hatte die Haare knallblond gefärbt.« Und als er selbst erzählen soll, ob er einmal ausgebrochen sei, antwortet er erst einmal mit einem bestimmten »Nö«.

Ich bin eigentlich ein recht solider Mensch. In der Jugend habe ich nie das Verlangen gehabt, besonders cool zu sein, im Schulhof rauchen zu müssen, irgendwie aufzufallen, um in der Clique dazuzugehören. Ich habe mich auch so dazugestellt. Und es fiel mir nicht schwer, zu akzeptieren, dass ich bei irgendeiner Fete nicht dabei sein konnte, weil ich zum Sport musste. Ich trauere dem nicht nach. Ganz ehrlich, für mich hört sich das Wort »ausbrechen« schon komisch an. Ich bin nach meinen Maßstäben schon ausgebrochen, wenn ich mich abends in eine Kneipe setze. Da reichen zwei Gläser Bier, um mir selbst zu sagen: Wahnsinn, was du da gemacht hast. Was für andere völlig normal ist, gilt in meinem eigenen Alltag schon als Aus-der-Reihe-Tanzen.

Sein Freund Christian Lüllig sagt, er könne sich nicht daran erinnern, dass er Timo einmal laut erlebt habe.»Er ist ein sehr ruhiger, bodenständiger Charakter, der erst nachdenkt, dann redet und auch vieles mit sich selbst ausmacht.« Timos größte Eskapade fand im Kreis der Tischtenniskollegen statt, als er 17 war. Sie endete immerhin mit einem Filmriss. Mit seinem Klub TTV Gönnern hatte er im Dezember 1997 überraschend den deutschen Pokal gewonnen, das war der Vereinsführung und einem Sponsor eine besondere Prämie wert: eine Reise nach Mallorca. Sie wurde wenige Monate später eingelöst.

Es gab eine Riesendiskussion mit dem Deutschen Tischtennis-Bund, ob ich überhaupt mitfahren durfte, denn einen Monat später fand die Jugend-EM statt. Aber am Ende gab es doch die Erlaubnis und wir sind zu sechst nach Mallorca aufgebrochen, Xu Zengcai, Danny Heister, Slobodan Grujic, unser Manager Torsten Märte, Helmut Hampl und ich. Und wo sind wir gelandet? Am Ballermann natürlich. Am ersten Abend hat es mich gleich zerstört. Wir saßen in einem dieser berüchtigten Läden, ich glaube, er hieß Bierkönig, und haben einige Getränke zu uns genommen. Helmut trinkt ohnehin kaum Alkohol, deshalb ist er früh gegangen, Torsten ebenfalls, so dass nur noch wir vier Spieler dasaßen. Vor allem Danny – der übrigens heute mein Vereinstrainer in Düsseldorf ist – hatte sich wohl in den Kopf gesetzt, den kleinen verwöhnten Timo einmal richtig abzufüllen. Das meiste, was an diesem Abend passiert ist, musste ich mir danach von den anderen erzählen lassen. Ich soll mich etwa beim Rausgehen beim Türsteher für den schönen Abend bedankt haben. Außerdem habe ich mich wohl auf dem Rückweg ins Hotel am Strand mit ausgebreiteten Armen rückwärts ins Meer fallen lassen und gerufen »Es ist soooo schön hier!«.

Die Nacht muss grausam gewesen sein, im Bett neben sich sah Xu jedenfalls einen Timo, der am ganzen Körper zitterte. Helmut Hampl hatte von all dem nichts mitbekommen, er lag am nächsten Morgen am Pool und las Zeitung. Mit der Entspannung war es vorbei, als Xu auf ihn zustürzte. »Helmut, Helmut, komm, Timo stirbt.« Hampl blickte von seiner Zeitung auf und wollte sich nicht veralbern lassen. »Wie, Timo stirbt?« »Ja, er ist fertig, wir müssen einen Krankenwagen rufen.« Hampl wollte sich seinen Schützling erst einmal selbst anschauen. Mit Xu fuhr er im Aufzug nach oben ins Zimmer. Dort sah er Timo, wie er ihn noch nie gesehen hatte und nie wieder sehen würde. »Er hatte alles vollgebrochen, alles. Da habe ich ihn erst mal aus dem Bett geholt, ausgezogen und abgeduscht. Timo musste später eine Sonderrechnung für eine Spezialreinigung des Zimmers bezahlen, es waren fünfzig Mark.«

Timo sagt: »Wenn wir uns heute treffen, wird die Mallorca-Geschichte immer wieder gerne ausgepackt.« Wohl auch, weil sie der einzige Ausreißer war in einer mustergültigen Karriere, in der er auf das meiste verzichtete, was seine Altersgenossen ausprobierten. Das ist auf jeden Fall im Sport belohnt worden. Als andere feierten, machte Timo einen großen sportlichen Sprung. An seinem siebzehnten Geburtstag hatte er zum ersten Mal die Deutsche Meisterschaft gewonnen. Jörg Roßkopf fehlte verletzt beim Turnier in Saarbrücken, im Finale besiegte Timo Torben Wosik 3:1. »Ich konnte locker aufspielen und habe mich nicht als Favorit gefühlt. Wir waren gleichwertig, aber ich hatte halt Geburtstag«, sagte Timo den Journalisten nach dem Finale. Mit 17 Jahren wurde er der jüngste Deutsche Meister seit 1953, als Conny Freundorfer den Titel mit 16 gewonnen hatte.

Auch wenn Timos Entwicklung erst einmal wie eine gerade, gleichmäßig ansteigende Linie verlaufen sein mag, gibt es doch einige Spitzen. Eine davon 1998 bei der Europameisterschaft in Eindhoven. In der zweiten Runde führte die Auslosung die übermächtige Gegenwart und die noch zarte Zukunft des Tischtennis zusammen. Jan-Ove Waldner traf auf Timo Boll. Mehr als ein Jahrzehnt hatte Waldner das Welttischtennis geprägt, war Weltmeister und Olympiasieger geworden. Der chinesische Weltmeister Jiang Jialiang sagte einmal über seinen Nachfolger: »Seine Spiele sind wie Perlen.« Stundenlang hatte sich Waldner als Jugendlicher mit seinem Bruder Tischtennisvideos angesehen, um sich von den besten Spielern die besten Techniken abzuschauen. »Ich wollte schon immer den besonderen Schlag spielen«, erklärt er. Diese besonderen Schläge, oft unorthodox, schräg, aber dafür mit überrumpelnder Wirkung, entstanden im Zusammenspiel aus Interesse, Instinkt und Intelligenz.

1997 hatte Waldner sogar noch einmal allen Erwartungen getrotzt und einen einmaligen Erfolg erreicht. In Manchester war er Weltmeister im Einzel geworden, ohne einen einzigen Satz zu verlieren. Ein Jahr später standen sich, nur getrennt von einem 15,25 Zentimeter hohen Netz, zwei verschiedene Epochen gegenüber.

Der Wettkampftag neigte sich schon dem Ende entgegen, es lief die letzte Runde. Als wir begannen, fanden an den anderen Tischen überall noch Spiele statt. Aber je länger unsere Begegnung dauerte, desto größer wurde der Pulk um unseren Tisch herum. Die Stimmung begann zu brodeln und ich konnte wirklich spüren, wie die Leute nach einer Überraschung gierten. Doch im fünften Satz war das Spiel eigentlich gelaufen. Ich lag 14:20 zurück.

Bei 15:20 hatte ich Aufschlag. Waldi hatte das ganze Spiel über schon Probleme gehabt mit meinem Aufschlag. Überhaupt hat er an diesem Tag für seine Klasse erstaunlich einfältig gespielt. Neun Matchbälle habe ich insgesamt abgewehrt, das Spiel noch gedreht und 27:25 gewonnen. Nach dem Spiel kamen dann alle auf mich zu: Super, Timo, Wahnsinn! Die ganze Schulterklopferei war mir etwas unangenehm. Ich habe im Essenssaal versucht, mir einen ruhigen Platz zu suchen, um nicht an allen Spielern und Trainern vorbeilaufen zu müssen. Das Spiel hat in der Öffentlichkeit unglaublich viel Aufsehen erregt. Weil man Jan-Ove Waldner als den wohl besten Tischtennisspieler überhaupt bezeichnet. Vor Waldi hatte und habe auch ich einen Riesenrespekt, allein wegen seiner unglaublichen Erfolge. Von seinen technischen Möglichkeiten sehe ich ihn gar nicht mal als das große Genie an, als das er im Tischtennis oft dargestellt wird. Er hatte keine starke Rückhand, wie ich finde, er hätte daher mit seinem Spielsystem heute sicher große Probleme. Die hatte er damals nicht, weil er mit seinen Aufschlägen, die man noch verdecken durfte, immer ein paar Ecken freilassen konnte. Da hat niemand hingespielt. Sein Spiel ist aber wirklich einzigartig, weil er es besser als jeder andere Spieler geschafft hat, die Schwachpunkte des Gegners zu treffen. Denn er hat ein ausgezeichnetes taktisches Verständnis und eine hervorragende Antizipation. Er konnte jeden Gegner zu überlisten. Sein Spiel ist auch sehr innovativ, deshalb hat er sich immer weiterentwickelt. Genau wie Jörgen Persson. Den hatte ich 2005 bei der WM in Schanghai quasi schon in Rente geschickt. Nach der Niederlage gegen mich sagte er mir, dies sei sein letztes Spiel gewesen. Und dann erreicht er bei Olympia 2008 in Peking noch mal das Halbfinale! Phänomenal.

Waldi war selbst mit 36 oder 37 Jahren ein besserer Spieler als bei seinem ersten Weltmeistertitel 1989. Er hatte ein sehr rabiates Spiel: Aufschlag und bumm! Das ist auch der Grund dafür, warum ich nie schöne Spiele gegen ihn gemacht habe, obwohl ich ja selbst nicht so bin, dass ich auf alles draufhaue. Waldi hat immer das Spiel zerstört. Sein Spielrhythmus ist wirklich gewöhnungsbedürftig. Daher kam es darauf an, wie ich seine Aufschläge bekommen habe. Ich musste froh sein, wenn ich pro Satz zwei, drei Punkte bei seinem Aufschlag gemacht habe, meinen eigenen Aufschlag musste ich immer komplett durchbekommen.

Besonders waren die Spiele gegen ihn also vor allem, weil sein Name im Tischtennis einen solchen Klang hat. Mit ihm verbindet man Wunderschläge. Ich selbst habe mich damals riesig gefreut bei der Europameisterschaft, aber den Sieg eher als etwas Kurioses angesehen, denn als verrückte Sache. Ich wollte mir auf dieses Spiel nichts einbilden und es eher in Demut genießen. Zum Glück bin ich auch ganz schnell wieder auf den Boden zurückgeholt worden. Am nächsten Morgen musste ich gegen He Zhiwen spielen, einen Chinesen, der für Spanien startet, er hat mir mit seinen kurzen Noppen einen Ball nach dem anderen um die Ohren gehauen. 0:3 stand es am Ende – ich hatte nichts zu melden.

Doch es blieb etwas von dieser Europameisterschaft. Dass da ein junger deutscher Spieler ist, 17 Jahre alt, der es mit dem vielleicht besten Spieler dieser Sportart aufnehmen kann. Aber auch mit den Chinesen? Die Tischtenniswelt war zu dieser Zeit schließlich wieder in zwei Teile zerfallen, die Chinesen hatten sich losgelöst vom Rest, und ihre Ausrutscher wurden weniger. In dieser Zeit, Ende der neunziger Jahre, machten sich die Chinesen rar und reisten nicht so oft nach Europa, um den anderen wenig Gelegenheit zu geben, ihr Spiel zu studieren. Also mussten die Europäer eben jede Spielmöglichkeit in China nutzen, etwa die China Open. Die fanden 1999 in Guilin statt. Im Achtelfinale stand Timo Ma Lin gegenüber.

Ma Lin war der kommende Star der Chinesen, das stand damals fest. Im WM-Finale 1999 in Eindhoven hatte er gegen Liu Guoliang verloren, das war eine ganz bittere Niederlage für ihn. Gegen diesen Ma Lin führte ich dann auf einmal bei den China Open 2:1 und 20:15 – und hatte auch noch selbst Aufschlag. Da ist mir etwas wirklich Einmaliges passiert: Ich habe zwei Fehlaufschläge gemacht. Es war eigentlich ein einfacher Aufschlag, Seitenüberschnitt, den habe ich so sicher beherrscht, dass mir so gut wie nie ein Fehlaufschlag passiert ist. Aber jetzt gleich zwei in einem Satz, weil ich einfach so nervös war. Die ganze Halle war gegen mich und hat Ma Lin angefeuert. Ich hatte einfach Angst vorm Gewinnen. In der Ecke, in der unser Spiel stattfand, stand das Publikum kopf. Es war unglaublich laut, und vielleicht war es dieses Spiel, in dem sich bei mir auch der Anfeuerungsschrei der Chinesen ins Gedächtnis eingebrannt hat. »Jiayou« – auf gehts. Wenn das Hunderte von Zuschauern mehrmals brüllen und dazu noch den Namen des Spielers, »Ma Lin, jiayou, Ma Lin, jiayou«, kann es einem schon kalt den Rücken runterlaufen. Dann stand es 20 beide. Mir schoss durch den Kopf: So eine Chance bekommst du nie wieder! Als ich den Satz tatsächlich verloren hatte, wollte ich nur noch raus aus der Halle, ich war wie betäubt.

Ich weiß nicht mehr wie, aber ich habe doch noch gewonnen, 21:18 im fünften Satz. Dieses Spiel gegen Ma Lin hat mich aber so fertiggemacht, dass ich sofort krank geworden bin, ich habe Fieber bekommen und mich gleich ins Bett gelegt. Das Viertelfinale habe ich noch durchgestanden, aber für das Halbfinale am nächsten Tag konnte ich mich kaum noch aufraffen, meine Kräfte haben nicht mehr gereicht und ich bin gegen den Koreaner Lee Chul Seung ausgeschieden. Das Spiel gegen Ma Lin war jedoch wohl das erste Mal, dass ich den Chinesen richtig aufgefallen bin.

Wenn Timo erzählt von Siegen wie diesen, spricht er länger über seine Fehler und seine Nervosität als über gute Bälle und die eigene Stärke. Gerade am Anfang seiner Karriere schien er sich über sich selbst zu wundern. »Ich habe noch gewonnen« ist ein typischer Satz und auf Nachfrage erklärt er:

Ich habe sowieso wieder gedacht: War halt mal Zufall, unnormal, dass ich gegen Ma Lin gewonnen habe. Er war für mich immer der Spieler mit dem größten Potenzial. Er konnte so viele Schläge aus so vielen Situationen spielen, dass es ihm selbst manchmal zu viel geworden ist. Er hat sich dann verheddert in seinen ganzen Möglichkeiten, ob er jetzt mit Überschnitt oder Seitenschnitt oder Unterschnitt oder einer Kombination daraus spielen soll und wohin eigentlich. Da ist er manchmal an seinen Nerven gescheitert, obwohl er für mich über zehn Jahre eigentlich der beste Spieler war. Ich habe jedenfalls nach dem Sieg bei den China Open gleich achtmal hintereinander gegen ihn verloren.

Ma Lin war nicht der Einzige aus der neuen Generation der Chinesen, der Timo herausforderte. Der andere, mit dem er sich über Jahre auseinandersetzen sollte, hieß Wang Liqin. Mit ihm traf er im Mannschaftswettbewerb der Weltmeisterschaft 2001 in Osaka zusammen. In diesen zwei Jahren, zwischen 1999 und 2001, hatte sich Timos Selbstwahrnehmung verändert. Und das Konzept von Helmut Hampl zeigte Wirkung.

Ich hatte einen Riesensprung gemacht. 1998 hatte ich Potenzial und ein paar Waffen, aber noch jede Menge Schwächen. 2001 war ich ein fast kompletter Spieler auf einem ganz anderen Grundniveau. Da habe ich schon gespürt, ob ich wirklich mithalten kann oder ob ich meine Punkte deshalb mache, weil mein Gegner einen schlechten Tag erwischt hat.

Die Zurückhaltung hatte sich zu einem Realismus weiterentwickelt, Timo konnte mittlerweile nicht nur seine eigenen Schwächen einschätzen, sondern auch seine Stärken, und es hört sich nicht mehr wie ein Zufall an, wenn er von einem Sieg wie dem gegen Wang Liqin 2001 erzählt.

Die Chinesen waren 2001 wahre Tischtennis-Götter. Und Wang Liqin hatte damals seit mehr als einem Jahr kein Spiel mehr verloren. Wie eine Maschine hat er gespielt. Gegen den kann kein Mensch gewinnen, dachte ich – und dann durfte ich auch noch gegen ihn spielen! Das allein hat mich schon glücklich gemacht. Als ich dann im Viertelfinale des Mannschaftswettbewerbs gegen ihn anfing, habe ich auf einmal gemerkt: Mann, der bekommt keinen Aufschlag von mir! Ich hatte damals einen wirklich guten Aufschlag, den darf ich inzwischen wegen der neuen Aufschlagregel nicht mehr machen, weil ich ihn mit dem Arm verdeckt habe. Ich konnte Unterschnitt spielen, aber mit der gleichen Bewegung auch Überschnitt. Nur der Balltreffpunkt war unterschiedlich: Beim Unterschnittaufschlag habe ich den Ball früher getroffen, beim Überschnittaufschlag später. Der Überschnittaufschlag sah wirklich aus wie Unterschnitt, kam aber plötzlich nach dem Aufspringen auf den Gegner zugeschossen.

Den ersten Aufschlag habe ich gegen Wang mit Unterschnitt gemacht – er hat ihn gleich ins Netz gespielt, weil er ihn völlig unterschätzt hatte. Den zweiten habe ich mit Überschnitt gespielt. Er hatte wohl gedacht, es wäre wieder Unterschnitt drin, und hat den Schläger noch weiter aufgemacht. Der Ball ist Richtung Decke gestiegen und ich musste mich zusammenreißen, damit ich nicht anfange zu lachen. Dass ein Spieler so danebengreift, ist schon ungewöhnlich, und Wang war damals doch der beste Spieler der Welt. Er war anschließend völlig verunsichert und hat immer mindestens drei meiner fünf Aufschläge direkt weggespielt und die anderen beiden so lasch zurückgebracht, dass ich ohne große Mühe den Punkt machen konnte.

Das war aber noch nicht alles. Ich hatte noch eine Rückschlagtechnik, die relativ wenige spielen, Xu Zengcai hat sie mir beigebracht. Damit neutralisiere ich den Schnitt und kann sogar Überschnittaufschläge kurz zurückspielen. Wang Liqin hat damals mit seinem Aufschlag ziemlich viel Druck gemacht. Den habe ich ihm dann zweimal kurz zurückgelegt, obwohl sonst immer ein langer Ball für ihn zurückkommt. Er stand da und wartete schon mit der

Vorhand – doch der Ball kam nicht. Er fiel kurz hinter dem Netz herunter und ist zum Teil sogar zweimal aufgesprungen. Mein Spielsystem war Gift für ihn. Wenn der Ballwechsel lief, hatte ich keine Chance, weil er im Spiel eine extreme Schlaghärte hat. Das war auch kein Wunder bei seinem Körper. Ich glaube, er hatte den am besten austrainierten Körper, den ein Tischtennisspieler je hatte, sehr drahtig, er war so schnell auf den Beinen und konnte unglaublich beschleunigen. Gerade mich als weniger athletischen Spieler hat das beeindruckt.

Aber ich habe es zum Glück geschafft, meist schnell den Punkt zu machen. Er kam überhaupt nicht zurecht. Den ersten Satz habe ich 21:19 gewonnen, im zweiten Satz habe ich hoch geführt, 19:12 und 20:16, und mich fast noch vertändelt, weil ich es einfach nicht wahrhaben wollte: Mensch besiegt Maschine. Erst in der Verlängerung habe ich gewonnen.

Mein Sieg hatte für ihn Konsequenzen. Chinas Cheftrainer Cai Zhenhua hat ihn beim nächsten Spiel auf die Tribüne gesetzt – den Spieler, der ein Jahr lang kein Spiel verloren hatte. Das hat mir gezeigt, wie viel Druck die Chinesen aushalten müssen. Sie dürfen einfach nicht gegen einen Ausländer verlieren, erst recht nicht gegen einen Aufsteiger, wie ich damals einer war. Dann rückt eben der Nächste nach und macht es besser, so funktioniert das chinesische Tischtennis. Wie gut er wirklich war, hat Wang Liqin dafür im Einzelwettbewerb gezeigt: Er wurde Weltmeister.

Was Timo nach solchen beeindruckenden Siegen noch fehlte, war ein Titel. Die Siege gegen Waldner, Ma Lin, Wang Liqin und andere mögen beim Fachpublikum als herausragende Leistungen angekommen sein, doch jetzt wurde es Zeit, solche Leistungen bei einer Meisterschaft bis ins Endspiel durchzuhalten.

Talent und Technik allein reichten dafür jedoch nicht aus, Timo musste sich weiterentwickeln. Er musste vor allem härter werden, fand Helmut Hampl, härter zu sich und seinen Gegnern. Ihm fehlte es noch an Kondition, und für eine gute Kondition muss vor allem intensiv trainiert werden. Das war allerdings nicht gerade Timos Leidenschaft, Hampl vermisste im Training bei Timo oft den Willen, sich zu schinden, und wenn es nur ein bisschen war. Deshalb holte sich Hampl einen Verbündeten in den Verein zum TTV Gönnern. Einen, von dem er wusste, dass er Tischtennis als Arbeitersport begreift: Jörg Roßkopf.

Die erste Begegnung von Timo mit Roßkopf war ein ausgeschlagener Autogrammwunsch. Die erste Begegnung von Roßkopf mit Timo Boll fiel sogar ganz aus. Roßkopf wollte ihm bei einer deutschen Meisterschaft in einer der ersten Runden zuschauen, denn er hatte viel von Timo und seiner Begabung gehört. Roßkopf selbst musste als Turnierfavorit erst später in den Wettbewerb eingreifen. »Als ich in die Halle kam, hat man mir gesagt, dass Timo schon ausgeschieden sei. Ich habe nur gedacht: Was ist das denn für ein Talent?« Wenig später sah Roßkopf seinen designierten Nachfolger tatsächlich spielen und bekam einen bleibenden Eindruck: »Mir sind gleich seine Leichtigkeit und seine Kontrolle im Spiel aufgefallen und die geschmeidigen Bewegungen.« Und auch er bemerkte etwas an Timos Verhalten bei Tisch: »Er hat sich einfach nicht aus der Ruhe bringen lassen.«

Mit dem Wunsch nach einer neuen Aufgabe und auch aus alter Verbundenheit zu Helmut Hampl verließ Roßkopf nach 14 Jahren Borussia Düsseldorf, den Verein, mit dem er so viele Erfolge gefeiert hatte: Sechsmal hatte er den Europapokal der Landesmeister gewonnen. Was er in Düsseldorf, dem erfolgreichsten deutschen Tischtennisverein, an Professionalität erlebt hatte, davon wollte Roßkopf nun ein Stück nach Gönnern bringen. Vielmehr nach Höchst, wo ja die Mannschaft um Timo herum trainierte.

Roßkopf ist nicht nur einer, der hart für Tischtennis arbeitet. Er versteht sich auch als Mannschaftsspieler. In Höchst traf er jedoch keine bestens funktionierende Mannschaft an, sondern eine Trainingsgruppe für das Talent Timo Boll. »Da hat jeder ein bisschen sein Ding gemacht.« Das war Roßkopf fremd. Und er wollte es ändern. »Ich habe mit Timo ernste Gespräche geführt und ihm gesagt, dass er sich nicht nur als Einzelspieler präsentieren kann. Er hat ein bisschen gebraucht, bis er das verinnerlicht hat.«

Im Training stichelte Roßkopf manchmal, stachelte Timo an, mehr für seine Form und Kondition zu tun, auch mal eine Einheit mehr einzulegen. »Er hat am Anfang immer gesagt: ›Ich habe einen Zuckersturz, ich höre jetzt auf.‹ Das war sein Standardspruch. Zuckersturz, Zuckersturz, Zuckersturz. Ich konnte es irgendwann nicht mehr hören!« Als Roßkopf nach Gönnern wechselte, war er 31, in seinem Körper steckten schon die Belastungen einer langen Karriere. »Timo hat an mir gesehen, wie man auch nach einer Verletzung wieder nach vorn kommt.« So wurde aus Timos einstigem Jugendidol ein Vorbild in der eigenen Trainingshalle.

Ich bin sicher nicht der Trainingsfleißigste und nicht einer, der sich über Quantität seine Form hochtrainiert. Aber Rossi ist ohnehin ein ganz anderer Typ als ich. Er geht vornweg, will mitreden und mitführen, ich dagegen halte mich zurück. Ich sage jetzt noch bei Mannschaftssitzungen: Macht ihr mal so, wie ihr denkt. Ich bin auch noch nie zum Trainer gegangen und habe gesagt: Lass uns mal so oder so spielen. Der Trainer hat die Mannschaft aufzustellen und ich habe zu spielen.

Vor uns auf dem Tisch im Hotelbistro steht jetzt ein Sandwich mit internationalem Einheitsgeschmack. Nun sollte wenigstens das Gesprächsthema pikant sein: Timo, der

»Jammerlappen«. So hatte ihn einmal der damalige Bundestrainer und spätere Sportdirektor Dirk Schimmelpfennig
genannt bei der Europameisterschaft 2000 in Bremen. »Ich
kann mich an Spiele von dir erinnern, in denen du ständig
den Kopf geschüttelt und deine Schultern hast hängen lassen. Das kam mir vor wie eine Abwärtsspirale, in die du
dich da hineinlamentiert hast. Was geht da in dir vor?«, will
ich wissen. Timo schaut erst an mir vorbei, legt seine Hände
ineinander und lässt sie dann auf den Tisch fallen. »Joah«,
sagt er und atmet dabei schwer aus, »ich kann manchmal
ziemlich gut jammern, das weiß ich. Jammern gewöhnt man
sich sehr schnell an, und umso schwerer ist es, sich das wieder abzugewöhnen. Früher habe ich relativ viel gejammert.
Inzwischen ist es deutlich besser geworden.« Er grinst. Später wird Timo noch erzählen, wie ihm das gelungen ist.

Doch jetzt sprechen wir über einen nachvollziehbaren
Grund für Unzufriedenheit. Einen, der ihn lange während
des Spiels beeinträchtigte: seine feuchten Hände. Häufiger
als andere ging Timo früher ans Netz, um dort seine Handfläche auf dem Tisch abzuwischen, weil er den Schläger nicht
mehr richtig festhalten konnte. »Was war denn das Problem
mit deinen Händen?« Statt mir zu antworten, streckt mir
Timo über dem Tisch seine linke Hand entgegen als Auf-
forderung, mich selbst davon zu überzeugen. Sie fühlt sich
kühl und feucht an, wie mit einem feinen Film belegt. »Es
konnte mir passieren, dass ich keine Rückhand mehr spielen
konnte, weil mein Zeigefinger auf dem Schlägerbelag so sehr
hin- und hergerutscht ist. Ich habe es mit flüssiger Kreide
versucht, mit Eisbeuteln, im Training habe ich auch mal
mit einem Fingerhut gespielt. Hat alles nichts genützt.« Für
manche Schwierigkeiten scheint es keine Lösung zu geben.
Timo hält mir jetzt noch seinen Unterarm hin, den Ärmel
seiner Trainingsjacke hat er hochgezogen. Er fühlt sich ge-

nauso kühl und feucht an.»Siehst du, kalter Schweiß. Im
Spiel läuft er mir vom Arm die Hand hinunter. Das habe
ich immer, es hat nichts mit Nervosität zu tun. Es ist ein
Nachteil für mich, denn die Chinesen schwitzen nicht so viel.
Wenn es in der Halle brutal heiß ist, macht sich das im Spiel
bemerkbar.«
Doch Timo bekam Hilfe. Von oben. Von der General-
versammlung des Internationalen Tischtennis-Verbandes.
Sie beschloss bei der Weltmeisterschaft 2001, die Sätze im
Tischtennis zu verkürzen. Von 21 auf 11 Punkte. Mehr
Spannung versprachen sich die Funktionäre dadurch, mehr
emotionale Momente und eine höhere Attraktivität ihrer
Sportart fürs Fernsehen.»Ich beklage mich eigentlich nie
über neue Regeln. Ich versuche einfach, so gut wie möglich
mit ihnen klarzukommen«, sagt Timo. Über die Verkürzung
der Sätze konnte er jedoch jubeln.»Die kurzen Sätze kamen
mir wirklich zugute. Ich habe dadurch mehr Erholungspausen, kann mir öfter die Arme und Hände mit dem Hand-
tuch abtrocken.« Mit der neuen Regel, einem gesteigerten
Selbstbewusstsein und einer gefestigten innovativen Technik
wurde 2002 für Timo ein fantastisches Jahr.
Parallel zu seiner Tischtenniskarriere absolvierte er in
jener Zeit seinen Zivildienst am Sportmedizinischen Institut
in Frankfurt.»Ich musste Karteikarten sortieren, das Archiv
pflegen, einige Tätigkeiten im Labor erledigen und habe
auch mal eine Glühbirne ausgewechselt. Alles andere hätte
meine Hausmeisterfähigkeiten überstiegen«, erzählt er, während wir unser Sandwich zu Ende essen. Es war eine Zivil-
dienststelle, die auf die Bedürfnisse eines Spitzensportlers
zugeschnitten war.»Noch vor Feierabend haben mich meine
Kollegen ins Nachbargebäude zur Massage geschickt.«
Der Zivildienst hielt Timo also nicht auf, und im Februar
2002 griff er sich seinen ersten internationalen Titel. In

Rotterdam fand das europäische Ranglistenturnier Europe Top 12 statt. Der erste Platz zählt dabei fast so viel wie ein Europameistertitel, denn wer sich unter den besten zwölf Europäern durchsetzt, zeigt besondere Konstanz. Bis 2002 hatten erst drei Deutsche das Turnier gewonnen, drei Frauen, die Tischtennis in Rumänien oder China gelernt hatten: Olga Nemes, Qianhong Gotsch und Jie Schöpp. 2002 gelang dann einem zwanzig Jahre alten Odenwälder der Sieg: Timo bezwang im Finale Wladimir Samsonow 4:3. Besser hätte das Jahr nicht beginnen können. Aber es sollte nur der erste einer ganzen Reihe von Triumphen sein. Ende März begann in Zagreb die Europameisterschaft.

Bei der EM habe ich mich von Runde zu Runde besser gefühlt. Nachdem ich im Einzel-Halbfinale gegen Werner Schlager gewonnen hatte, hat sich bei mir schon eine große Zufriedenheit eingestellt. Ich dachte mir: Ganz gleich, wie das Finale ausgeht, das Turnier war ein Wahnsinnserfolg für dich. Ich traf auf den Griechen Kalinikos Kreanga, und viele haben mich in diesem Spiel als Favoriten gesehen. Alle, von denen ich dachte, dass sie mir noch voraus seien, waren ausgeschieden, alle Schweden, Samsonow hatte gegen Primorac verloren, Primorac gegen Kreanga.

Zum Glück fand vor dem Einzelfinale das Doppelfinale statt. Da stand ich mit Zoltan Fejer-Konnerth Tomasz Krszewski und Lucjan Blaszczyk aus Polen gegenüber. In diesem Doppelfinale habe ich die Nervosität so gespürt wie nie zuvor. Wir hatten Matchball und ich musste aufschlagen. Es war, als wenn ich eine Bleikugel hochwerfen müsste, alles war auf einmal unglaublich schwer, ich habe gezittert, nicht ein bisschen, sondern richtig. Ich konnte nur noch mechanisch spielen. Und als wir den Punkt gemacht haben, war das unglaublich befreiend. Europameister!

Gut, dass ich dieses Finalgefühl, diese Nervosität im Doppel schon erlebt hatte. Als ich im Einzelendspiel gegen Kreanga

Matchball hatte, wusste ich: Jetzt musst du aufpassen, jetzt wird dir dieses Gefühl noch mal durch den Körper schießen. Das wird jetzt der schwerste Punkt. Zum Glück hatte ich Aufschlag und er kam mit meinem Aufschlag überhaupt nicht zurecht. Meistens habe ich einen Seitenüberschnittaufschlag in seine Vorhand gemacht. Auch bei 9:4- und 3:2-Satzführung hatte ich mit einem Aufschlag in seine Vorhand den direkten Punkt herausgespielt. Sechs Matchbälle. Eigentlich bleibe ich bei solchen Spielständen immer konzentriert. In dieser Situation habe ich mir jedoch einen kurzen Rundblick durch die Halle geleistet, ich wollte den Moment festhalten. Prompt habe ich zwei Punkte zugelassen. Dann hatte ich wieder Aufschlag. Innerlich habe ich mir Mut zugesprochen: Jetzt hast du Aufschlag, du hast so viele Möglichkeiten, einen Matchball wirst du schon verwandeln. Außerdem hatte mir das Doppelfinale ein bisschen vom größten Kitzel genommen. Ich denke oft in einem Spiel, wenn ich führe: 3:1, einen Satz wirst du noch schaffen, oder 10:8, einen Punkt wirst du noch machen. Und wieder bin ich mit dem Aufschlag in seine Vorhand gut reingekommen und habe den erlösenden Punkt gemacht. Meine Freude habe ich herausgeschrien, Europameister war für mich so etwas Großes, mich haben unglaubliche Glücksgefühle durchströmt. Und später hat sich eine innere Zufriedenheit, eine extreme Ausgeglichenheit eingestellt. Ich ruhe nach solchen Erfolgen noch mehr in mir selbst.

Der Sieg löste etwas aus, eine Euphorie. Nach Jörg Roßkopf hatte Deutschland wieder einen Tischtennis-Großmeister. Und dieser Timo Boll war doch erst 21 Jahre alt, er hatte seine Zukunft noch vor sich. »Mit Boll als Held könnte Tischtennis wieder aus der Nische hervorkriechen«, schrieb die »Frankfurter Allgemeine Zeitung« am Tag nach dem Finale. Immer wieder fiel der Vergleich mit Roßkopf. »Boll hat sein Vorbild nicht nur erreicht, sondern übertroffen«, analysierte die »FAZ«, »seit Zagreb existiert eine neue Hierarchie. Es gibt die Sonderklasse Boll. Sogar die Chinesen sind in Reichweite. Für das deutsche Herrentischtennis könnten wirklich goldene Zeiten angebrochen sein.«

Der Europameistertitel machte Timo deutlich, dass er von nun an eine öffentliche Person ist. Seine Begeisterung darüber hielt sich in Grenzen.

Für einen, der so introvertiert ist, wie ich es bin, und nicht gerne über sich erzählt, waren die ersten Tage nach der EM ein kleiner Horror. Diesen ganzen Trubel brauche ich eigentlich nicht. Nur noch Interviews, Radio, Fernsehen, Zeitungen. Alle Telefone haben gleichzeitig geklingelt. Mich haben Medien angerufen, mit denen ich vorher noch nie gesprochen hatte, »Sport Bild«, große Tageszeitungen. So extrem habe ich es vorher und nachher nie wieder erlebt. Es war mir sehr fremd. Viele Journalisten haben erst einmal sehr allgemein gefragt: Wer ist das überhaupt, dieser Timo Boll? Sie haben vielleicht gedacht, dass ich jetzt der neue Hero bin, der alles abräumt. Ich dagegen hatte ein ganz anderes Gefühl: Bei mir ist nach dem ersten Trubel eine innere Ruhe eingekehrt und ich habe es sehr genossen, dass der ganze Ballast von mir abgefallen ist.

Da war sie wieder, die Fähigkeit, sich völlig auf etwas zu konzentrieren und anschließend wieder loszulassen. Damit wird Timo bestens durch dieses Jahr 2002 kommen, sein großes Aufsteigerjahr.

Das bedeutendste Turnier 2002 im Weltmaßstab fand vom 31. Oktober bis zum 3. November in Jinan, China, statt: der World Cup. Gerade für die Chinesen hat der World Cup eine herausragende Bedeutung. In China gilt nur der als wahrer Champion, der die »großen Drei« eingesammelt hat, den Olympiasieg, den Weltmeistertitel und eben den World Cup. Die Kontinentalmeister und besten Spieler der Weltrangliste treffen sich beim World Cup, ein elitärer Kreis also. Es gibt kein Vorgeplänkel, schon in den Gruppenspielen warten beste Konkurrenten. Wer sich erst warmspielen muss, vergibt vielleicht schon seine Chance aufs Weiterkommen.

Seine Gruppe verließ Timo als Sieger, alle drei Spiele hatte er für sich entschieden: gegen den WM-Dritten Chiang Peng-Lung aus Taiwan, dem er ein Jahr vorher noch im Achtelfinale der WM in Osaka unterlegen war, gegen Johnny Huang aus Kanada und Jean-Michel Saive aus Belgien. Im Viertelfinale wartete Wang Liqin. Ihn deklassierte er mit 4:0, eine furiose Leistung gegen den amtierenden Einzel-Weltmeister. Anschließend schaffte Timo durch ein knappes 4:3 über Zoran Primorac den Sprung ins Finale und hatte es dort mit dem zweiten Chinesen zu tun, Olympiasieger Kong Linghui. Den ersten Satz verlor Timo noch 8:11. Doch die nächsten drei entschied er für sich, so knapp sie auch alle waren, 12:10, 11:9 und 11:9. Im nächsten Satz schien es Timo dann ein bisschen mit der Angst vor der eigenen Stärke zu tun zu bekommen. 10:4 lag er vorn, doch Kong holte auf 10:10 auf.

Ich dachte schon an den Titel, aber die Stimmung in der Halle kochte noch mal hoch, und ich war auf einmal wie gelähmt. Dieses Gefühl, die Kontrolle zu verlieren, wünsche ich keinem. Man braucht nur einen Punkt, aber insgeheim weiß man, dass man ihn eigentlich nicht mehr machen kann. Dass ich dieses Turnier noch nie gewonnen hatte, zuckte mir auch noch durch den Kopf.

Ich war ohne Erwartungen nach China gefahren und hatte Runde für Runde gespielt. Ich hatte mich dabei immer wieder selbst überrascht. Selbst im Finale hatte ich bis zum Matchball nicht an den Titel geglaubt. Deshalb war der Matchball auch der erste Ball, bei dem ich richtig eisig geworden bin.

95 Prozent der Halle waren gegen mich, aber ich glaube, fünf Prozent waren für mich. »Bor, jiayou!«, haben sie gerufen. Das konnte ich mir damals noch gar nicht erklären. Heute kann ich es.

Die Chinesen sind froh, dass ihre eigenen Leute Konkurrenz bekommen. Dass es Spannung und Abwechslung gibt.

Seinen achten Matchball verwandelte er schließlich zum 13:11, der Gewinner des World Cup 2002 hieß Timo Boll. Istvan Korpa, inzwischen als Bundestrainer nicht mehr für die Jungen, sondern die Herren zuständig, sagte: »Das war der wohl beste Boll, den ich je gesehen habe.« Ein noch größeres Kompliment bekam Timo von Chinas Cheftrainer Cai Zhenhua: »Boll ist eine größere Bedrohung für uns als früher Waldner oder zuletzt Samsonow.«

Die Weltrangliste wurde zu Beginn des Jahres 2003 dementsprechend von einem neuen Spieler angeführt und zum ersten Mal überhaupt von einem Deutschen. Weltranglistenerster – Timo Boll stand nun nicht nur in einer Reihe mit Eberhard Schöler und Jörg Roßkopf, er hatte ein Alleinstellungsmerkmal.

Timo Boll hatte den Gipfel des Tischtennis erklommen, in einem Jahr war er um 13 Plätze nach oben gerast. Es ist ein Gipfel, der aus Berechnungen und Statistiken aufgebaut ist, also aus jeder Menge Zahlen. Aber angeblich lügen solche Zahlen nicht, war Timo nicht also tatsächlich der beste Spieler der Welt? »Ich habe mich damals nicht so gefühlt. In mir kam wieder die Demut durch, dass das alles eine große Ehre ist. Aber ich wusste, dass ich noch weit entfernt war von der Konstanz und der Leistungsfähigkeit der besten Chinesen.«

Äußerlich schien jedoch alles bereit zu sein für einen großen Auftritt bei der Weltmeisterschaft 2003 in Paris, für einen noch größeren Erfolg. Als Favorit auf den Weltmeistertitel reiste Timo nach Frankreich.

Im Peking der Gegenwart rückt nun der Wettkampf näher, Europa gegen Asien, und Timo wird mit seinen europäischen

Kollegen in einen Bankettsaal des Hotels geführt, zur Presse-konferenz. Ein Dutzend Kamerateams und etwa vierzig Journalisten erwarten sie schon. Auf dem Podium nehmen jedoch die Funktionäre und Sponsoren Platz und versichern sich gegenseitig auf Englisch, Chinesisch und aus Dank-barkeit gegenüber dem Hauptsponsor, einem Automobil-konzern, noch auf Koreanisch, wie glücklich sie alle sind, hier sein zu dürfen, und wie groß ihre Freundschaft unter-einander ist. Als die letzte Silbe schließlich in alle drei Amts-sprachen des Tages übersetzt ist, springen einige Journalisten auf und umzingeln Timo in Windeseile. Die Scheinwerfer der Kameras beleuchten sein Gesicht, die Schaumstoffkugeln der Mikrofone nähern sich seinem Kinn. Timo soll chinesischer Nationaltrainer spielen, das wollen die Journalisten von ihm, denn er soll ihnen sagen, welche Spieler der Chinesen er gerade für die stärksten hält und wen er mitnehmen würde zu den Olympischen Spielen nach London.

Für wen sich da entscheiden? Timo hat gerade einige Turnie-re hinter sich, in denen jeweils ein anderer Chinese überragend gespielt hat. »Sie wechseln sich immer ab, einer ist immer in Ausnahmeform«, sagt Timo, der dagegen wie ein Einzelkämp-fer wirkt. Aber das reicht den Journalisten nicht. Wen also mit-nehmen zu Olympia? »Wang Hao, Ma Long oder Zhang Jike, und für die Mannschaft ist natürlich auch Ma Lin besonders stark. Aber es ist noch früh, das kann sich noch alles ändern«, antwortet Timo, ehe ein Mitarbeiter des Veranstalters dieses Rollenspiel beendet und Timo in einen Nachbarraum zieht. Dort stapeln sich Schlägerhölzer zu Dutzenden und Timo atmet einmal tief durch, im Bewusstsein, dass er den Raum nicht verlassen darf, ehe er alle Hölzer mit seiner Unterschrift verziert hat. Autogrammschreiben für Fortgeschrittene.

Timos Augen wandern einmal über alle Stapel, als könnte er so berechnen, wie viele Minuten ihn diese Aufgabe kosten wird. »Ich habs schon hinter mir«, sagt Werner Schlager zu Timo und boxt ihm freundschaftlich gegen den Arm. »Dann bringen wir es auch mal hinter uns«, murmelt Timo, gar nicht mal genervt. Ob er bei seinen China-Aufenthalten mehr Ballwechsel spielt oder mehr Autogramme schreibt? Timo greift zum Stift und macht sich an die Arbeit. Einige der Hölzer sind sicher für die Käufer des Ping Pong Packages bestimmt.

Pekingente knusprig

China kennen- und lieben lernen

So viel Ungeduld habe ich selten in Timos Gesicht gesehen. »Wir müssen los«, ruft er, nachdem er an meiner Zimmertür geklopft hat. Eine spontane Verpflichtung? Ein dringender Termin in Sachen Tischtennis? Nein, Appetit auf etwas ganz Besonderes.

Timos Zuneigung zu China geht längst auch durch den Magen, und an diesem Abend will Timo mit mir sein chinesisches Lieblingsessen genießen: die Pekingente. Dass wir zu zweit sind, vergrößert seine Vorfreude. »Wenn ich in einer größeren Runde essen gehe, landet auch mal eine Pekingente auf dem Tisch«, erzählt er, als wir zum Fahrstuhl gehen, »aber die wird dann unter allen aufgeteilt, und es bleiben nur ein, zwei kleine Portionen für jeden übrig. Heute haben wir die komplette Ente für uns.«

Er hat ein Lokal ausgesucht, von dem er nicht enttäuscht zu werden glaubt. »Eine sichere Sache, ich bin gespannt, was du sagst.« Ein Taxi bringt uns in ein Restaurant mit pagodenförmigem Eingangsportal, drei Bedienungen begrüßen uns mit »Ni hao« und grinsen Timo wissend an, ehe wir einen Tisch hinten in der Ecke ansteuern, den Timo vorgeschlagen hat. Das helle Deckenlicht leuchtet in den mattgoldenen Tapeten weiter, ein Springbrunnen plätschert beruhigend. »Hier sind wir ein bisschen für uns«, sagt Timo.

Die Wahl des Tisches sagt etwas über ihn, das weiß Timo, denn über dieses Thema hatten wir uns schon vor unserer Reise unterhalten, bei einer Verabredung in Düsseldorf, wo Timo seit vielen Jahren in der Bundesliga spielt. Als Treffpunkt hatte Timo damals die Filiale einer amerikanischen Cafékette ausgesucht. Dort angekommen, wollte ich erst einmal wissen, wie er denn auf so einen einfallslosen Ort komme. »Du wirst gleich verstehen, warum ich hier gerne bin«, versicherte er mir und führte mich in den ersten Stock. Hinten in der Ecke warteten ein großes Sofa mit dicken Kissen und

vor der Nase Alltagskino im Breitbildformat. Eine Panoramascheibe vom Boden bis zur Decke lud ein zum Blick auf das
Gewusel einer Düsseldorfer Einkaufsstraße, auf Menschen,
die hetzen, schlendern, flanieren, bummeln, auf eine Verabredung warten, telefonieren, gestikulieren, diskutieren, ange-
rempelt werden.»Du weißt ja, dass ich sehr scheu bin. Es ist
mir einfach unangenehm, von fremden Leuten angestarrt zu
werden. Nicht, dass mich hier in Düsseldorf viele erkennen.
Aber allein das Gefühl, dass es so sein könnte. Und ich kann
dir noch nicht einmal genau erklären, warum.« Beobachten,
ohne beobachtet zu werden, dafür war dies der perfekte Platz.
Nur haben wohl nicht so viele diesen Vorzug zu schätzen gewusst. Der Laden hat inzwischen dichtgemacht.

Unsere Plätze in Peking bieten auch ein bisschen Abge-
schiedenheit und Schutz vor den Blicken, die Timo Unwohlsein bereiten. Der Tisch liegt in einer Ecke, eingerahmt von
Wänden und einem Fenster zu einer Gasse, in der nicht viel
Betrieb ist. Timo hat sich mit dem Blick zur Wand gesetzt,
erkannt werden könnte er nur, wenn er sich umdreht.»Ein
typischer Timo-Platz«, stelle ich fest.

»Stimmt.«

»Ist dir das auch in China unangenehm, wenn die Leute
dich anschauen?«

»Ja, das ist auf der ganzen Welt so. Keine Ahnung, warum
mich das mit den Blicken stört.« Er zuckt mit den Schultern.
»Ich bin eben sehr gerne für mich. Deshalb gehe ich auch
ungern auf große Veranstaltungen.«

»Das heißt, irgendwelche größeren Empfänge kannst du
gar nicht richtig genießen?«

»Meistens nicht. Small Talk finde ich schon extrem anstrengend. Und wenn ich hundertmal an einem Abend
dieselbe Frage beantworten muss, kostet mich das einfach
Kraft. Gerade weil ich versuche, zu jedem freundlich zu sein.

Anders ist es, wenn viele Sportler da sind. Da erfahre ich auch mal etwas von anderen und aus anderen Sportarten und man findet schnell eine Ebene.«

Als Vorspeise bestellt Timo für uns Jiaozi, chinesische Maultaschen, und dazu eine Kanne Jasmintee. Als Belohnung dafür, dass er auf Chinesisch bestellt hat, bekommt er ein herzliches Lächeln von der Kellnerin.

»Funktioniert ja schon richtig gut mit deinen Sprachkenntnissen. Wann hast du denn angefangen, Chinesisch zu lernen?«

»Das war Ende 2010. Ich hatte es lange gar nicht vermisst, dass ich neben Tischtennis nicht viel gemacht habe, höchstens die Sachen, die mich interessiert haben, Technik, Filme, damit war ich ziemlich zufrieden.«

»Es hat dir also nicht gefehlt, dass du nicht eine interessante Ausbildung gemacht oder irgendwas Spannendes studiert hast?«

»Lange nicht, aber in letzter Zeit hatte ich das Bedürfnis, mal etwas anderes zu machen. Es muss für mich auch immer mit einem Ziel verbunden sein. Und Chinesisch zu können ist für mich so ein Ziel. Das ist für mich jetzt eine Art Ausbildung.«

»Was gefällt dir am Chinesischlernen?«

»Die Sprache mit ihren ganzen Schriftzeichen finde ich sehr spannend. Die Schriftzeichen gehören bei mir mit zum Unterricht, denn Analphabeten wollen sie am Konfuzius-Institut nicht ausbilden. Meine chinesische Lehrerin kannte sich im Tischtennis nicht so aus. Aber als sie ihren Eltern in China von mir erzählt hat, konnten die es nicht glauben. Es sei eine große Ehre für ihre Tochter, mich zu unterrichten, haben sie mir ausrichten lassen.«

»Und wie läuft es bis jetzt? Wie kann ich mir dein Chinesischlernen vorstellen?«

»Es macht wirklich Spaß. Ich habe ja das Glück, die Sprache ständig zu hören, und weiß deshalb ungefähr, wie ich die Wörter auszusprechen habe, was bei dieser tonalen Sprache unbedingt notwendig ist. Als ich noch häufiger in Düsseldorf war, bin ich fünfmal in der Woche jeweils drei oder vier Stunden zum Unterricht gegangen und kam so auf bis zu zwanzig Stunden in der Woche.«

»Dann meinst du es mit China ja wirklich ernst. Jetzt musst du mir mal erzählen, was dir China bedeutet.«

Am Anfang habe ich meine Zeit gebraucht, um mich an das Leben hier zu gewöhnen, an die Menschen, an das Essen, an all das, was so an Sinneseindrücken auf mich einströmt. Inzwischen muss ich sagen: Ich habe China richtig liebgewonnen. Es ist mein China geworden. Und was ich so gerne mag, ist vor allem diese Gastfreundlichkeit, diese Herzlichkeit der Chinesen. Wenn ein chinesischer Spieler nach Deutschland in die Bundesliga kommt, wird er meistens ins kalte Wasser geworfen. Ab und zu schaut oder fragt mal jemand vom Verein nach ihm, aber im Wesentlichen ist er doch auf sich allein gestellt. In China ist das anders. Das habe ich selbst erlebt.

2005 habe ich zum ersten Mal in der chinesischen Superliga gespielt, eher probeweise, um mir einmal anzuschauen, wie das in China funktioniert. Drei Spiele habe ich für den Klub Guangdong Baomashi gemacht. Weil die chinesische Ligasaison in unserer Sommerpause stattfindet, darf ich anschließend ganz normal für meinen Klub in der Bundesliga weiterspielen. Es ist wie ein Gastspiel.

2006 bin ich dann zwei Monate geblieben. Ich glaube, über eine so lange Zeit hat noch kein Europäer in der chinesischen Liga gespielt. Aber ich wollte mindestens so lange bleiben, auch um herauszufinden, wie sich das harte Training bei mir auswirkt. Ums Geld ging es da weniger, ich wollte einen guten Verein finden

mit einer sehr guten Trainingsgruppe. Vorher hatte ich schließlich
schon Geschichten von weniger seriösen Klubs gehört, bei denen
die Spieler an fünf Tagen in der Woche abends feiern gehen und
die Sau rauslassen. Über unseren chinesischen Trainer Liu Liping
habe ich jedoch die richtige Adresse gefunden: Zhejiang Haining
Hongxiang aus Hangzhou, südlich von Schanghai.

Als hätte das Personal mitbekommen, dass Timo gerade
über chinesische Gastfreundschaft spricht, bringt uns eine
Kellnerin heiße feuchte Handtücher und legt sie uns mit
einer Zange in die Hände.

In Hangzhou ist mir ein persönlicher Betreuer zur Seite gestellt
worden. Den konnte ich anrufen, wann immer ich wollte, er hat sich
um alles gekümmert und alles für mich organisiert. Die Mannschaft
hat auch immer versucht, mich in Gespräche einzubinden. Ich sollte
mich aufgehoben fühlen. Mit mir haben noch Li Ping, Tan Ruiwu und
Li Hu zusammen in Hangzhou gespielt. Als wir zu Auswärtsspielen
gefahren sind, haben sie mich jedes Mal im Restaurant gefragt, was
ich gerne esse, ob sie vielleicht noch dies oder jenes für mich bestellen sollen. Sie haben wirklich alles getan, damit ich mich wohl-
fühle. Sie bringen einem dort viel mehr Wertschätzung entgegen, als
das umgekehrt der Fall ist, wenn ein Chinese in Deutschland spielt.

Vielleicht werden manche sagen, der hat gut reden, der spielt
so gut, da müssen sie doch freundlich sein. Aber das trifft es nicht.
Es ist eine Frage der Mentalität, und diese Mentalität habe ich gerade auch dann zu spüren bekommen, als ich nicht so gut gespielt
habe. Da hätte man erwarten können, dass ich unter Druck gesetzt
werde: Jetzt kommt dieser beste Spieler Europas nach China und
soll gefälligst gewinnen, was will er denn sonst hier? Doch so war
es nicht. Meine Mitspieler, die Trainer und Betreuer haben mir nach
eher dürftigen Leistungen gesagt: Macht nichts, mach dir keinen
Druck, versuche einfach nur, dein Bestes zu geben.

Die Vorspeise kommt dampfend auf den Tisch. Timo gießt einen kleinen Teich Sojasauce auf meinen Teller, ein Bad darin muss sein, dann schmecken Jiaozi noch besser. Mit seinen Stäbchen greift er zu und beißt hinein. »Überragend! So mag ich sie am liebsten.« Vom Braten haben sie eine kleine braune Kruste bekommen, das macht sie noch herzhafter, als wenn sie nur gedämpft serviert würden. Im Teig versteckt sich eine üppige Füllung aus Schweinefleisch und Lauch, auch an Knoblauch hat die Küche nicht gespart. Die ersten zwei, drei Teigtaschen hat Timo schnell verputzt. »Die schmecken für mich schon fast zu gut, die schlinge ich nur noch. Ich könnte die morgens, mittags und abends essen«, erklärt er und schaut mich begeistert an, »das mag ich ohnehin an der chinesischen Küche, dass es schon morgens herzhafte Gerichte wie gebratene Nudeln gibt.«

Den fragenden Blick der Bedienung beantwortet er mit einem »Haochi«. Lecker. Es ist ein rustikaler Einstieg ins Menü, der sich allerdings durch den Tee etwas mildern lässt. Zum Thema Trinken fällt Timo noch eine Anekdote aus seiner Zeit in der chinesischen Liga ein.

Es gab eine komische Situation, über die ich mittlerweile zum Glück lachen kann. Hierarchie spielt in China eine sehr viel größere Rolle als bei uns. Diese Einstellung hat vor allem Konfuzius den Chinesen vererbt. Die Kinder haben ihren Eltern zu folgen, die Jüngeren den Älteren, die Schüler den Lehrern. Dieses Prinzip hat seine Vorteile, aber eben nur solange etwa der Trainer seine Autorität auch rechtfertigen kann. Als wir auf einmal mit Hangzhou im Abstiegskampf steckten, unternahm die Vereinsführung etwas, das man bei uns eigentlich nur aus dem Fußball kennt: Sie entließ den Trainer während der laufenden Saison. Ersetzt wurde er durch einen anderen Trainer, der, wie mir schien, erst einmal seine Macht zeigen wollte, auch mir gegenüber.

In einer Satzpause ging ich einmal zu ihm, um mir seine Ratschläge abzuholen. Es war unfassbar heiß in der Halle, mir lief der Schweiß in Strömen herunter und mein Mund trocknete langsam aus. »Water, please«, rief ich meinem persönlichen Betreuer zu, der auch fürs Übersetzen zuständig war. Doch der Trainer drehte sich zu ihm um, brüllte etwas und zeigte dann mit einem Finger auf sein Ohr. Das sollte wohl bedeuten: Zuhören, nicht trinken! Dabei ist er geblieben. Es gab kein Wasser für mich in dieser Satzpause, ich musste so über die Runden kommen. Er war wirklich von der alten Schule. Davon war ich anfangs eingeschüchtert, bis ich gemerkt habe, dass meine Mitspieler ihn gar nicht richtig ernst genommen haben.

Es ist noch früh am Abend, kurz nach halb sieben, und das Restaurant füllt sich allmählich. Besonders beliebt sind die großen runden Tische mit einer drehbaren Glasplatte, auf denen die bestellten Speisen ihre Runde machen vorbei an allen Gästen des Tisches.

Ich habe China in den zwei Monaten, in denen ich 2006 dort gespielt habe, noch mal ganz anders kennengelernt. Denn unser Verein hat viele Heimspiele verkauft. Anstatt bei uns in Hangzhou haben wir also dort gespielt, wo zum Beispiel die Firma oder der Mäzen saßen, die unser Heimspielrecht erworben hatten. Das ist in China üblich, dadurch ist Spitzentischtennis auch im ganzen Land zu sehen.

Auf diesen Fahrten habe ich wieder einmal erfahren, wie sehr sich die Chinesen Tischtennis verschrieben haben. Beim Essen, im Auto, im Zug, im Flugzeug – die ganze Zeit haben sich Spieler und Trainer über Tischtennis unterhalten. Das habe ich an den paar Brocken erkannt, die ich an »Fachchinesisch« verstehe. Oder an den Spielernamen, die sie erwähnt haben. Als ob es nichts anderes gäbe.

Diese Reisen waren aber dennoch sehr spannend für mich, denn wir sind wirklich in die entlegensten Gebiete gekommen. Einmal sind wir in die tiefste Innere Mongolei gereist, erst per Flugzeug zwei Stunden von Hangzhou nach Peking, dort eine Stunde zum Bahnhof, haben uns in einem Hinterhof in irgendeiner Suppenküche verpflegt, um die vier Stunden Wartezeit zu verkürzen, und sind dann 13 Stunden mit dem Zug durch die Nacht gefahren, im Abteil, vier Spieler und der Trainer. Der Trainer hat übrigens unglaublich geschnarcht. Zweimal haben wir einen Nothalt eingelegt und standen auf offener Strecke. Später sagte man uns, irgendjemand hätte sich vor den Zug gelegt. Als ich zwischendurch aus dem Fenster geschaut habe, habe ich mich gefühlt wie in »Herr der Ringe«, draußen war eine unglaublich weite, karge Landschaft zu sehen. Vom Bahnhof aus ging es mit Polizeieskorte einen Kilometer die Straße entlang, jede Kreuzung war abgesperrt. An der Halle haben sie uns zur Begrüßung erst einmal einen Schnaps gereicht. Aus Höflichkeit musste ich natürlich auch mal nippen. Er hat so unglaublich stark geschmeckt, »en Klare« würden wir in Hessen dazu sagen.

5000 Zuschauer wollten uns in diesem Spiel sehen, in einer brütend heißen Halle, in der es keine Klimaanlage gab. In diesem Spiel gegen einen mir unbekannten Chinesen bin ich zum ersten Mal in meinem Leben ausgebuht worden. Der hat so falsche Aufschläge gemacht, dass ich glatt verzweifelt bin. Unfassbare Dinger hat er auf den Tisch geschraubt, und ich konnte nur spekulieren, welcher Schnitt gerade auf mich zukam. Entweder habe ich den Ball ins Netz gespielt oder einen Meter hoch abgestellt. Ich stand auch ganz schön unter Druck, weil mein Punkt gegen ihn eingeplant war, und es ist noch mal etwas anderes, wenn man in der Fremde spielt und nicht vor heimischem Publikum. Auf jeden Fall habe ich mich betrogen gefühlt und unser Trainer hat auch schon reingerufen, ich solle mich beim Schiedsrichter beschweren. Aus Protest habe ich dann den Aufschlag meines Gegners Richtung Tribüne gedroschen, weil ich so bedient war. Da haben die Ersten angefangen, mich auszubuhen. Die Reaktion der Zuschauer hat meinen Gegner wohl mehr beeindruckt als mich. Seine falschen Aufschläge hat er zwar weiter gemacht, aber auch viele leichte Fehler, so dass ich am Ende noch 11:9 im fünften Satz gewonnen habe.

Die Ente nähert sich unserem Tisch, in würdevoller Begleitung. Ein Koch mit hoch aufstehender Mütze schiebt einen Wagen vor sich her und lässt seinen Blick nicht ab von der ganzen Ente darauf, die rotbraun leuchtet und deren Beine wie zwei Antennen in die Luft ragen. Ein Schauspiel beginnt. Mit einem großen Messer führt der Koch erst einen langen Schnitt durch die Entenbrust durch, trennt dann behände die Haut in kleinen Stücken ab und legt sie auf ein Bett mit Krabbenchips. Danach ist das Brustfleisch dran. Das Messer des Kochs scheint ein Eigenleben zu haben, so elegant gleitet es hin und her. »Das ist wie bei uns im Tischtennis. Das sieht auch einfach aus, aber du brauchst gutes Material und viel Übung«, bemerkt Timo. Eine Bedienung hat derweil die anderen Zutaten auf den Tisch gestellt, damit aus der Ente eine richtige Pekingente wird: ein Holzgefäß mit papierdünnen Teigfladen und ein Tablett mit Streifen von Gurken und Lauch sowie eine Schale mit einer dicken braunen Soße. Sie deutet einladend auf jede einzelne Zutat und fordert uns auf zuzugreifen.

Mit einem Stäbchen hebt Timo die Entenhaut hoch, schaut darunter, und sein zufriedener Blick zeigt, dass die Küche hier beste Arbeit geleistet hat. »Kein Fett an der Haut!« Sie haben sich Zeit genommen bei der Zubereitung, bis das Fett aus der Ente gebrutzelt ist und nur noch knusprige Haut und mageres Fleisch übrig geblieben sind. »Manchmal ist viel mehr Fett drunter. Aber die beste Ente ist die ohne dicke Schwarte.« Timo nimmt sich einen Teigfladen auf seinen Teller, gießt einen Klecks Soße drauf, nimmt dazu ein Stück En-

tenhaut, Gurke und Lauch und rollt alles zusammen. Nach
dem ersten Bissen weiß er, dass sein Kennerblick ihn nicht
getäuscht hat. »Ist das zart!« Die dicke, braune Soße verleiht der Ente ihre besondere Note, und dem Geschmack nach zu urteilen wurde sie
zusammengekocht aus Zucker, Soja, Knoblauch und allerlei
Gewürzen. Jeder Klecks Soße ein Klecks Exotik.

Während der Olympischen Spiele 2008 war die Pekingente für Timo fast ein Grundnahrungsmittel. »Was sie da
Enten am Grill gedreht haben im olympischen Dorf, das
war wie chinesischer Döner.« Seine Entzugserscheinungen
bekämpft Timo regelmäßig in Düsseldorf, wo er ein Lokal
gefunden hat, das die Pekingente original zubereitet und wo
Timo viele Chinesen treffen kann, die Sehnsucht haben nach
der Küche ihrer Heimat jenseits von Chinapfanne.

Durch den Verzehr von chinesischem Fleisch wäre auch
beinahe etwas zerstört worden, mindestens die Karriere
eines deutschen Nationalspielers, und vielleicht noch das
Image einer bis dahin als sauber geltenden Sportart.

Timo hatte am 19. September 2010 gerade das Finale
der Europameisterschaft in Ostrava hinter sich. Er war
als Sieger im Doppel und Einzel vom Tisch gegangen, den
Mannschaftswettbewerb hatte er mit den Deutschen auch
noch gewonnen und danach gesagt: »Wir sind die Chinesen
Europas.« Es waren seine EM-Titel elf, zwölf und dreizehn –
so viele erste Plätze bei Europameisterschaften hat vor ihm
noch kein Spieler erreicht. Wer aus der deutschen Mannschaft noch nicht abgereist war, sollte sich noch zu einer
Besprechung einfinden. An den Mienen von Hans Wilhelm
Gäb, dem Ehrenpräsidenten des Deutschen Tischtennis-
Bundes, Sportdirektor Dirk Schimmelpfennig und Mannschaftsärztin Sabine Arentz erkannte Timo gleich, dass es
nicht um seine gute Bilanz gehen würde. Das Thema war

ein Spieler, der wegen einer Verletzung schon vorzeitig nach Hause geflogen war: Dimitrij Ovtcharov.

Dirk hat uns eröffnet, dass Dima positiv auf Doping getestet worden sei. Dass Dima nach seiner Rückkehr einen Brief mit dieser Nachricht bekommen habe. Sofort wurde es totenstill. Dirk hat noch dazugesagt, dass sie alle geschockt seien und Dima in einer ersten Reaktion seine Unschuld beteuert habe und man nun erst einmal weitere Untersuchungen abwarten müsse.

Unsere Mannschaftsärztin hat uns noch etwas zu der Substanz erklärt, die bei Dima nachgewiesen wurde: Clenbuterol, eine Substanz, die zum Muskelaufbau und zur Fettreduzierung beitragen kann. Deswegen war Katrin Krabbe damals gesperrt worden, ihr Name fiel auf jeden Fall auch.

Ich wusste aber erst einmal gar nicht, was ich glauben soll. Doping? Dima? Das konnte eigentlich nicht sein. Ich kenne ihn wirklich gut, er übernachtet häufiger bei uns zu Hause in Höchst, wenn wir dort zusammen trainieren. Dima ist unglaublich gewissenhaft. Seinen Schläger testet er fünfmal selbst, bevor er ihn zur offiziellen Schlägerkontrolle gibt. Und ich halte ihn für einen ehrlichen Sportler, der nicht schummelt und schon gar nicht betrügt. Deshalb konnte ich mir nicht vorstellen, dass er jemals dopen würde.

Mein eben noch so perfekter Tag war auf jeden Fall in dem Moment zu einem der schlimmsten Tage meiner Karriere geworden. Ein solches Wechselbad der Gefühle habe ich noch nie erlebt. Ich bin erst einmal auf mein Hotelzimmer gegangen und habe geweint. Dima, was hast du da bloß für einen Scheiß gemacht, habe ich mir gedacht, und dann im nächsten Moment: Das kann doch alles nicht wahr sein. Anschließend bin ich zu Patrick Baum ins Zimmer, auch er kam sich vor wie im falschen Film. Dass das Clenbuterol vom Essen kommen könnte, daran dachte noch keiner. Und wenn wir es gewusst hätten, wäre unsere nächste Frage gewesen: Wie um alles in der Welt will er seine Unschuld beweisen?

Per SMS verabredete er sich mit Ovtcharov für ein Telefonat
in den nächsten Tagen, so erzählt es Timo, Ovtcharov gegenüber tat er in der SMS erst einmal so, als wüsste er noch von
gar nichts.

Zu diesem Telefonat ist es dann einen Tag später gekommen.
Und ich werde es bestimmt nie vergessen. Ich habe selten einen
Menschen am Telefon in einer solchen Verfassung erlebt, er war so
verzweifelt. Als ich ihn sprechen hörte, ist mir das Blut in den Adern
gefroren. Allein diese Stimme, da war überhaupt kein Leben mehr
drin, sie war so zittrig. Das kann man nicht schauspielern.

Das Gespräch schildert mir Timo so:
»Ich weiß Bescheid«, fing Timo an.
»Du musst mir glauben, dass ich unschuldig bin. Ich
schwöre es bei allem, was mir heilig ist«, flehte Ovtcharov.
»Ich glaube dir, aber wie ist so was nur möglich?«
»Ich habe keine Ahnung, wie dieses Zeug in meine Probe
gekommen ist. Ich habe einen Anwalt in Heidelberg empfohlen bekommen, Michael Lehner heißt er, er wird alles
versuchen, um mir zu helfen.«
»Dann hoffen wir mal, dass es gut ausgeht.«
Dass er nur wenig später sogar Gelegenheit bekommen
sollte, seinem Freund in die Augen zu schauen, hätte Timo
nicht gedacht. Mit seiner Frau Rodelia kam er von seinem
Arzt Johannes Peil aus Bad Nauheim und fuhr über die Au-
tobahn, als auf einmal ein weißer BMW neben ihnen auf der
linken Spur auftauchte und einfach nicht vorbeizog. Beim
Blick ins Auto erkannte Timo Dimitrij Ovtcharov.

Ich habe sofort eine Gänsehaut bekommen. An der nächsten Raststätte sind wir rausgefahren und haben uns in ein Café gesetzt.
Dima hat geweint, Deli hat ihn getröstet. Als ob das Schicksal un-

ser Treffen so gewollt hätte, weil Dima gerade jemanden brauchte. In der Zwischenzeit hatte er die ersten Hinweise bekommen. Sein Anwalt hatte von ihm jeden Aufenthaltsort wissen wollen, und als er von unserer Reise nach China erfahren hat, ist er hellhörig geworden. In China gab es schon häufiger Fälle mit Clenbuterol. Und auch über die Möglichkeit einer Haarprobe hat er mit ihm gesprochen.

Trotzdem dachte ich in dieser Phase noch: Das ist ein aussichtsloser Kampf. Ich wusste nicht, wie Dima da rauskommen sollte. Bis dahin hatte ich immer nur die Überschriften in Zeitungen oder im Internet gelesen: Radprofi XY positiv getestet, und sofort war er abgestempelt, da konnte er noch so sehr seine Unschuld beteuern. Inzwischen lese ich auch die Texte unter den Überschriften dazu, weil ich weiß, wie kompliziert es werden kann.

Die Verteidigung von Ovtcharov nahm ihre Arbeit auf. Sie ließ Haarproben nehmen. Nicht nur von Ovtcharov, sondern auch von anderen Spielern, die mit ihm nach China gereist waren. Und sie ließ die Dopingproben der anderen noch einmal öffnen und mit feineren Messmethoden nachuntersuchen. Es wurde ein besonderer Fall, an dessen Ende sich renommierte Gutachter höchst sicher waren, dass der Verzehr von Fleisch in China die Ursache für die positive Dopingprobe war. Clenbuterol wird hier schließlich als Mastmittel eingesetzt, und schon vor den Olympischen Spielen in Peking hatte das Internationale Olympische Komitee die Sportler davor gewarnt, Fleisch außerhalb des olympischen Dorfes zu essen.

Ovtcharovs Haarprobe deutete nur auf einen einmaligen Kontakt mit Clenbuterol hin, und bei den anderen deutschen Spielern fanden sich ebenfalls Spuren. Auch eine Nebeninstanz sprach Ovtcharov vom Dopingvorwurf frei, der Heidelberger Molekularbiologe Professor Werner Franke.

Sein Wort hat Gewicht in der öffentlichen Debatte, und seine Urteile fällt er meist schnell und hart. In diesem Fall lautete es: unschuldig. Denn Clenbuterol kann Muskelzittern hervorrufen: »Wenn ein Tischtennisspieler Clenbuterol zum Doping nehmen würde, müsste das schon ein Selbstmörder sein.«

An dieser Episode mit Dimitrij Ovtcharov hatte sich das unberechenbare China gezeigt. Auch auf dieser Reise wird Timo wieder gefragt, was er denn vom »Fall Ovtcharov« halte. Den chinesischen Reportern hat er diplomatisch geantwortet: »Ich habe keine Angst. Ich vertraue China.« Seinen europäischen Mannschaftskollegen hat er ehrlich geantwortet: »Ich mache mir natürlich meine Gedanken und versuche hier Rind- und Schweinefleisch in größeren Mengen zu meiden.« Ovtcharov und der Tischtennissport sind noch einmal mit einem ziemlich großen Schrecken davongekommen. Nachdenklich sagt Timo: »Es hätte nicht viel gefehlt und die Leute hätten gesagt: Guck sie dir doch an, diese Tischtennisspieler, die also auch.«

Vom Nachbartisch weht schallendes Gelächter herüber. Eine Gruppe hat sich um den runden Tisch gesetzt, Geschäftsleute vielleicht, dafür sprechen die eleganten Anzüge, auch einige Frauen sind dabei. Der Drehteller in der Mitte steht kaum still, von allen Seiten greifen die Gäste nach Gemüse, Ente, Fisch. »Das gefällt mir hier, ein großer Tisch, jeder bestellt etwas, so probiert man auch andere Sachen und sitzt nicht eingeschränkt vor seinem eigenen Teller. Für dieses Gesellige kann ich mich begeistern.«

»Aber ist das nicht ein Widerspruch zu deiner scheuen Art?«, frage ich. Er schüttelt den Kopf, bevor er fortfährt.

Wenn ich in einer netten Gruppe unterwegs bin, fühle ich mich aufgehoben. Ich kann das sehr genießen. Da lege ich meine scheue

Art ab, und das gelingt mir gerade in solchen Runden in China ganz gut. Bei jedem meiner Besuche merke ich, welche Mühe sich die Chinesen geben, um ihre Gäste gut zu behandeln. Es gibt oft große Bankette. Da kommt dann die Tradition zum Tragen, die Gastgeber halten gerne lange Reden und anschließend beginnt ein besonderes Ritual: das Anstoßen. Es gibt in China ganz schöne Kampftrinker unter den Spielern. Das passiert nicht heimlich, da kommt auch der Trainer mit. Beim Essen glühen sie gut vor, es findet ein richtiges Gemeinschaftstrinken statt. Die Spieler gehen zum Trainer und bedanken sich, die Trainer zu den Managern, die Manager zu den Sponsoren. Und immer passiert das mit einem Zuprosten und einem Leeren des Glases. Mit Bier und Wein fängt es an, mit Schnaps geht es weiter. Um selbst trinken zu dürfen, kommen sie dann zu dir und prosten dir zu. Alles geht Schlag auf Schlag, schon beim Essen sind manche so betrunken, dass sie sich Richtung Toilette zurückziehen müssen. Die Chinesen machen das sehr kompakt. Oft sind damit irgendwelche Trinkspiele verbunden, es wird gewürfelt und wer verliert, muss eben sein Glas leeren. Es läuft nicht so gemütlich wie bei uns ab, wo man sich erst nach und nach in Stimmung nippt. Ich schaue da gerne zu, es ist ein lustiges Spektakel.

Timo ist jedenfalls auf dem besten Weg, ein Botschafter für chinesische Lebensart zu werden. Er hat seine eigene Perspektive auf China gewonnen, eine, die geprägt ist von den Menschen, die ihm in China begegnen. Und eine eher unpolitische, die er nicht unbedingt einbringen wollte, als China im deutschen Sport zum großen Streitthema wurde.

Vor den Olympischen Spielen 2008 in Peking war in Deutschland eine Debatte ausgebrochen. Wie hältst du es mit China?, so lautete die Gretchenfrage. Hat China es überhaupt verdient, die Jugend der Welt zu beherbergen, während es gleichzeitig gewaltsam in Tibet durchgreift, Oppositionelle verfolgt und foltert, seinen Spitzenplatz behauptet, was die Zahl der Hinrichtungen angeht, Organhandel nicht bekämpft, sich allenfalls am Rande um Umwelt- und Tierschutz schert? Auch von den Sportlern schien ein Bekenntnis erwartet zu werden. Die beiden Hauptpositionen prallten bei den deutschen Degenfechterinnen aufeinander. Britta Heidemann, die in China schon ein Praktikum gemacht und ein Studium der Regionalwissenschaften für China abgeschlossen hatte, stand auf der einen Seite. Olympia könnte China helfen, sich ein weiteres Stück zu öffnen und weiterzuentwickeln, das war ihre Haltung, plakative Proteste würden nur das Gegenteil erreichen. Auf der anderen Seite stand Imke Duplitzer, sie forderte, Menschenrechtsfragen offen zu diskutieren und die Eröffnungsfeier der Spiele zu boykottieren, um nicht Teil einer politischen und kommerziellen Inszenierung zu werden. Das Duell wurde nur auf der sportlichen Ebene entschieden. Heidemann gewann die Goldmedaille. Wer die richtige Meinung vertritt, blieb offen. Stichhaltige Argumente gibt es auf beiden Seiten.

Timo hatte sich dabei auffallend zurückgehalten, auffallend jedenfalls für einen Sportler, der China wohl besser kennt als fast alle anderen Mitglieder der deutschen Olympiamannschaft, einmal abgesehen von Britta Heidemann. »Man konnte sich ja denken, dass ich eher pro China bin«, sagt er.

»Wie hast du denn zum Beispiel die Eröffnungsfeier der Spiele erlebt?«, frage ich ihn. »Ich saß nämlich damals als Journalist im Nationalstadion von Peking in der zweiten Reihe und fand den Anfang mit Hunderten von Trommlern, mit einer Masse Mensch, eher einschüchternd und beklemmend als begeisternd.«

»Wir interpretieren da manchmal zu viel rein«, entgegnet Timo.

Klar ist das Trommeln laut, da kommen einem Schall und Druck entgegen. Aber bei großen Veranstaltungen wird in China immer getrommelt. Ich weiß nicht, ob da gleich eine hintergründige Botschaft drinsteckt. Auf jeden Fall ist es beeindruckend. Es soll ein Wow-Gefühl erzeugen. Solch eine Eröffnungsfeier hätte kein Land auf der Welt zustande bringen können, mit so einer Disziplin, mit so vielen Gruppen. Ich glaube eher, das Ziel der Chinesen war zu zeigen: Dies ist etwas Einmaliges.

Die Rivalität ist auch innerhalb Chinas groß, da versucht man sich gegenseitig zu übertreffen. Peking hatte die Olympischen Spiele, Schanghai wollte mit der Expo 2010 noch eins draufsetzen. Mir hat die Eröffnungsfeier in Peking ganz gut gefallen, Sydney 2000 und Athen 2004 fand ich fast langweilig dagegen.

Es gab ja keine weltweite Diskussion um die Olympischen Spiele, das war, glaube ich, vor allem ein deutsches Phänomen. Die Deutschen sind eben sehr kritisch. Und es gibt in der Tat einiges zu kritisieren in China. Aber viele Menschen in Deutschland sehen die Entwicklung nicht, die China genommen hat. Die Position der deutschen Politik kommt mir auch nicht immer ganz ehrlich vor. Sie hilft zwar in anderen Ländern, aber meistens doch in unserem deutschen Interesse. Und sie führt den kritischen Dialog mit China nur so weit, dass er die wirtschaftlichen Beziehungen nicht gefährdet.

Timo will sich nicht zerreißen lassen von einem Einerseits und Andererseits. Dass es einerseits Olympische Spiele als politische Propaganda waren. Andererseits aber jedes Land versucht, sich mit einem solchen Großereignis in einem guten Licht darzustellen, und es auch Spiele waren, auf die Millionen von Chinesen ganz unpolitisch stolz waren. Dass China sich für die Spiele einerseits ein bisschen geöffnet hat. Andererseits aber nach den Spielen auf den alten Kurs zurückgeschwenkt ist.

Ich habe in den vergangenen Jahren erlebt, dass sich so viel in China verändert hat. Die Menschen haben heute viel mehr Möglichkeiten, der Armut zu entkommen. Der Lebensstandard ist für viele Menschen stark gestiegen. Bei meinen ersten Besuchen saßen noch zwei Hotelangestellte auf jedem Hotelflur. Einfach so. Um sie irgendwie zu beschäftigen. Jetzt können viel mehr Menschen ihren Weg selbst bestimmen. Mit Fleiß kann man sich hier viel erarbeiten. Ich weiß, dass hier noch vieles schiefläuft. Um nur mal ein Beispiel zu nennen: An mir ist einmal ein Laster mit Hundekäfigen vorbeigefahren. Die Hunde waren so eng aneinandergedrückt, dass ihre Gesichter ganz gequetscht waren. Ich als Tierfreund habe Tage gebraucht, um diese Bilder wieder aus meinem Kopf zu bekommen, und meiner Frau lieber nichts davon erzählt.

Was hier manchmal Menschen angetan wird, auch dabei gibt es nichts zu beschönigen. Das Regime hat große Angst, dass ihm die Kontrolle entgleitet. Dass Proteste ausufern könnten, weil es hier so viele Menschen gibt. Ein großer Aufstand könnte das ganze Land umkrempeln. Deshalb wird so vieles schon im Keim erstickt. Aber ich glaube, dass sich die Dinge bessern werden.

Es ist wohl beides gleichzeitig möglich: sich von China als Land und seinen Menschen faszinieren und einnehmen zu lassen und trotzdem die Politik des Regimes abzulehnen.

Mit Tischtennis erreicht Timo jedenfalls die Menschen, das ist ihm wichtig. Ein Ereignis hat ihn dabei besonders bewegt: ein Besuch in Chengdu in der Provinz Sichuan. 2008 hatte ein Erdbeben in dieser Region mehr als 70.000 Menschen das Leben gekostet. Ein Jahr später fuhr Timo dort mit einer Delegation des Chinesischen Tischtennis-Verbandes hin.

Was ich in Chengdu gesehen habe, gehört zu meinen härtesten Erlebnissen. Mit zwei Bussen sind wir dort hingefahren, ein Bus mit uns Spielern, auch Nationaltrainer Liu Guoliang war dabei, und ein Bus mit Journalisten und Kcamerateams. Über Notstraßen und Geröll sind wir gefahren. Erst wenige Wochen vorher hatten sie diesen Weg ins Erdbebengebiet freigeräumt. Die ersten Besuche, wie die des chinesischen Ministerpräsidenten Wen Jiabao, hatten alle mit dem Hubschrauber unternommen werden müssen.

Die Erde hatte Teile der Stadt unter sich begraben. Aus dem Boden schauten Häuser heraus, von denen uns gesagt wurde, sie hätten früher acht Stockwerke gehabt. Zu sehen waren nur noch zwei. Überall war Schutt, alles war beschädigt, eigentlich hat nichts mehr so gestanden wie vorher. Ich stand erst einmal unter Schock. Wir haben vor Ort eine Gedenkminute eingelegt, es wurde eine Art buddhistisches Gebet gesprochen. Da hat wirklich jeder schlucken müssen.

In Chengdu haben wir einen Schaukampf gespielt, Penholder gegen Shakehand. Solche Benefizspiele veranstaltet der Chinesische Tischtennis-Verband häufiger. Er ist sich sehr wohl bewusst, was für eine Verantwortung er in China besitzt. Wir haben auch eine Schule mit Kindern besucht, die das Erdbeben überlebt haben. Nach all ihren schrecklichen Erlebnissen hatten sie immer noch ein Lächeln im Gesicht. Ein Lächeln, aus dem ich herausgelesen habe: Es geht weiter, es muss weitergehen mit dem Leben. 200 Kinder haben wir getroffen. Sie waren unglaublich anhänglich und haben sich gleich untergehakt, auch bei mir, oder mich an die Hand genommen, als wenn sie ein bisschen Wärme suchten. Für mich war das ein prägendes Erlebnis. Und allein für diesen Moment, in dem wir den Kindern eine Freude bereiten konnten, hat sich unsere Fahrt dorthin schon gelohnt.

Im Restaurant kommt jetzt der zweite Entengang auf den Tisch. Es sind die von uns übrig gelassenen Stücke, gebraten mit allerlei buntem Gemüse. Manchmal werden die Innereien der Ente noch in einer Suppe serviert. Um dieses Gericht sind wir zum Glück herumgekommen. Auch ein Schälchen Reis landet auf unserem Tisch, wie eine wertlose Sättigungsbeilage stellt es die Bedienung in die Ecke. Der Reis in China ist genauso ein Mythos wie Ping Pong und Fahrräder. Dass sich China einige Jahrzehnte lang nicht so sehr für die Welt drumherum zu interessieren schien und die Welt drumherum sich nicht so sehr für China, hat viele Mythen, Rätsel und Geheimnisse entstehen lassen. Rätsel scheinen einer der Exportschlager Chinas zu sein. Und in einem so stark kontrollierten Land können sich diese Rätsel viel länger halten als in einer offenen Gesellschaft.

Auch über Timo und China sind Mythen entstanden. Dass es Spieler gebe, die im Trainingszentrum von Peking seine Technik imitierten, richtige Boll-Doubles, um die Nationalspieler bestens vorzubereiten auf ihren härtesten Konkurrenten aus Europa. Dass Timo Trainingsverbot habe in Peking, um bloß kein Geheimnis aus ihrem Training lüften zu können. Und dass in Peking Fotos von ihm in der Trainingshalle hängen würden wie »Wanted«-Plakate im Wilden Westen. Was stimmt denn davon?

»Wie das mit dem Imitieren der Technik läuft, habe ich bei den Katar Open 2011 gesehen«, berichtet Timo und gießt uns mit elegantem Schwung Tee nach.

Im Halbfinale sollte ich gegen Zhang Jike spielen. Ich bin davor in die Aufwärmhalle gegangen, um noch ein paar Bälle zu machen. Am Nachbartisch stand Xu Xin und hat Zhang Jike eingespielt. Xu Xin spielt ja eigentlich mit Penholder-Haltung, aber jetzt hatte er den Schläger in der Shakehand-Haltung und spielte genauso wie ich. Meine Aufschläge, meinen Rückhand-Topspin, mit geradem Rücken und rausgestrecktem Hintern – alles wie ich. Es sah putzig aus, ich habe sofort angefangen zu lachen. Die beiden haben zurückgelacht, das hat denen richtig Spaß gemacht.

So läuft das wahrscheinlich auch im Training ab, nur ein bisschen ernster. Da werden Chen Qi oder Hao Shuai, die anderen Linkshänder, mal kurz dazu abkommandiert, den Aufschlag und die Rückhand-Eröffnung wie ich zu spielen. Wenn Zhang Jike mit einem Aufschlag von mir Probleme hatte, wird mich zum Beispiel Chen Qi imitieren müssen und Zhang Jike spielt eine Stunde lang die nachgemachten Aufschläge zurück.

Ich habe auch von einer schwarzen Liste gehört, auf der mein Name gestanden haben soll. Niemand von dieser Liste durfte im Leistungszentrum in Peking trainieren. Ich habe das Verbot aber einmal gebrochen. 2006, als ich in der chinesischen Liga gespielt habe, mussten wir zu einer Universitätsmannschaft nach Peking reisen. Auf einmal hieß es: Wir fahren jetzt mit dem Bus ins nationale Trainingszentrum! Die anderen Spieler haben mir dann im Bus signalisiert, ich solle mich ducken, damit mich die Sicherheitsleute am Eingang nicht sehen. Ich weiß aber gar nicht, ob das ernst gemeint war. Auf jeden Fall haben wir die Schranke mit den Soldaten passiert, sind im Trainingszentrum oben in die Männerhalle gelaufen und haben dort trainiert. Fotos von mir habe ich dort nicht gesehen.

Die Mahlzeit wäre auch in China nicht vollständig ohne eine Nachspeise, und als Abrundung erscheinen noch einmal die kleinen Teigtaschen auf dem Tisch, mit denen wir begonnen hatten. Diese Jiaozi sind jedoch frittiert und mit einer süßen Paste gefüllt. »Und?«, fragt mich Timo mit hochgezogenen Augenbrauen, gespannt darauf, ob ich seine Schwärmerei für diesen mächtig süßen Nachtisch teile. »Du hast mir nicht zu viel versprochen«, bestätige ich.

Kein Zweifel, mir sitzt ein Genussmensch gegenüber. Gutes Essen ist eine Leidenschaft von Timo. »Ich muss mich schon sehr zusammenreißen, um zu leben wie ein professioneller Sportler.« Timos Großeltern hatten eine Bäckerei im Odenwald, für Kuchen kann er sich begeistern, vor allem für gedeckten Apfelkuchen.

Der perfekte Samstagnachmittag sei für ihn ein Stück Apfelkuchen, eine Tasse Kaffee und ein am Fernsehen erlebter Sieg seines Lieblingsfußballklubs Borussia Dortmund in seinem Haus in Höchst, wo er mit seiner Frau Rodelia wohnt. Klingt nach einem genügsamen Glück. Christian Lüllig sagt dazu: »Der Hype um seine Person in China hat dafür gesorgt, dass er die Ruhe in Deutschland noch mehr zu schätzen weiß. Er saugt die Eindrücke in China auf, aber er ist froh, wenn er wieder zu Hause im Odenwald ist.«

In seinem Haus hat er sich ein kleines Heimkino eingerichtet mit richtigen Kinosesseln und einer großen Leinwand. Filme zu gucken gehört zu seinen liebsten Beschäftigungen und seine drei Lieblingswerke sind »Der Herr der Ringe«, »Avatar« und »Die Verurteilten«. Von seinem Haus aus hat er einen weiten Blick auf Höchst und die umliegenden Hügel. »Ich bräuchte eigentlich gar nicht in Urlaub fahren. Ich brauche nur die gute Waldluft«, sagt Timo. »Ich bin ja sehr beständig.« Das kann man sowohl von seinem Lebensmittelpunkt sagen als auch von seinem Familienleben.

Man könnte in Tischtenniskreisen eine kleine Umfrage machen, von wem wohl beim Kennenlernen die Initiative ausging, vom schüchternen Timo oder von seiner Frau Rodelia. Die meisten würden wohl danebenliegen. »Die Initiative ging von mir aus, tatsächlich«, versichert mir Timo und nickt anerkennend wie bei einem großen Turniersieg.

Manchmal sind wir vor einem Spiel in Gönnern noch zum Friseur gegangen, dort habe ich Deli 1999 getroffen. Sie arbeitete da gerade in ihrem ersten Lehrjahr. Ich war 18 damals, und ihr Äußeres hat mich sehr fasziniert, diese Exotik, sie stammt von den Philippinen. Dazu hatte sie eine sehr angenehme Ausstrahlung, sehr natürlich.

Für mich war es gut, dass sie überhaupt nichts mit Tischtennis am Hut hatte. Es war daher ein ganz normales Kennenlernen, ich hatte keinerlei Pluspunkte durch meinen Beruf. Sie hat sich auch nicht so leicht erobern lassen, das war schon eine Herausforderung. Wenn ich nicht die Initiative ergriffen hätte, wäre es wohl nichts geworden. Da bin ich einmal richtig auf Risiko gegangen.

Von seiner Begegnung im Friseursalon erzählte er gleich Christian Lüllig. Dass er eine Frau kennengelernt habe und sie gern öfter sehen würde. Also einfach häufiger die Haare schneiden lassen, riet ihm Lüllig. Doch so schnell, wie Timo Rodelia immer wiedersehen wollte, wuchsen seine Haare gar nicht.

Ich habe sie dann gefragt, ob sie nicht mal abends mit uns weggehen will. Na ja, ich habe sie indirekt gefragt. Da waren einige Mädels im Friseursalon. Sie direkt anzusprechen wäre mir dann doch zu offensiv gewesen. Deshalb habe ich die Frage mehr so an alle in den Raum geworfen.

Wir haben uns also alle zusammen verabredet, die Mädels aus dem Salon und wir Tischtennisspieler, und sind tanzen gegangen. Mit etwas Alkohol zur Ermutigung habe ich einen kleinen Angriff auf Deli gestartet. Bis wir richtig zusammengekommen sind, hat es aber noch ein halbes Jahr gedauert. Wir sind immer mal wieder essen gegangen. Ich wollte natürlich, dass daraus etwas Intensiveres wird. Deshalb habe ich sie zur Europameisterschaft 2000 nach Bremen eingeladen. Bevor wir von Gönnern aus nach Bremen gefahren sind, bin ich noch mal im Salon vorbeigegangen und habe gefragt: Und, kommt ihr auch? Zu meinem Spiel gegen Jan-Ove Waldner kam sie dann tatsächlich in die Halle. Man könnte sagen, dass wir seit diesem Spiel zusammen sind.

Dann ist der offizielle Beginn ihrer Beziehung sogar fest-gehalten. Im Film »Klein, schnell und außer Kontrolle«, einer liebevollen, preisgekrönten Dokumentation von Jörg Adolph über die spleenige Sportart Tischtennis, holt Deli Timo nach dem Spiel von der Bande ab und versorgt ihn mit Trost. Aufmunterung kann er gebrauchen. Das Spiel hatte Timo 2:3 verloren, in der dritten Runde war das Turnier für ihn beendet, und im Spiel selbst hatte Timo nicht gerade den Eindruck erweckt, als sei er mit Spaß bei der Sache. »Ich bring keinen Ball drauf«, sagte er. Doch was zählt das heute noch, wenn dieses Spiel zu der Geschichte von Timos großer Liebe gehört?

Wenn man Rodelia nach dem Beziehungsbeginn fragt, sagt sie lächelnd: »Es ist so, wie Timo es erzählt hat. Da hat er sich nichts ausgedacht.« Und was hat ihr an Timo gefallen? »Ich fand an ihm toll, dass er so authentisch war, er verstellt sich einfach nie. Trotz seiner Bekanntheit war er immer höflich und nett, überhaupt nicht angeberisch.« Nur dass sie mit Tischtennis gar nichts am Hut hatte, stimmt nicht ganz. »Es gab an unserer Schule mal ein Turnier, da habe ich gewonnen und sogar einen Pokal bekommen. Den habe ich heute noch.«

Die Beziehung zu Rodelia war auch ein Selbstständigwer-den für Timo, das erste Mal, dass er sich außerhalb seiner vertrauten Welt bewegte, außerhalb von Familie, Schule, Tischtennis. Doch Timo verhielt und verhält sich ihr gegen-über so, wie er es auch in anderen Lebensbereichen getan hat: Er konzentriert sich ganz auf sie.

Eins muss ich noch wissen. »Mit deinen Haaren war doch mal was. Hattest du sie nicht mal blond gefärbt? War das Delis Idee?«

»Ich hatte sie einmal blond und einmal golden und manch-mal noch Strähnchen. Aber solche Experimente waren mit

Deli nicht mehr erlaubt. Ich hatte mich vorher mit den Haaren genügend ausgelebt und nicht mehr das Bedürfnis nach extravaganten Frisuren.«

2002 bezogen Timo und Rodelia in Höchst eine gemeinsame Wohnung. Aber die Initiative zum Verfestigen der Beziehung ging nicht immer von Timo aus. »Ich habe ihm einmal einen Ring aus Alufolie gebastelt«, erzählt sie. Als Zeichen dafür, dass sie weiteren Schritten durchaus nicht abgeneigt sei. Einen Antrag machte Timo ihr dann auf den Malediven, und seit Silvester 2003 sind die beiden verheiratet.

Ich schätze an Deli, dass sie immer ehrlich zu mir ist, sie sagt mir offen ihre Meinung. Das ist auch beim Tischtennis oft hilfreich für mich, denn da habe ich manchmal Angst, etwas zu verpassen, wenn ich eine Trainingseinheit oder einen Wettkampf sausen lasse. Nach einer kleinen Verletzung habe ich manchmal zu schnell wieder angefangen. Deli sagt mir dann oft: Du brauchst eine Pause, mach nicht zu viel. Da hat sie mich schon vor schlimmeren Verletzungen bewahrt.

Es ist für sie natürlich nicht einfach, mit meinen ganzen Reisen klarzukommen. Früher ist sie noch häufiger mitgefahren, aber seit unsere Tochter Zoey auf der Welt ist, bleibt sie meistens zu Hause. Dazu kommt noch ein anderes Problem: Deli hat große Flugangst. Nicht nur, wenn sie fliegt, sondern auch, wenn ich unterwegs bin. Ich rufe sie daher immer vor dem Abflug und sofort nach meiner Landung an, auch bei Zwischenstopps. Selbst wenn es dann nach deutscher Zeit mitten in der Nacht sein sollte. Ihr ist das eben wichtig.

Als ich 2006 in der chinesischen Liga gespielt habe, wollte ich nicht zwei Monate ohne sie sein. Drei Wochen war sie insgesamt mit mir in China. Als sie zurückmusste, bin ich mit ihr zusammen zurückgeflogen, weil sie nicht allein fliegen kann, und habe mich dann wieder in die nächste Maschine nach China gesetzt.

Timo erzählt ruhig und geduldig davon, als vertrage jemand kein Apfelmus. »Es ist keine Belastung für mich. Ich nehme da gerne Rücksicht.« Wir haben nicht viel übrig gelassen auf dem Tisch. Timo lässt sich noch zwei süße Jiaozi einpacken, »die sind zu schade, um hier zu bleiben«. Es ist kein Unterschied zu erkennen, ob er sich in einem Lokal in Deutschland bewegt oder in China. Sein chinesischer Wortschatz hat ausgereicht für alle Bestellungen, für das Kompliment »Haochi« an die Küche und das »Zai jian«, das Auf Wiedersehen, sowieso. »Ein richtiges Missverständnis habe ich in China erst einmal erlebt«, sagt Timo, »da hatte ich kalte Milch bestellt und bekam heißes Wasser.«

Wir verlassen das Restaurant, vorbei am plätschernden Springbrunnen, drei Kellner haben sich nebeneinander aufgestellt, die Hände hinter dem Rücken. »Zai jian« rufen sie, erst ein Mal, das zweite Mal, als die Tür schon fast hinter uns zugegangen ist und wir wieder auf der Straße stehen, um uns ein Taxi heranzuwinken.

»Das war perfekt«, schwärmt Timo im Taxi von unserem Abendessen. »Ich esse wirklich sehr gerne, später muss ich bestimmt mal aufpassen, dass ich nicht auseinandergehe.« So genügsam er wirkt, wenn er von seinem Leben in Höchst erzählt, vom Filmegucken und Spazierengehen, so sehr hat China einen Ehrgeiz in ihm geweckt, seinen Horizont zu erweitern, fremde Speisen zu probieren, mit unbekannten Leuten zu sprechen und eine Sprache zu lernen, deren Zeichen wie Hieroglyphen aussehen. Timo Boll lebt in China seine Neugier aus.

Europa gegen Asien

Gewinnen – aber nicht um jeden Preis

Dass wir uns am nächsten Nachmittag der Sporthalle nähern, kündigen einige Transparente an, stolz und steif hängen sie an der Straße. Transparente mit den zehn Hauptdarstellern dieses und des nächsten Abends. Der Gestalter muss einmal kurz nicht aufgepasst haben, sonst würde Timo den Schläger beim Rückhand-Topspin nicht in der rechten Hand halten. Aber vielleicht trauen ihm die Chinesen sogar das zu.

Der erste Spieltag Asien gegen Europa. Die beiden großen Kontinente des Tischtennis schicken ihre Besten. Weil nur einer pro Land dabei sein darf, spielt auch nur ein Chinese mit, andernfalls hätte Europa sowieso keine Chance. Seit 2009 wird dieser Wettkampf ausgetragen, und obwohl es keine Weltranglistenpunkte gibt, will Timo jedes Mal dabei sein. »Zwei Spiele gegen Asiaten sind für mich sehr wertvoll. Daraus ziehe ich mehr als aus vielen Trainingseinheiten zusammen.«

Eine kompakte, schmucke Arena haben die Veranstalter dafür gewählt und den einzigen Tisch in der Halle mit einem Kranz aus Scheinwerfern gekrönt, wie einen Boxring, es soll wohl ein heftiger Schlagabtausch werden. Drei Tribünen rahmen den Tisch ein, an der offenen Seite steht eine Bühne.

Sofort als Timo die Halle betritt, bekommt er einen Schatten. Ein Kamerateam, das sich synchron mit ihm bewegt, vor und zurück, in die Knie und wieder nach oben.

»China will ganz schön viel von dir haben«, sage ich zu Timo.

»Das hier ist ja alles noch harmlos«, findet er, »als ich mit Christian Lüllig 2005 zusammen in China war, hat ihm ein Mitarbeiter vom chinesischen Staatsfernsehen eine kleine Kamera in die Hand gedrückt mit dem Auftrag: Mach mal, film, so viel du kannst, am besten private Sachen wie im Hotelzimmer, unterwegs oder beim Essen. Christian hat auch ein bisschen gedreht, aber nur ein paar Dialoge, die wir auf Englisch geführt haben. Und wie so oft, wenn man etwas auf Kommando machen muss, kam eher Blödsinn dabei raus.«

Die Fernsehkamera in der Pekinger Halle schaut jetzt auf Timos Füße. Dort beginnt gerade seine Wettkampfvorbereitung mit dem Anziehen der Schuhe. »Ein schöner Luxus«, sagt er beim Hineinschlüpfen. Es seien Schuhe mit individuellem Unterbau, also einer eigens für ihn angepassten Stoßdämpfung und einer Einlegesohle, die nach seinem Fußabdruck gefertigt wurde. »Ich bin extra einen Tag nach Japan zum Hersteller geflogen, um mit Highspeedkameras untersuchen zu lassen, wie ich mich bewege, wie mein Abrollverhalten aussieht. Nach den ganzen Tests hatte ich riesigen Muskelkater.«

Während ich mir einen Platz auf einem der schwarzen Plastikstühle suche, die für die europäische Mannschaft an der Umrandung reserviert sind, dreht Timo im Laufschritt ein paar Runden um den Tisch. Nach zweimal zehn Minuten Einspielen kann es losgehen, die Halle hat sich inzwischen gefüllt, 800 Zuschauer mögen gekommen sein an diesem Abend, auch Latheef, der Botschafter der Malediven, winkt uns von einer der steilen Tribünen aus mit seinem schwarzen Hut zu. Auf einmal ist die Halle dunkel, dann blitzen Lichter. Die Lautsprecher beschallen die Halle mit dem Klacken des Balles, aus dem Klacken wird eine Melodie und schon hüpfen zwölf junge Tänzerinnen auf der Bühne herum. Anstatt mit Cheerleader-Puscheln wedeln sie mit Tischtennisschlägern, sogar einen Vorhand-Topspin hat die Choreografie vorgesehen. China zeigt, dass man auch Show machen kann aus Tischtennis.

Was folgt, könnte kaum gegensätzlicher sein. In dunklem Anzug betritt Cai Zhenhua die Bühne. Der Mann strahlt Autorität aus. Er erklärt den Wettkampf für eröffnet, wie das sonst ein Staatspräsident bei den Olympischen Spielen macht. Aber ein Staatsmann ist aus dem ehemaligen Tischtennisspieler Cai Zhenhua längst geworden. Als Präsident des Asiatischen Tischtennis-Verbandes thront er an diesem Abend über dem Geschehen, Vizesportminister seines Landes ist er auch. Aber noch wichtiger scheint sein Direktorentitel in der chinesischen Sportverwaltung, hier werden offenbar die bedeutenden Entscheidungen getroffen, das Gremium ist wichtiger als all die Verbände drumherum. Bei der Eröffnungsfeier der Olympischen Spiele in Peking waren hinter dem chinesischen Fahnenträger, dem Basketballstar Yao Ming, vier Herren in feinen Anzügen durchs Nationalstadion stolziert, die vier Vizepräsidenten des Organisationskomitees. Cai Zhenhua war einer von ihnen.

Als Spieler fehlte ihm nur der Weltmeistertitel im Einzel, 1981 und 1983 wurde er Zweiter. Dafür führte er die Chinesen als Cheftrainer zurück auf den Spitzenplatz. Er trat sein Amt 1991 an, als die chinesischen Herren auf einmal nicht mehr zu wissen schienen, wie man Weltmeister wird. Er hat es ihnen wieder beigebracht und noch dazu seinen beiden besten Spielern Liu Guoliang und Kong Linghui gezeigt, wie man Olympiasieger wird. Seine Popularität in China hat Cai Zhenhua einmal mit der von Franz Beckenbauer in Europa verglichen. Liu Guoliang löste ihn als Cheftrainer ab, denn Cai Zhenhua wurde für andere Aufgaben gebraucht. Auftrag aus der hohen Politik: Als Präsident des nationalen Verbandes den chinesischen Fußball aufbauen. So herum laufen also die Karrieren in China.

Von der Bühne aus kommt er zu uns in die europäische Ecke, schüttelt uns die Hand und sagt mit seiner rauchigen Stimme »Hello«. Seine Augen können mächtig funkeln und freundlich zwinkern, auf jeden Fall erklären sie, dass es auch seine Ausstrahlung ist, die ihn immer weiter nach oben klettern lässt. Als er auf seiner Begrüßungsrunde bei Timo angekommen ist, sagt er: »You study Chinese«, und sein Daumen zeigt nach oben. In Internetforen in China hatte sich schnell verbreitet, dass sie sich in China mit Timo bald noch besser verstehen.

Cai Zhenhua hatte auch öffentlich gemacht, was die Chinesen von Timo zu halten haben: »Er ist für uns die Schlüsselfigur in Europa.« Als Schlüsselfigur reiste Timo im Mai 2003 zur WM nach Paris, der ersten Weltmeisterschaft, bei der mit größeren Bällen gespielt wurde. Um den Fernsehzuschauern das Verfolgen der Ballwechsel leichter zu machen und ein bisschen Tempo aus dem Spiel zu nehmen, hatte der internationale Verband eine Vergrößerung von 38 auf 40 Millimeter beschlossen. Für Timo waren das unwichtige Millimeter, ihn beschäftigten eher die großen Erwartungen.

Die Wochenzeitung »Die Zeit« nimmt sich Sport eigentlich nur an, wenn etwas besonders Kurioses zu erzählen ist oder etwas so Wichtiges, dass es auf der Tagesordnung des Bundeskabinetts steht. »Fernsehdeutschland ist bereit für einen neuen Lieblingssportler«, schrieb sie jedoch im Mai 2003 unter dem Titel »Der Ballflachhalter« über Timo. Die Überschrift rechtfertigte Timo mit einer seiner bekannt unaufgeregten Antworten auf die Frage, ob er sich als Star fühle: »Nö. Ich bin halt ein guter Tischtennisspieler. So wie andere gute Bäcker sind, ihren Beruf beherrschen, aber dann ist man kein Star.« Sagte er damals in Höchst, in einem »Oma-Café«, wie der Autor des Artikels es nannte. »Möglich, dass Timo Boll in ein paar Tagen Weltmeister ist«, schrieb die »Zeit« und war dabei so optimistisch, dass sie das große Porträt veröffentlichte, als die WM schon in vollem Gange war. Und die zweite Runde schon gelaufen. Die Runde, in der Timo Boll auf den 18 Jahre alten Chinesen Qiu Yike getroffen war.

Qiu Yike hatte einen Vorteil. Die Chinesen hatten ihn auf seinen Gegner bestens vorbereitet. »Die haben sich seit Monaten zurückgezogen und abgeschottet«, sagte der damalige deutsche Cheftrainer Dirk Schimmelpfennig, »und während wir hier Bundesliga, EM und sonstige Turniere spielen, trainieren die und studieren unsere Spieler.« Qiu Jike hätten die deutschen Trainer dagegen vor der WM nur einmal beobachten können.

»Ich hatte nicht meinen besten Tag, er hatte einen super Tag«, fasst Timo heute das Spiel zusammen, das eigentlich ganz wie erwartet begonnen hatte. Timo gewann die ersten beiden Sätze 11:3 und 11:7. Aber dieser Vorsprung ließ ihn nicht sicherer spielen. Qiu Yike holte sich die nächsten drei Sätze. Noch war nichts entschieden, Timo führte im sechsten Satz 10:6. Doch seinem chinesischen Gegner machte das nichts aus, er punktete sechsmal hintereinander – und verabschiedete damit die Nummer eins der Weltrangliste aus dem Turnier. »Ich weiß auch nicht, was da passiert ist«, sagte Timo kurz nach dem Spiel. »Ich habe physische Probleme, konditionell habe ich zu wenig getan.« So zitierte ihn die »Süddeutsche Zeitung« und ergänzte: »Es war die richtige Analyse. Blass, ausgelaugt und fahrig stand Boll an der Platte.« Die »FAZ« schrieb: »Die neuen Interessenten an Bolls Karriere, durch einen Dauereinsatz des jungen Helden in den Medien dazu gekommen, könnten sich wirklich getäuscht vorkommen nach dieser WM. Aber das enttäuschende Abschneiden ist der Preis, den das neue Idol für seine frisch erlangte Popularität zahlen musste.«

Auf der Rückfahrt von Paris saß Helmut Hampl am Steuer, neben ihm Timos Vater, hinten saßen Timo und Rodelia. Von der Rückbank kamen ständig gequälte Fragen. »Meinst du, es hat daran gelegen, dass ich zu viel trainiert habe? Oder zu wenig?«, wollte Timo von Hampl wissen.

»Vielleicht musste ich morgens zu früh aufstehen.« Hampl hörte erst einmal zu, »was er für einen Blödsinn erzählt hat«. »So habe ich ihn noch nie erlebt«, sagt Hampl. Körperliche Probleme hält er auch jetzt noch für die wichtigste Ursache: »Er war körperlich nicht in der Lage, eine so lange Saison durchzustehen. Er war dadurch müde und verunsichert. Zum ersten Mal hat Timo ein wenig die Nerven verloren.« In der entscheidenden Phase sei Timo zu ängstlich gewesen.

Tja, ich kann auch mal wehleidig sein. Im internen Kreis habe ich damals ziemlich viel gejammert. Ich dachte, dass vielleicht einer die Lösung hätte, deshalb habe ich Helmut so viel gefragt auf der Rückfahrt von Paris. Die WM ist nun einmal am Ende der Saison und für jemanden, der andauernd diesen Nervenkitzel hat, wird es immer enger und enger. Die Chinesen hatten es gut, sie hatten vorher alle Turniere abgesagt und sich gut vorbereitet. Die Erwartungen an mich waren sicher ein Problem. Dabei war ich noch gar nicht in der Weltspitze etabliert, und meine Erfolge waren doch die eines Newcomers.

Die Niederlage von Paris war ein Einschnitt. Die steil nach oben ansteigende Erfolgslinie brach in einem Zacken nach unten. Es würden weitere Niederlagen folgen, auch schmerzhafte. Aber wohl nach keiner anderen geriet der sonst in sich ruhende Timo Boll derart aus dem inneren Gleichgewicht. Das lag auch am öffentlichen Echo. Drollig war noch die Selbstkorrektur der »Zeit« unter der Rubrik »Lebenshilfe«: »Niemand hatte mit solch einer Niederlage gerechnet. Wir auch nicht: Als die ZEIT-Leser am Donnerstag zum Frühstück von einem möglichen Weltmeister Boll lasen, war Boll im Einzel schon ausgeschieden – und zum Abendessen auch im Doppel. Zum Trost Hessisches vom Fußballtrainer Dragoslav Stepanovic: ›Lebbe geht weider.‹«

Anderes klang schon ernster. Dirk Schimmelpfennig sagte damals: »Timo ist nicht faul. Er ist überfordert, alles unter einen Hut zu bringen, und muss lernen, Prioritäten zu setzen. Er wird Verzicht lernen müssen: weniger PR-Termine, weniger Preisgeld-Turniere und weniger Showkämpfe.« Kritik wie diese traf Timo so sehr, dass er zwei Tage nach seinem Ausscheiden gemeinsam mit seinem langjährigen Freund und Medienberater Bernhard Schmittenbecher eine Presseerklärung verfasste, in der es unter anderem hieß:

»Das frühe Aus bei der WM in Paris war für mich persönlich die größte Enttäuschung. Nicht minder enttäuscht bin ich aber über die teils heftigen, ungerechtfertigten Vorwürfe und kritischen Töne von Leuten, die sich in den letzten Monaten durchaus in meinen Erfolgen gesonnt haben. Der Vorwurf von verschiedenen Seiten, ich sei von einer TV-Sendung zur nächsten getingelt, entbehrt jeder Grundlage. Es ist richtig, dass ich in Paris nicht in Topform und in einer bedenklichen körperlichen Verfassung angetreten bin. Die Gründe liegen vorrangig darin, dass Tischtennis aus einem vielschichtigen Veranstaltungsgewirr besteht, welches mir auch aus vertraglichen oder emotionalen Verpflichtungen keine Chance zu Erholungspausen gelassen hat. Ich lasse aber gerade im Moment der Niederlage nicht zu, dass mein vertrautes Team, zu dem ich neben meiner Familie vor allem meinen Heimtrainer und meinen Verein sowie meine engsten Berater zähle, in ungerechtfertigter Weise und mit unkorrekten Vorwürfen attackiert wird.«

Die Erklärung war ein Sieg seines Gerechtigkeitssinns über seine Gelassenheit. Die »Süddeutsche Zeitung« schrieb dazu: »Selbstbewusstsein klingt anders. Macht Timo Boll so weiter, bleibt er ein Nischenkind. Und sein Sport auch.«

Heute glaube ich schon, dass ich mich damals bestmöglich vorbereitet hatte. Den Vorwurf, ich würde nur dem Geld hinterherrennen und deshalb an Schaukämpfen und Preisgeldturnieren teilnehmen, fand ich ungerecht. Ich hatte damals ein paar Diskussionen mit Dirk Schimmelpfennig und habe mich auch von einigen Journalisten nicht fair behandelt gefühlt, weil ich den Eindruck hatte, dass sich nur wenige in meine Lage versetzt haben. Natürlich muss ich mit Kritik leben. Aber ich stand damals nicht so sehr über den Dingen und habe mir vieles zu Herzen genommen. Paris war für mich eine gute Erfahrung, um zu lernen, wie hart man aufschlagen kann. Ich war in der zweiten Runde eines Tischtennisturniers ausgeschieden. Ich hatte nichts verbrochen. Doch es fühlte sich so an, als wenn ich etwas ganz Schlechtes getan hätte, für das ich mich vor einem Gericht verantworten müsste. Heute gehe ich mit vielem anders um und habe auch nicht mehr das Gefühl, es jedem recht machen zu müssen.

Inzwischen ist Paris weit weg. »Qiu Yike hat danach nie wieder so stark gespielt. Und ich habe nie mehr gegen ihn verloren.« Timo revanchierte sich ein Jahr später bei den German Open in Leipzig, als er Qiu Yike im Halbfinale besiegte.

Nach der Weltmeisterschaft 2003 veränderte Timo einiges. Er entschied sich für einen neuen Doppelpartner in geschäftlichen Fragen. Den vielleicht erfahrensten, den er im Tischtennis bekommen konnte: Hans Wilhelm Gäb, geboren 1936, früherer Nationalspieler und Präsident des Deutschen und Europäischen Tischtennis-Verbandes. Im deutschen Sport hätte Gäb sich so ziemlich jeden Posten aussuchen können, doch nach der Diagnose Hepatitis C und einer Lebertransplantation zog er sich aus der ersten Reihe zurück. Vom Tischtennis wollte er sich jedoch nicht trennen, das ist ihm eine Herzensangelegenheit, mehr als alles sonst im Sport und in der Wirtschaft.

Bei Opel hatte Gäb als Firmenvorstand das Sportsponsoring aufgebaut, unter anderem mit Steffi Graf und Franziska van Almsick. Bei der Tischtennis-WM 1989 in Dortmund hatte er mit Uli Hoeneß eine Partnerschaft zwischen Opel und dem FC Bayern München vereinbart, später handelte er mit Silvio Berlusconi einen Werbevertrag mit dem AC Mailand aus. Das Sponsoring führte auch Gäb und Timo erstmals zusammen, in der Zentrale des Automobilkonzerns in Rüsselsheim. Timo war ins Juniorsportlerteam des Konzerns berufen worden und sollte dafür ein Auto und 20.000 DM im Jahr bekommen.» Magdalena Brzeska war da, Franziska van Almsick, für Timo war es der Eintritt in die Welt anderer Sportprominenter«, erzählt Gäb. Timo war 16, persönlich hatten er und Gäb sich damals noch nicht gekannt.

»In so einer Atmosphäre eines großen Industriebetriebs, wo jede Menge wichtige Menschen in Anzügen rumlaufen, sind manche befangen. Aber da kam ein junger Mann auf mich zu, aktiv, stellte sich vor mich hin, schaute mir in die Augen und sagte: ›Ich bin Timo Boll.‹ Das ist bei mir hängen geblieben. Der hat Benehmen, habe ich gedacht, der hat eine innere Kultur.«

Gäbs Beratung geht über das Geschäftliche hinaus, er versteht sich als Mentor. Auf dem Weg zu einer starken, selbstständigen Persönlichkeit wollte Gäb Timo von Anfang an unterstützen. »Ich habe ihn mal damit aufgezogen und gefragt, ob er überhaupt allein Tee kochen könne.«

Verbiegen will Gäb ihn nicht, eher schützen vor allzu grellem Scheinwerferlicht. »Er tut etwas fürs Tischtennis mit seiner Seriosität, seiner Integrität und einer konstanten Leistung«, sagte Gäb damals, im Herbst 2003. Viele Jahre später hört es sich nicht anders an: »Timo braucht im Grunde keine öffentliche Anerkennung, diese Eitelkeit ist bei ihm überhaupt nicht ausgeprägt. Er würde nie auftrumpfen oder

andere Menschen schlechtmachen. Er ist ein sehr loyaler Mensch mit einem Kopf, in dem viel Wissen steckt.«
Hier haben sich zwei gefunden, denen es auf bestimmte Werte ankommt, auf Fair Play, auf Leistung, auf Verhalten, das vorbildlich sein soll. Timo engagiert sich heute auch im Verein »Sportler für Organspende – Kinderhilfe Organtransplantation«, der von Gäb ins Leben gerufen worden war. Der Stiftung Deutsche Sporthilfe hat Gäb einmal eine moralische Leitlinie für den Spitzensport verfasst, und Timo sieht er als Botschafter des Sports, der genau diese Anforderungen erfüllt. »Ich habe ihn in vielen Bundesligaspielen gesehen. Die Art und Weise, wie er sich auch in einer Niederlage verhalten hat, die hat mir imponiert. Auch den kleinen Fans begegnet er mit einer unglaublichen Ruhe und Freundlichkeit«, erklärt Gäb und scheut einen großen Vergleich nicht. »Auch Franz Beckenbauer schaut jeden Menschen an, wenn er ihm ein Autogramm schreibt. Er hat für jeden einen warmen Blick. Das ist das zentrale Erlebnis.«

Als erster Europäer soll der Portugiese Tiago Apolonia gleich den Euro-Asia-Wettkampf gegen den südkoreanischen Abwehrspieler Joo Se Hyuk eröffnen. Doch das Spiel beginnt nicht einfach irgendwie, die beiden Akteure müssen erst durch ein Tor aus Neonlicht auf den Centre Court laufen, harte Gitarrenriffs machen ihnen dabei Mut. Timos Spiel ist erst als viertes angesetzt, das gibt ihm Zeit, sich noch ein bisschen an die Atmosphäre zu gewöhnen. Ein paar Plätze sind frei geblieben in der Halle, in der bei den Asienspielen 1990 die Judowettkämpfe stattgefunden haben. »Tischtennis in der Großstadt ist schwierig geworden«, erklärt Timo, »es kommt auf die Ticketpreise an.« Bei einem früheren Wettkampf China gegen den Rest der Welt hätten die Tickets bis zu 100 Dollar gekostet. »Das konnte sich nur noch ein elitärer Zirkel leisten.« Tischtennis hatte sich damit auch entfernt von seinem ursprünglichen Charakter in China, ein Sport für alle zu sein. Diesmal ist ein Ticket schon für umgerechnet 6,50 Euro zu haben, die besten Plätze kosten 41 Euro. Dass die Halle dennoch nicht ganz gefüllt ist, erklären wir uns damit, dass Tischtennis in Peking mit immer mehr anderen Angeboten konkurrieren muss.

Aber das große Tischtennis soll auch in der Hauptstadt weiter präsent bliebn. Peking ist schließlich das Zentrum des chinesischen Tischtennis und damit der Mittelpunkt der Tischtenniswelt. Hätte sonst Jan-Ove Waldner hier ein Restaurant eröffnet? »W« heißt es, ganz einfach, und auf der Speisekarte stehen schwedische Gerichte wie Köttbullar. Eine schwedische Tischtennisbotschaft in Peking also, zu finden im Botschaftsviertel, und auch der Namensgeber schaut ab und zu mal nach dem Rechten. 2004 eröffnete Waldner das Lokal, im selben Jahr, in dem er bei den Olympischen Spielen in Athen noch einmal einen Tischtennisfrühling erlebte, seinen dritten, mit 38 Jahren. Sein Auftritt wurde zum Spektakel.

Unglücklich für Timo nur, dass er sich dieses Spektakel nicht von der Tribüne aus anschauen konnte. Er stand auf der anderen Seite des Tisches, es ging um den Einzug ins Halbfinale. Unter den Augen des schwedischen Königspaares kämpfte Waldner gegen den Lauf der Zeit. Auf einmal schienen die vergangenen Jahre ihn nur um Tage älter gemacht zu haben, er bewegte sich geschmeidig, donnerte mit seiner Vorhand harte Topspins auf den Tisch und spielte mit der Rückhand schräge Überraschungsbälle. Nach einem hochklassigen Match und fünf Sätzen war Timos zweite Olympiateilnahme, seine erste als Medaillenkandidat, zu Ende. 1:4 musste er sich Waldner geschlagen geben.

In der Halle gab es unheimlich viel Wind, die Klimaanlage verursachte einen starken Zug. Auf diese Bedingungen konnte ich mich ganz schwer einstellen. Waldis Aufschläge kamen meistens halblang. Wenn man seine Aufschläge bekommt, ist man drin im Spiel und gewinnt meistens den Punkt. Wenn nicht, verliert man hundertprozentig den Ballwechsel. Ich habe in diesem Spiel regelmäßig den Ball siebzig, achtzig Zentimeter über die Platte gezogen. Er konnte sich dagegen viel besser an die Bedingungen anpassen, denn er spielt mit mehr Risiko und sucht die schnelle Entscheidung. Schon vor unserem Spiel hatte er eine beeindruckende Leistung gegen Ma Lin gezeigt, den alle als Topfavoriten auf die Goldmedaille gesehen hatten. Waldi hat in Athen einfach sehr gut gespielt, auch gegen mich, sehr aggressiv mit wenig leichten Fehlern. Und ich hatte damals im Rückschlag einfach nicht die Möglichkeiten, über die ich heute verfüge, nämlich mit der Rückhand die Aufschläge über dem Tisch attackieren zu können.

Bis zur Medaille schaffte es aber auch Waldner nicht, das Halbfinale gegen Ryu Seung Min aus Südkorea verlor er ebenso 1:4 wie das Spiel um die Bronzemedaille gegen Wang Liqin. Olympiasieger wurde Ryu Seung Min, und das war für die Chinesen das zweite Ärgernis hintereinander, nachdem sie Werner Schlager schon 2003 den Weltmeistertitel hatten überlassen müssen.

Doch 2005 sollte die Einzel-Weltmeisterschaft nach zehn Jahren wieder bei ihnen stattfinden, Tischtennis kam zurück ins Wunderland, nach Schanghai, in die abgesehen vom Sonderfall Hongkong modernste Stadt der Volksrepublik. Auch Timo hatte sich einiges vorgenommen, und selbst wenn es kein Weltmeistertitel werden würde, so sollte er die Hafenstadt doch eine Woche später mit einer Silbermedaille und einem Preis verlassen, den man sich mit noch so vielen Punkten nicht erspielen kann.

Die Wiedersehensfreude mit einer Weltmeisterschaft hätte kaum größer ausfallen können in China. Hatte es jemals eine solche Eröffnungsfeier gegeben? Als Kulisse war den Chinesen nur das bekannteste Bauwerk Schanghais gut genug, der 468 Meter hohe Oriental Pearl Tower. Die perlenartigen Kugeln im Turm wirkten bei der Feier im Scheinwerferlicht wie riesige Tischtennisbälle. Über eine Showtreppe liefen die Meister von einst herunter, und als feiere China gerade sein Neujahrsfest, erleuchtete ein gigantisches Feuerwerk den Himmel über dem Fluss Huangpu.

Doch damit nicht genug. Die Chinesen hatten noch zur After-Show-Party geladen, sie wollten noch ein Bankett in einem nahe gelegenen Saal ausrichten. Der Weg dahin betrug gut 300 Meter. Die komplette Wegstrecke wurde von Kindern in weißen Hemden und Blusen gesäumt, die mit roten Blumen winkten. Es müssen Hunderte gewesen sein, die eng nebeneinander standen. Das Bankett bestand aus einem riesigen Büfett unter Kronleuchtern. Als sich die europäischen Gäste gerade das zweite Getränk nehmen und zum gemütlichen Teil übergehen wollten, stellte sich ein Herr ans Mikrofon und sagte: »Vielen Dank, dass Sie gekommen sind, die Feier ist jetzt beendet.« Da war es 21.30 Uhr.

Manchmal illustriert jedoch nicht nur der Pomp, welchen Platz Tischtennis in China einnimmt, es kann auch eine Straßenszene sein. Als Busse die Spieler, Verbandsvertreter und Journalisten vom Bankett zurück in die Hotels brachten, standen alle kurz im Stau. Auf einer Spur schaute ein Taxifahrer hoch in einen der Busse, und als er merkte, dass dort Teilnehmer der Eröffnungsfeier saßen, nahm er eine Hand vom Lenkrad und spielte in der Luft einen technisch sauberen Aufschlag. Aus dem Bus antwortete einer mit einer Rückhand, worauf der Taxifahrer fröhlich zum Topspin ansetzte. Ein Ballwechsel als Pantomime mitten auf der Straße.

Bei den Spielen in der Halle steigerte sich das Publikum in Ekstase, wenn ein Chinese an den Tisch ging. China stand unter Erfolgsdruck. Die Mannschafts-WM im Jahr zuvor in Katar hatten sie zwar souverän gewonnen, aber jetzt mussten Einzel- und Doppeltitel folgen. Aus welchem Land neben Südkorea die größten Herausforderer kamen, wussten die Chinesen: aus Deutschland. Bei der WM 2004 in Doha hatte das deutsche Männerteam mit Bundestrainer Istvan Korpa zum ersten Mal seit 1969 Platz zwei belegt, wobei dieser Erfolg noch mehr wert war als der 35 Jahre vorher, denn 1969 in München hatten die Chinesen wegen der Kulturrevolution nicht mitgespielt.

Im Doppel kämpften sich zwei Deutsche in Schanghai Runde um Runde nach vorn, Timo Boll und Christian Süß. Timo kannten die Chinesen schon bestens, den damals 19 Jahre alten Christian Süß sollten sie jetzt richtig kennenlernen. Als impulsiven Spieler, der mit seinen feuerroten Haaren an einen ebenso impulsiven deutschen Tennisspieler erinnert. Im Halbfinale kamen Boll und Süß bei keinen Geringeren als den Olympiasiegern an, Ma Lin und Chen Qi. Timo spielte stark, Christian Süß überragend, und im vorletzten Ballwechsel knallte er dem verdutzten Ma Lin den Ball einfach auf den Bauch, so dass der nur noch gequält lächeln konnte. Dann noch ein Punkt, und die beiden Deutschen hatten vor 10.000 Zuschauern 4:1 gewonnen und das Endspiel erreicht. Der neue Herrenbundestrainer Richard Prause verneigte sich spontan vor Süß. »Es war das beste Spiel, das ich in meiner Karriere gemacht habe«, sagte Süß damals vor den versammelten Journalisten. Auch die Organisatoren waren offenbar tief beeindruckt, bei der Probe für die Siegerehrung zogen sie schon mal die deutsche Fahne auf Platz eins und spielten die deutsche Hymne.

Das Finale. Timos zweites WM-Endspiel nach dem mit der Mannschaft im Jahr zuvor. Doch der Tag begann mit Tränen.

Timo war mit Fieber aufgewacht, fast 39 Grad, ein Infekt hatte im Laufe des Turniers immer mehr Kraft aus seinem Körper gezogen. »Ich habe erst einmal geweint, weil ich dachte, dass ich gar nicht spielen könnte.« Mit wenig Energie schleppte er sich an den Tisch, gegen Kong Linghui und Wang Hao kann ein geschwächter Körper eigentlich nichts ausrichten. Die Leidenschaft der Zuschauer in der voll besetzten Halle schien jedoch wie ein Aufputschmittel bei den beiden Deutschen zu wirken. Den ersten Satz entschieden sie für sich. Sollte noch einmal ein Spielrausch wie im Halbfinale folgen? Kong Linghui und Wang Hao stellten jedoch auf einmal ihre Taktik um und fanden jetzt die Löcher im Spiel ihrer Gegner. Sie ließen nicht mehr zu, dass Timo Boll und Christian Süß sich über dem Tisch breitmachten und mit effektivem Kurz-Kurz-Spiel Punkte sammelten. Damit hatten sie nämlich Ma Lin und Chen Qi bezwungen. Auch der Schiedsrichter aus Singapur meinte es nicht gut mit den Deutschen und zählte Christian Süß am Anfang des zweiten Satzes zwei Aufschläge hintereinander ab. Am Ende stand es nach Sätzen 1:4, die beiden Deutschen durften sich immerhin Vizeweltmeister nennen.

Zu Timos Erholung hatte dieses Finale nicht beigetragen, er sackte auf dem Weg zur Pressekonferenz zusammen, ein Schwindelanfall. Erst nach einer Viertelstunde stand er wieder auf den Beinen. »Es hat hier einen Riesenspaß gemacht«, konnte er wenig später wieder sagen, »vielleicht war es das Turnier unseres Lebens.« Auf jeden Fall war es für das deutsche Herrentischtennis der bedeutendste Erfolg in den Einzelwettbewerben einer WM seit 1989, seit dem WM-Titel von Jörg Roßkopf und Steffen Fetzner in der Dortmunder Westfalenhalle. Das einzige Finale mit europäischer Beteiligung war es in Schanghai auch noch und neben dem dritten Platz im Einzel des Dänen Michael Maze Europas einzige Medaille bei dieser WM.

Die Chinesen räumten alle Titel bei dieser WM ab – bis auf einen, den Fair-Play-Preis. Wer ihn verdient hatte, das hatte sich bereits im Achtelfinale des Herreneinzels entschieden. Timo hatte Matchball gegen den Chinesen Liu Guozheng. »Ich hatte den Punkt gemacht. Die meisten Zuschauer und auch der Schiedsrichter hatten seinen letzten Ball im Aus gesehen und mich damit als Sieger des Spiels. Ich dagegen nicht: Der Ball hatte die Tischkante auf meiner Seite noch gestreift.«

Als Liu Guozhengs Ball auf Timos Seite herunterfiel, schnellte Timos rechter Zeigefinger nach vorn als Signal, dass der Ball noch dran war. An der Bande saß Bundestrainer Prause. »Der Schiedsrichter hatte den Ball schon für Timo gezählt. Ich war jubelnd hochgesprungen, dachte aber bei mir: Vielleicht war er auch dran. Es war ein Kantenball, den du weniger siehst als spürst oder hörst.« Für Prause, der insgesamt sechs Jahre mit Timo als Trainer durch die Welt reiste, liegt das Besondere dieses Moments nicht in der Geste allein. »Es hätte vielleicht auch andere gegeben, die den Ball zugegeben hätten – aber sie hätten gezögert. Timo hat nicht gezögert, für ihn war es selbstverständlich, den Punkt wegzugeben. Und dafür hat er auch keine Belohnung erwartet. Klare Sache, der Ball war dran, Ende, aus.« Es ist ein Moment, den Prause auch für bestens geeignet hält, um Timos Wesen zu ergründen, das, was ihn als Persönlichkeit ausmacht. »Dieses Mit-sich-im-Reinen-Sein, darum geht es hier. Man muss es sich so vorstellen: Da sind 10.000 Leute in der Halle, auf Timo lasten so viele Erwartungen. Aber am Ende zählt nur das, was er selbst in diesem Augenblick spürt.«

Der Matchball war vergeben, das Spiel blieb offen. Der Gewinner hieß am Ende Liu Guozheng, aber wie es so schön heißt in der Sportberichterstattung: Auch Timo konnte sich als Sieger fühlen. Der Internationale Tischtennis-Verband ehrte ihn mit einem Fair-Play-Preis, benannt nach dem viermaligen Einzelweltmeister Richard Bergmann. Es wird eine weitere Facette sein im Bild, das die Chinesen von Timo haben. Nicht nur das eines erfolgreichen Spielers, der an einem guten Tag ihre Stars besiegt. Sondern auch das eines anständigen Sportlers.

Fair zu sein, das hat auch etwas mit mir selbst zu tun. Ich habe auch einmal einen Punkt genommen, der mir nicht zustand. Wann und wo und wie, habe ich vergessen. Nicht vergessen habe ich dagegen das Gefühl. Ein schweres, unschönes Gefühl. Das möchte ich einfach nicht mehr haben. Denn dann kann ich den Sieg nicht mehr genießen. Bevor ich mir also selbst Vorwürfe mache, gebe ich den Punkt lieber zu und verliere eben.

Natürlich ist das ärgerlich, gerade wenn der Spielstand knapp ist, aber mein inneres Gefühl ist mir dann doch am wichtigsten, wichtiger als irgendwelcher Ruhm oder sonst etwas. Den Egoismus in sich muss man ein bisschen bekämpfen. Der erste Gedanke in einer strittigen Situation ist auch bei mir: Was ist besser für mich? Da muss ich mich dann zusammenreißen, mit mir im Reinen sein. Man darf nicht erwarten, dass man dafür belohnt wird, sonst fällt man in ein Schema zurück und wird enttäuscht. Das muss man schon für sich selbst machen. Ich kann nur aus eigener Erfahrung sagen, dass ich mich dabei gut fühle. Wenn ich so rede, zieht mich meine Frau manchmal auf und sagt: Du hättest Priester werden können. Wenn ich mir jedenfalls überlege, warum ich Tischtennis spiele, sage ich mir: Es ist wie eine große Liebe. Und eine große Liebe betrügt man nicht. So habe ich es einmal in einem Interview mit der »Süddeutschen Zeitung« gesagt.

Auch wenn Timo sein Verhalten nicht besser darstellen will, als es ist, schaffte es die Geste von Schanghai auf ein Plakat.

Die Stiftung Deutsche Sporthilfe wirbt damit. Für sich, für den Sport und für ihre Werte:»Leistung. Fair Play. Miteinander.« Plakativ ist die Kampagne in doppelter Hinsicht. »Staatsfeind?« steht groß neben einem Foto von Timo mit zur Faust geballter Hand, und das Kleingedruckte lautet: »Tischtennis-WM Shanghai 2005. China fürchtet Timo Boll. 25 Millionen Fernsehzuschauern stockt der Atem, als der Deutsche den Schiedsrichter korrigiert und einen Punkt zurückgibt. Den Matchball. Boll verliert noch gegen Liu Guozheng. Aber er gewinnt die Herzen einer ganzen Nation.«

Mit seinen Einstellungen hat sich Timo auch den richtigen Sport ausgesucht. Im Tischtennis gibt es noch einen Ehrenkodex. Es gehört dazu, einen Punkt für den Gegner zuzugeben, selbst wenn ihn kein Schiedsrichter gesehen hat. Wer den Kodex bricht, wird schief angeschaut und kann schon mal von seinen Kollegen zur Rede gestellt werden. Timo erzählt von einem Punkt bei den Katar Open, den ein europäischer Spieler nicht zurückgab, obwohl alle Umstehenden es anders gesehen hatten:»So etwas spricht sich in der Halle herum wie ein Lauffeuer: Hast du schon gehört? Der hat einen strittigen Ball genommen. Im Fußball wird einem dagegen schon bei der kleinsten fairen Geste der Heldenstatus verliehen.«

Zu den Tischsitten gehört zudem, sich zu entschuldigen, wenn man den Punkt vor allem deshalb gemacht hat, weil der Ball auf der Tischkante gelandet ist oder vom Netz abgefälscht wurde. Sein eigenes Glück bedauern soll diese Geste bedeuten, und gerade in unteren Ligen werden auch mal böse Blicke gewechselt, wenn eine Mannschaft einen Netzroller beklatscht. Die Meister des Spiels, die Chinesen, kannten diese Entschuldigung lange nicht.

Die Jungs sind nie groß aus China rausgekommen. So erkläre ich es mir, dass sie am Tisch aggressiver sind und dass es früher für sie normal war, bei einem Netz- oder Kantenball zu jubeln. Als einige von ihnen dann in Deutschland unglaublich motiviert in der Bundesliga gespielt und bei einem Fehlaufschlag dem Gegner die Faust gezeigt haben, sind sie erst einmal ziemlich unsympathisch rübergekommen.

Inzwischen heben auch die Chinesen die Hand oder wenigstens einen Finger bei einem Kantenball, aber mehr aus Höflichkeit, weil sie sich angepasst haben an diese Umgangsform. »Es ist ja auch scheinheilig«, findet Timo, »insgesamt freut man sich doch über den Punkt. Im Grunde ist die chinesische Art also ehrlicher.« Und hat man nicht flachstmöglich gespielt, wenn der Ball die Netzkante streift? Hat man ihn nicht mit großem Risiko Richtung Tischende platziert, wenn er auf die Kante springt? Wofür sich also entschuldigen? So denkt jedenfalls Timo: »Wenn man aggressiv spielt, flach spielt, genau spielt, dann hat man mehr Netz- und Kantenbälle.« Man hat sie sich dann auch verdient, ein bisschen zumindest.

Den Umgang der Spieler untereinander findet Timo insgesamt ziemlich kollegial:

Es gibt nicht einen Spieler in der Weltspitze, dem ich nicht gern die Hand schüttele. Natürlich kenne ich einige, die alles auszureizen versuchen. Mit Ma Lin zum Beispiel habe ich mich zwar sehr gut verstanden, aber er verzögerte das Spiel sehr. Wenn ich schon in der Ausgangsposition stand und seinen Aufschlag erwartete, stellte er sich noch einmal aufrecht hin und fächert sich mit dem Schläger Luft zu. Früher hatte mich das richtig provoziert. Doch mit der Zeit lernt man all diese Dinge kennen und gewöhnt sich dran. Um damit gut umzugehen, brauche ich allerdings eine gute Tagesverfassung. Ich würde ohnehin nie über einen Spieler sagen, dass er generell nervenstark ist. Dazu hängt Nervenstärke viel zu sehr von der Tagesform ab. Und Tagesform ist wirklich extrem wichtig, gegen die Chinesen kann ich nur in meiner besten Form mithalten. Bei mir gibt es Tage, an denen mich nichts aus der Bahn wirft, da kann der Gegner versuchen, was er will, er kriegt mich nicht raus aus meinem Konzentrationstunnel. Aber es gibt andere Tage, gerade wenn ich ein wenig müde und überspielt bin, da bin ich schon bei der kleinsten Provokation auf 180.

Was fair ist und was nicht, das ist oft Ansichtssache. Welche Störmanöver sind noch erlaubt und wo hört der Respekt vor dem Gegner auf? Richard Prause sagt: »Timo verhält sich so, wie er es auch von anderen erwartet. Er ist nicht die Katze, die mit der Maus, die sie erbeutet hat, noch mal spielt. Wenn ich mir anschaue, was manch einer so alles vor dem Ballwechsel noch abwischt – ich wusste gar nicht, dass man da schwitzen kann.« Prause findet auch nicht, dass Timos Verhalten zu genügsam ist. »Er ist nur anders als die lauten Typen, die ihre Faust schon erhoben haben, bevor sie in die Box gehen.«

Damit bildet Timo den Gegenpol zu einer Meinung, die sich fast durchgesetzt zu haben schien: Gewinnen ist nichts für nette Menschen. Im Sport haben diejenigen Erfolg, die alles wollen, alles geben und dabei vielleicht auch mal den Gegner anbrüllen – so schien es doch. Aber Timo ist ein Beispiel dafür, dass offenbar gar nicht so viel Aggressivität nötig ist, dass man sich auch Fairness leisten und es dennoch auf Platz eins der Weltrangliste schaffen kann.

Die Europäer liegen in Peking jetzt schon o:3 zurück. Timo muss Europa nun mit einem Sieg heranbringen, sonst sind die Asiaten fast uneinholbar vorn, und der zweite Tag könnte zu einem bedeutungslosen Geplänkel verkommen. Der Japaner Jun Mizutani ist sein Gegner, einer der besten zehn der Weltrangliste und dazu noch einer mit einem attraktiven Linkshänderspiel. Unter den Europäern war er im Hotel beim Essen gleich Gesprächsthema: Habt ihr schon gehört? Mizutani hat sich bei seinem Verband über einen National- trainer beschwert, der traut sich ja was.

Timo holt seinen Schläger aus seiner Tasche, haucht einmal jede Seite an und reibt dann mit der Handfläche darüber. Ein weit verbreitetes Ritual, der letzte Staub muss runter vom Be- lag, er soll so griffig wie möglich sein. Auch der Schläger hat im Tischtennis etwas mit Fair Play zu tun, und seine Einstel- lung dazu hatte mir Timo vor dem Wettkampf beschrieben:

Manche können es ja kaum glauben, aber ich spiele wirklich mit Belägen von der Stange. Seit Jahren bekomme ich von meinem Ausrüster Butterfly die Beläge, die man in jedem Tischtennisladen kaufen kann: Tenergy 05 auf beiden Seiten. Meist Schwarz auf der Vorhand, Rot auf der Rückhand. Auf beiden Seiten jeweils 2,1 Milli- meter Schwamm, mit Oberfläche sind das dann 3,8 Millimeter, da habe ich noch etwas Platz, bis ich die zugelassene Gesamtdicke eines Belages von 4,0 Millimetern erreiche.

Meine Beläge lasse ich mir von Butterfly abwiegen. Zu Hause kontrolliere ich das dann noch mal. Auf der Vorhand spiele ich zwi- schen 73 und 75 Gramm, auf der Rückhand 70 bis 72 Gramm, ohne Verpackung. Die schwersten sind die härtesten, also schnellsten Beläge. Man darf es aber auch nicht übertreiben. Wenn der Belag zu schwer und zu hart ist, fehlt es an Elastizität und damit an Katapult- effekt. Am Belag herumtricksen möchte ich aber nicht. Es gibt nun einmal die Regel, dass man die Beläge nicht extra behandeln darf. Daran möchte ich mich auch halten. Ich weiß natürlich, dass nicht alle so denken.

Mit den Belägen ist es nämlich so eine Sache. Wenn Tisch- tennisspieler einen Hang zum Tüfteln haben, dann können sie den bei ihren Belägen ausleben. Beläge und wie man sie aufklebt, ist eine Wissenschaft für sich. Wie das Wachsen der Skier. Nur dass Tischtennisspieler nie einen Fremden ihren Schläger behandeln lassen würden. Alles muss unter Kontrolle bleiben. Wer seinen Schläger heute behandelt, muss das sehr diskret tun. Es ist nämlich verboten. Doch vom Klebstoff kommen manche Tischtennisspieler nicht mehr los.

Der Ungar Tibor Klampar hatte damit angefangen, Ende der siebziger Jahre. Er klebte seine Beläge erst kurz vor dem Spiel auf das Schlägerholz. Der Kleber war nur so weit getrocknet, dass der Belag gerade auf dem Holz hielt, er schwamm fast ein wenig darauf. Der Effekt: Die Lösungsmittel drangen in den Schwamm ein, also in die untere Hälfte des Belages, und blähten ihn auf, so dass er nun unter stärkerer Spannung stand. Und wenn der Ball ankam, wurde der Schläger zum Katapult. Mehr Tempo und mehr Spin waren die Folge, etwa zehn Prozent mehr Rotation als bei einem nicht frisch geklebten Belag. Und dazu ein knallendes Geräusch. Dieser Sound hat manchen Spieler süchtig gemacht.

Klampars Erfindung wurde zum Massenphänomen im Tischtennis. Je mehr Kleberschichten, desto größer der Katapulteffekt. Vor dem Spiel stand daher für die ambitionierten Spieler erst einmal die Schichtarbeit, und fürs Einpinseln der Schläger dürften sie mehr Zeit aufgewendet haben als fürs Aufwärmen der Muskulatur.

Auch die Industrie freute sich, sie konnte viel mehr Beläge verkaufen. Denn das Frischkleben war nicht beliebig oft wiederholbar. Irgendwann war der alte, getrocknete Kleber auf dem Belag so dick, dass das Ballgefühl litt oder die zugelassene Millimetergrenze überschritten war, und außerdem riss beim Lösen der Kleberschicht oft der Belag.

Es war jedenfalls ein Ritual. Um die Umkleidekabine beim Tischtennis zu finden, musste man nur der Nase nach. Dorthin, wo es nach Kleber roch. Die abgepulten Kleberreste lagen oft in Umkleidekabine und Halle herum wie aus der Form geratene Flummibälle.

Eine höhere Konzentration des Lösungsmittels verstärkte den Effekt, es knallte mehr. Besonders beliebt war damals einfacher Fahrradkleber. Irgendwann sprach sich jedoch herum, dass Lösungsmittel die Gesundheit gefährden und sogar Krebs erregen können. Ein Schock fürs Tischtennis, zumal manche den Kleber mit bloßen Händen aufgetragen hatten. Tischtennis hatte doch den Ruf eines sauberen Sports.

Für eine kurze Zeit gehörte daher sogar eine Gasmaske für manche zur Tischtennisausrüstung, ehe der internationale Verband den Klebern den Kampf ansagte, in Etappen allerdings. Die Zwischenstufe waren »Grüne Kleber« mit weniger Lösungsmitteln, völlig ungefährlich waren aber auch sie nicht. In geschlossenen Räumen durfte fortan nicht mehr geklebt werden, was die Spieler vor die Halle verbannte wie Raucher. Bei großen Meisterschaften standen richtige Festzelte mit Bierbänken vor der Sporthalle, in denen die Streicheinheiten zelebriert wurden. Inzwischen dürfen lösungsmittelhaltige Kleber gar nicht mehr benutzt werden, nach den Olympischen Spielen 2008 in Peking trat das Verbot in Kraft.

Diese Kleberei hat mich unglaublich genervt. Vor jedem Spiel habe ich zwanzig Minuten dagesessen, und ich will gar nicht wissen, was wir da für Dämpfe eingeatmet haben. Nicht zu vergessen der Verbrauch an Belägen. Für jeden Turniertag habe ich zwei neue genommen, einen für die Vorhand, einen für die Rückhand. Nach einem Bundesligaspiel habe ich noch versucht, mit den Belägen in der Woche weiterzutrainieren, aber die ganze Woche haben sie nie gehalten. Ich habe bestimmt 200 Beläge pro Jahr verbraucht. Das ist zum Glück viel weniger geworden, ich nutze jetzt die Beläge während eines Turniers auch mal zwei Tage. Manchmal spiele ich damit zwei Wochen im Training. Daher brauche ich heute höchstens noch die Hälfte.

Weil viele Spieler am Klebeeffekt hängen, gibt es ein anderes Verfahren: das Tunen. Mit Babyöl beispielsweise. So quellen die Beläge auf. Wenn die Schicht nicht zu dick ist, kann es mit den bisher eingesetzten Testgeräten auch nicht nachgewiesen werden. Und es ist gegen die Regeln.

Man hört ziemlich genau, ob der Gegenspieler seinen Schläger behandelt hat oder nicht. Wenn der Ballwechsel erst einmal läuft, habe ich mir aber abgewöhnt, darüber zu jammern. Ich denke dann nicht, dass er ohne die Nachbehandlung meinen Topspin nicht hätte gegenziehen können. Die Chinesen hatten am Anfang einige Probleme mit dem Klebeverbot. Sie haben manche rätselhafte Fehler gemacht, bei denen ich dachte: Huch, vor einiger Zeit hätten sie dir diesen Ball noch um die Ohren gehauen. Ich kann schon spüren, ob der Fehler des Gegners ein Belagversagen war oder ob es an der falschen Technik gelegen hat, dass er etwa den Winkel des Schlägers falsch eingestellt hatte.

Einen Monat nach Olympia 2008 fand in Lüttich der World Cup statt. Als ich gegen Ma Long gespielt habe, ist ihm jeder Ball runtergefallen oder weggerutscht. Ich habe zwar ganz gut gespielt, aber zu meinem Sieg im Halbfinale hat vor allem sein Problem mit den Belägen beigetragen.

Im Finale, das ich gegen Wang Hao verloren habe, war es dann genau andersherum. Weil ich sicher sein wollte, dass sich alle an das Klebeverbot halten, bin ich bei der Schlägerkontrolle immer mitgegangen. Wang Haos Schläger waren davor aufgefallen, die Beläge waren 4,3 Millimeter stark, also 0,3 Millimeter zu dick, und er musste mit seinem zweiten oder dritten Schläger spielen. Vor dem Finale gegen ihn durfte ich leider nicht mehr mit hinein zur Schlägerkontrolle.

Die Tischtennisfirmen haben auf die neuen Regeln reagiert. Der Frischklebeeffekt ist nun zum Teil eingebaut in die Beläge, die Gummis sind also so behandelt, dass sie von sich aus mehr unter Spannung stehen und mehr Tempo und Rotation ermöglichen. Timos Ausrüster Butterfly hat das erfolgreich geschafft, denn seine Tenergy-Beläge kleben auch auf den Hölzern von Spielern, die Verträge mit anderen Ausrüstern haben. »Siebzig Prozent aller Topspieler haben den Tenergy auf dem Schläger«, bestätigt Timo.

Sein heutiger Gegner beim Euro-Asia-Turnier muss nicht vertragsbrüchig werden, Jun Mizutani wird ebenfalls von Butterfly ausgestattet. Schöne Spiele sind es fast immer, wenn die beiden aufeinandertreffen, ihr Linkshänderspiel ragt heraus aus der Masse, und auch jetzt zeigen sie, was Ästhetik bedeuten kann im Tischtennis. Aus der Halbdistanz, zwei bis vier Meter hinter dem Tisch, treiben sie sich die Bälle zu, technisch saubere Topspins, Vorhand, Rückhand, über die ganze Breite des Tisches. Timo spielt einen Aufschlag kurz in die Vorhand, Mizutani versucht Timo auszuspielen mit einem Schupfball in die ganz weite Vorhand, doch Timo erläuft sich den Ball und antwortet mit einem festen Topspin, Angriff und Gegenangriff wechseln sich ab, bis Timo Mizutani fest auf der weiten Rückhand anspielt. Der Japaner hat die Rückhand umlaufen, wehrt sich mit einem Vorhand-Topspin, doch wo der landet, hat Timo schon geahnt und vollendet den Ballwechsel mit einem Topspin in die offen gebliebene Vorhand.

Das Publikum scheint das von Timo zu erwarten und applaudiert höflich, noch lieber würde es bestimmt einen Vergleich mit einem Chinesen sehen, doch der kommt erst morgen dran. Auf drei Gewinnsätze wird gespielt, Timo verliert den ersten Satz, gleicht dann aber aus und geht 2:1 in Führung. In der Satzpause holt er sich Tipps vom Coach der Europäer, für diese Aufgabe hat der europäische Verband den Schweden Peter Sartz verpflichtet, den Sportchef des dänischen Verbandes. Er hat Michael Maze trainiert, der 2009 bei der EM in Stuttgart im Halbfinale Timo bezwungen und den Einzeltitel gewonnen hatte – ein hochbegabter Spieler, der auch die Chinesen besiegen konnte, aber immer wieder durch Verletzungen zurückgeworfen wurde. Timo hört Sartz zu, ohne selbst etwas zu sagen.

Meine Satzpausen laufen eigentlich immer gleich ab: Ich sage kein Wort, höre mir das an, was mein Coach erklärt, und was ich davon gut finde, wende ich an. Ich bin schon ein sehr eigenständiger Spieler. Mein Time Out nehme ich immer selbst, und ich nehme es nur, wenn ich gerade unkonzentriert bin, nicht bei bestimmten Spielständen. Es geht daher nicht gut, wenn mir das Time Out von außen vorgegeben wird, weil ich selbst das beste Gefühl für mein Spiel und das Maß meiner Konzentration habe. Bei einem Pro-Tour-Turnier habe ich einmal gegen Zhang Jike 3:1 und 10:5 geführt. Der war völlig bedient. Und hat aus lauter Frust blind draufgehauen. Zweimal hat er getroffen, da stand es 10:7. Ich war immer noch konzentriert und hatte die Kontrolle über das Spiel. Dann hat mein Coach ein Time Out genommen. Darüber habe ich mich so geärgert, ich war so perplex, dass ich keinen Ball mehr getroffen und das ganze Spiel noch verloren habe.

Timo geht mit der 2:1-Führung zurück an den Tisch. Ein Satz fehlt noch zum Sieg. Er ist Favorit. Mizutani gehört zwar inzwischen zur Weltspitze, doch ein Kunststück wie Timo hat er noch nicht geschafft: die drei besten Chinesen hintereinander zu besiegen. Wieder einmal wurde der World

Cup zur großen Bühne für Timo, 2005 fand er in Lüttich statt.

Vor einem Turnier habe ich mich schon mal besser gefühlt, mit Helmut hatte ich sogar noch im Training geflachst, ob ich überhaupt nach Lüttich fahren sollte, weil meine Form nicht zu stimmen schien. In der Gruppenphase habe ich dann gegen Wladimir Samsonow verloren. Doch ich habe mich gesteigert und gesteigert. Dieser World Cup wurde zu einer Sternstunde für mich.

Im Viertelfinale traf Timo erst auf Weltmeister Wang Liqin – 4:3 für Timo. Im Halbfinale stand ihm der Weltmeisterschaftszweite Ma Lin gegenüber – 4:3 für Timo. Und im Finale forderte ihn schließlich der Olympiazweite Wang Hao. Im entscheidenden siebten Satz ging Timo 6:0 in Führung, doch Wang Hao kam auf 6:4 heran. Dann gelang jedoch auch Timo eine Serie von vier Punkten hintereinander zum 10:4. Den zweiten Matchball nutzte er – wieder hieß es 4:3 für Timo. Auch dieses Spiel hatte er gewonnen und so den dritten Chinesen hintereinander besiegt. Mit dem Rücken ließ er sich auf den blauen Tisch sinken, als sei er ein Entspannungsbecken, drehte eine Ehrenrunde durch die Box und warf seine Beläge wie Frisbeescheiben ins Publikum.

»Jetzt bist du Staatsfeind Nummer eins in China«, schrieb ihm Steffen Fetzner per SMS. Und Chinas Cheftrainer Liu Guoliang erklärte: »Boll ist mehr als eine Gefahr für uns. Er ist so gut wie wir.« Timo strahlte größte Zufriedenheit aus: »Es ist ein gutes Gefühl, keine richtigen Angstgegner mehr zu haben.« Damit meinte er vor allem Ma Lin, denn gegen ihn hatte er zuvor achtmal hintereinander verloren. »Er hatte mich teilweise schwindlig gespielt«, sagte Timo der »Süddeutschen Zeitung« nach dem Turnier. Seine private Siegesfeier beschrieb er so: »Bundestrainer Richard Prause, ein Physio

Timo Boll in der Tischtennisbar »Dr. Pong«

Frühsport: Timo mit fünf Jahren beim Krafttraining, mit dem er sich aber nicht lange aufhielt. Irgendwie fehlte einfach etwas: ein Ball.

Schulstart: Der sechsjährige Timo mit seinen Eltern Gudrun und Wolfgang Boll am Tag seiner Einschulung im August 1987.

Wundertüte: Timos Schultüte ist auf jeden Fall groß genug, um einen Tischtennisschläger darin zu verstecken.

Leidenschaft Tischtennis: Der Spaß am Spielen ist nicht zu übersehen. Und auch nicht, dass beim Gegner gleich ein gefährlicher Aufschlag ankommt.

II

Jberragt und überragend: Timo zeigt stolz einen seiner ersten Pokale für den Sieg beim »Tag der HTTV-Schüler«.

Hobby Titelsammeln: Im Alter von acht Jahren mit der Urkunde für den ersten Platz bei der Bezirksmeisterschaft.

Auf Abwegen: Timo mit seinen Freunden Björn Hampl und Karsten Reeg gut geschützt beim Inlineskaten. Sich allein auf Tischtennis zu beschränken war Timo von Anfang an zu wenig. Er hatte auch immer Spaß an anderen Sportarten, Fußball etwa spielte er ebenfalls im Verein.

Meistertrainer und Meisterschüler: Helmut Hampl stellt den 16 Jahre alten Timo auf ein Bundesligaspiel des TTV Gönnern ein. Mit 15 war Timo zum jüngsten Stammspieler der Bundesliga geworden.

Im Kreis der Nationalmannschaft: Glenn Östh, Timo, Peter Franz, Jörg Roßkopf, Dirk Schimmelpfennig (hinten von links) sowie Steffen Fetzner und Torben Wosik (vorne) vor Timos erster Europameisterschaft 1998.

Kluger und kritischer Begleiter: Dirk Schimmelpfennig, erst Bundestrainer, dann Sportdirektor des DTTB, später Vorstand Leistungssport des DOSB, hat für Timo einige Ratschläge.

Die jungen Bolls: Timo und seine Frau Rodelia. 1999 haben sich die beiden kennengelernt, 2003 haben sie geheiratet.

Ein großer Pokal für einen großen Sieg: Timo gewinnt mit dem World Cup 2002 in China seinen ersten Titel im Weltmaßstab.

Glückwunsch, Timo: Der Grieche Kalinikos Kreanga gratuliert seinem Bezwinger zum Sieg im EM-Finale 2002 in Zagreb.

Geteiltes Glück ist doppeltes Glück: Rodelia und Timo genießen den Triumph bei der EM 2002. In Zagreb hat Timo sowohl den Titel im Einzel als auch den im Doppel (zusammen mit Zoltan Fejer-Konnerth) gewonnen.

Kein Gold: Auch die Tipps von Bundestrainer Istvan Korpa können nicht verhindern, dass Timo bei der WM 2003 in Paris eine seiner bittersten Niederlagen erlebt.

Eintrittskarte in den Olymp: Für einen Sportler ist Olympia das Größte. In Athen 2004 wollte sich Timo jedoch nicht mit dem Dabeisein zufriedengeben.

Zeuge eines großen Comebacks: Timo erlebt bei den Olympischen Spielen in Athen eine märchenhafte Leistung von Jan-Ove Waldner und muss sich im Viertelfinale geschlagen geben.

Glücksgefühlsbad auf dem Tisch: Der Sieg im Finale des World Cup 2005 gegen Wang Hao in Lüttich gehört zu Timos größten Erfolgen.

Wenn China nur zuschaut: Wang Hao (links) und Ma Lin müssen Timo beim World Cup 2005 den Vortritt lassen. Im Viertelfinale hatte Timo auch noch den Chinesen Wang Liqin besiegt.

Chinas Staatsfeind? Eher Chinas Lieblingsgegner: Dieses Bildmotiv verwendete die Stiftung Deutsche Sporthilfe bei einer Kampagne für ihre Werte »Leistung, Fair Play, Miteinander«.

Vereint erfolgreich: Helmut Hampl, Timo, Slobodan Grujic und Jörg Roßkopf gewannen zweimal hintereinander mit dem TTV Gönnern die Champions League.

Siegesfontäne: Für Borussia Düsseldorf musste eine neue Bezeichnung erfunden werden: das Triple-Triple. Dreimal holte der Klub deutsche Meisterschaft, DTTB-Pokal und Champions League in einer Saison. Vorne von links: Christian Süß, mit dem Timo auch vier EM-Titel im Doppel gewann, Patrick Baum, Danny Heister und Timo.

Kommt häufiger mal vor: Timo muss sich einem der chinesischen Spitzenspieler geschlagen geben, hier Wang Hao im Finale des World Cup 2008.

»Und du glaubst, ich bin stark«: Gegen Adel Tawil, Sänger von »Ich + Ich«, spielt Linkshänder Timo im Rahmenprogramm des Final-Four-Turniers in Hannover 2008 mal mit rechts. Bei einem Turnier in China dagegen musste
sich Timo als Sänger beweisen.

Hand drauf: Timos Respekt vor den Tischtennisfans fängt schon bei den Jüngsten an. Er weiß zu schätzen, dass
sie ihn immer unterstützen.

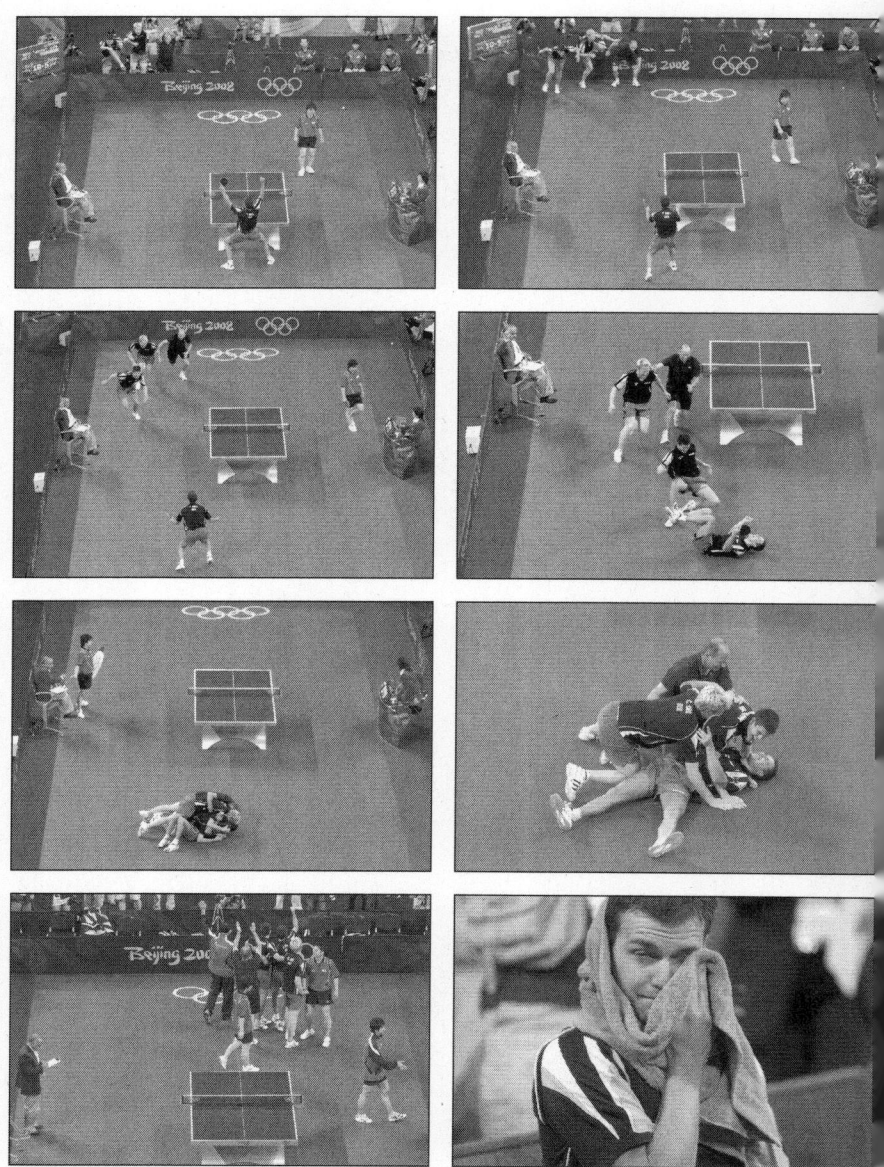

Die Bilder zum Silber: Nach Timos letztem Punkt gegen Japan bei den Olympischen Spielen 2008 in Peking gibt es für die deutsche Mannschaft kein Halten mehr. Sie wird zu einem Jubelknäuel, und Timo muss sich die Freudentränen trocknen.

Strahlen und glänzen: Timo, Dimitrij Ovtcharov und Christian Süß bei der Siegerehrung in Peking mit ihren olympischen Medaillen.

Familiäres Empfangskomitee: Gudrun und Wolfgang Boll holen ihren Sohn bei seiner Rückkehr aus Peking am Frankfurter Flughafen ab. Die Silbermedaille ist unterwegs noch einmal gewachsen.

Vorbild, Teamkollege, Trainingspartner, Trainer: Die Rollen von Jörg Roßkopf haben sich während Timos Karriere oft gewandelt, das Verhältnis zwischen den beiden ist dabei immer enger geworden.

Ein Weltmeister und ein Weltranglistenerster: Der Österreicher Werner Schlager gehört zu Timos wichtigsten Weggefährten.

Der Mentor und sein Schützling: Hans Wilhelm Gäb, Ehrenpräsident des Deutschen Tischtennis-Bundes, berät Timo in allen Fragen, die seine Karriere betreffen.

Ein Team beim Sport und darüber hinaus: Richard Prause betreute Timo viele Jahre lang als Bundestrainer, daraus ist eine Freundschaft entstanden.

Freunde: Mit Basketballstar Dirk Nowitzki ist Timo seit den Olympischen Spielen 2008 gut befreundet. Nowitzkis Ballgefühl beim Tischtennis beeindruckt Timo immer wieder, so auch auf der Internationalen Automobil-Ausstellung 2011 in Frankfurt. Zwischen Timo und seinem Medienberater Bernhard Schmittenbecher besteht ein enges Vertrauensverhältnis, die beiden arbeiten seit mehr als 15 Jahren zusammen.

Das Auf und Ab einer Karriere: Wenn es nicht läuft, hadert Timo schon mal mit sich; wenn dagegen alles klappt, wie beim deutschen Meisterschaftsfinale mit Borussia Düsseldorf gegen Ochsenhausen 2010, tanzt er sogar auf dem Tisch.

Geehrt und ehrenwert: Bundespräsident Horst Köhler überreicht Timo das Silberne Lorbeerblatt. Timo ist wie Ariane Friedrich »Sportler für Organspende« und engagiert sich für die »Kinderhilfe Organtransplantation«.

In Schale und mit Maske: Mit Rodelia bei der »Sportler des Jahres«-Gala, wo Timo zwischen 2005 und 2010 zweimal Dritter und dreimal Zweiter wurde. Unten mit China-Kennerin Britta Heidemann beim Sportgerätetausch.

Fairness: Staatssekretär Christoph Bergner überreicht Timo den Preis des Bundesinnenministers für Toleranz und Fair Play 2007. Ebenfalls geehrt wurde Paralympics-Sieger Rainer Schmidt. Auch vom Internationalen Tischtennis-Verband und vom Verband Deutscher Sportjournalisten erhielt Timo schon Preise für sein faires Verhalten.

Stäbchenweise: Mit Christian Lüllig (oben links) ist Timo 2005 in China. Zu den Spezialitäten der chinesischen Küche gehört auch das lebende Büffet (unten).

Chinesischer Wolkenkratzer: In Fuzhou entdeckt Timo einiges an traditioneller chinesischer Architektur, etwa die 15-stöckige Pagode des Xichan-Tempels.

Zu Gast bei Freunden: In Fuzhou besucht Timo seinen Tischtennis-Ziehvater Xu Zengcai und dessen Frau Chen Zihe (oben links). Seit 2010 darf sich Timo auch Weltrekordhalter im Rundlauf nennen, gemeinsam mit 100 chinesischen Kindern. Düsseldorfs Oberbürgermeister Dirk Elbers zeigt dazu das Dokument. Rechts: In China erlebt Timo wie hier in Fuzhou oft das Gegenteil seines ruhigen Lebens im heimischen Odenwald.

Spielen für einen guten Zweck: Zusammen mit der chinesischen Nationalmannschaft besucht Timo im Jahr 2009 das Erdbebengebiet in der Provinz Sichuan. Mit dabei ist auch der mehrfache Weltmeister Wang Liqin (hinten links).

Ein Fremder zum Anfassen: Die Anhänglichkeit der chinesischen Kinder beeindruckt Timo genauso wie ihre Zuversicht trotz der vielen Opfer und der Zerstörung durch das Erdbeben. »Für mich war das ein prägendes Erlebnis. Und allein für diesen Moment, in dem wir den Kindern eine Freude bereiten konnten, hat sich unsere Fahrt dorthin schon gelohnt.« Rechts sieht man Chinas Cheftrainer Liu Guoliang.

Ankunft in Peking: Beim Euro-Asia-Wettkampf warten die ersten Fans schon am Flughafen. Timos Autogramm soll auf Hölzer, Bälle und kleine Tischtennisplatten.

Am Stadion und im Allerheiligsten: Timo vor dem Nationalstadion in Peking, Friedhard Teuffel mit Kong Linghui im nationalen Trainingszentrum.

Die Zukunft des Tischtennis: Einige Schüler der Shichahai-Sportschule könnten es bis ganz nach oben schaffen. Timo ist beim Spielen gegen sie jedenfalls schon jetzt ganz schön ins Schwitzen gekommen.

Nur schüchtern abseits des Tisches: Timo mit seiner Trainingspartnerin Zhou. In ihrer Altersklasse gehört sie zu Chinas Besten.

Da kommt ganz schön was angeflogen: Timo bei seiner Trainingseinheit in der Shichahai-Sportschule, die schon mehrere Weltmeister ausgebildet hat.

Vielleicht die Weltmeister von morgen: Sie könnten Titel gewinnen, wenn Timo längst aufgehört hat. Jetzt überwiegt aber erst einmal die Freude am Tischtennis.

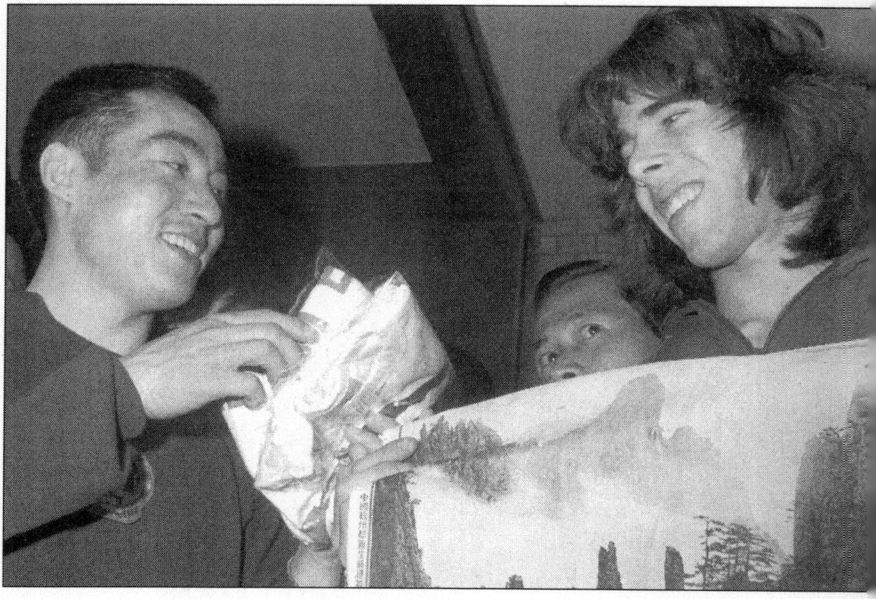

Der Beginn der Ping-Pong-Diplomatie: Der Chinese Zhuang Zedong und der US-Amerikaner Glenn Cowan tauschen bei der WM 1971 in Nagoya Geschenke und Freundlichkeiten aus.

Strecken für den Erfolg: Die Nachwuchs-Damenmannschaft in einem Teilbereich des Kraftraums im nationalen Trainingszentrum in Peking.

Gastgeber in der Eliteschule: Liu Yanbin, Vizedirektor der Shichahai-Sportschule, empfängt Timo und wird ihm einiges zur Nachwuchsförderung im chinesischen Tischtennis erzählen.

Botschafter für Tischtennis: Mit Ahmed Latheef, dem Botschafter der Malediven in Peking, verbindet Timo seit einem Urlaub im Jahr 2000 eine Freundschaft.

Aufwärmen für den Kontinentalvergleich: Adrian Crisan, Timo, Wladimir Samsonow und Tiago Apolonia spielen sich für den Euro-Asia-Wettkampf ein.

Europa gegen Asien: Timo in seinem ersten Einzel gegen den Japaner Jun Mizutani, in der Satzpause mit Coach Peter Sartz und beim Einlaufen mit Zhang Jike. Das Team Europa wartet gespannt auf den Beginn des Spiels (von oben Masseur Kim, Friedhard Teuffel, Werner Schlager, Adrian Crisan und Peter Sartz).

Der Ping-Pong-Tanz: In China wird Tischtennis gerne groß inszeniert, manchmal sogar als Show mit Cheerleadern. Das kann Timo schon mal zum Schmunzeln bringen.

Aufschlag China: Wenn das Team Europa gegen Asien noch ein Unentschieden erreichen will, muss Timo gegen seinen chinesischen Konkurrenten Zhang Jike gewinnen. Nur drei Tage vorher war er ihm noch im Finale der German Open unterlegen.

Gewinner und Zweitplatzierte: Asien entscheidet das Duell gegen Europa für sich, Timo hat sein Lachen aber schon wiedergefunden und auch Asiens Verbandspräsident Cai Zhenhua schaut sehr zufrieden (untere Reihe Zweiter von rechts).

Nachbetrachtung: Timo erklärt Friedhard Teuffel, was er von diesem Wettkampf aus Peking an Anregungen für sein Training mitnimmt.

»Team!«, »Bor!«: Die Halle verlässt Timo erst, nachdem er alle Autogrammwünsche der wartenden Fans erfüllt hat.

Geschafft!: Timo tilgt einen Makel in seiner Karriere und gewinnt im Mai 2011 in Rotterdam mit einem Viertel-
finalsieg gegen Chen Qi seine erste WM-Medaille im Einzel. Bei der Siegerehrung ist er allein unter Chinesen:
Neben Wang Hao, Zhang Jike und Ma Long (von links) präsentiert er seine Bronzemedaille in der Ahoy-Arena.

Chinareisende unter sich: Richard Prause und Timo im Sommer 2011 vor der Skyline in Schanghai mit dem Wahrzeichen der Stadt, dem Oriental Pearl Tower.

Schauspielkunst trifft Ballspielkunst: Oscar-Preisträgerin Susan Sarandon gesteht Timo beim Turnier »China gegen den Rest der Welt« in Schanghai, dass er ihr Lieblingsspieler ist. In New York betreibt sie mit Freunden eine Tischtennisbar.

Unter der Flagge des Tischtennis-Wunderlands: Bei einer Trainingseinheit mit seinem chinesischen Superligaklub Heshang Bank im Sommer 2011 (links in Hellblau Ma Lin). Der Klub gewann auch die chinesische Meisterschaft.

Oben: Vorspeise Tischtennishölzer: Selbst beim Essen wird Timo in China nach Autogrammen gefragt. Unten: Timo öffnet in China Türen.

Olympiasieger als Buchhalter. Liu Guoliang (links) und Ma Lin freuen sich über ihre neue deutsche Lieblingslektüre

Auf einmal Teamkollegen: Gegen Ma Lin hat Timo schon oft gespielt, im Sommer 2011 kämpfen sie gemeinsam für ihr Team in der Superliga. Für Timo fällt eine Autogrammkarte schon mal größer aus (unten).

Mittelpunkt im Reich der Mitte: Unzählige Fragen muss Timo beantworten, die Neugier kennt keine Grenzen. Fürs Rahmenprogramm sind zum Glück zwei Maskottchen zuständig.

Gast-Chinese: Als erster Europäer entschied sich Timo, in der chinesischen Superliga zu spielen. 2011 steht er zum dritten Mal bei einem chinesischen Klub unter Vertrag.

Timos Team: Die Konterfeis der Spieler des Klubs Zheshang Bank aus Hangzhou. Zu den Spielen der Superliga kommen Tausende von Zuschauern, manchmal verkauft ein Klub auch sein Heimspielrecht, dann kann es bis in die Innere Mongolei gehen. Jedes Spiel ist ein riesiges Medienereignis, hinter den Teams stehen große Unternehmen als Sponsoren.

Wiedersehen in der zweiten Heimat: Timo spielt gegen Wang Hao – und fällt in seinem rot-gelben Trikot kaum noch als Fremder auf.

und meine Frau waren dabei, die drei habe ich an einer Raststätte bei Burger King eingeladen, auf einen Hamburger. Am Ende habe ich mir eine dieser Papierkronen aufgesetzt, die dort manchmal verteilt werden. Das war ganz nett.«

Der World Cup war wieder so ein Moment, in dem ich absolut im Reinen war mit mir. Dieses Siegesgefühl werde ich nie vergessen: einfach erhaben. In den Interviews danach hätten mich die Journalisten von mir aus beschimpfen können. Mir konnte keiner etwas anhaben, so gut ging es mir in diesem Moment. Und für den weiteren Verlauf meiner Karriere hat mir der World Cup sehr viel Selbstvertrauen gegeben, weil dieser Sieg mir gezeigt hat: Ich bin gerade auf dem gleichen Niveau wie die Chinesen.

Für Richard Prause war Timo 2005 in Phase zwei seiner Karriere angekommen, in Phase zwei von drei Phasen, die ein Spieler nach Prauses Einschätzung in seiner Karriere erlebt. Und je nach Talent und Temperament und auch nach Stärke der Gegner fällt der größte Erfolg in die erste, zweite oder dritte Phase: In der ersten Phase ist ein Spieler jung und euphorisch, das kann ihn schon zum größten Erfolg der Karriere tragen, wie etwa Wladimir Samsonow, der 1997 mit 21 Jahren Vizeweltmeister wurde. In der zweiten Phase fand etwa der Franzose Jean-Philippe Gatien die Balance aus jugendlichem Risiko und erwachsener Erfahrung und gewann 1993 im Alter von 24 Jahren den WM-Titel. Reif, aber nicht überreif sind Spieler in ihrer dritten Phase wie Werner Schlager, der mit dreißig Weltmeister wurde. Alle drei hatten außerdem den Vorteil, ihren Leistungsgipfel zu erreichen, als die Chinesen gerade nicht ganz auf der Höhe ihres Könnens waren.

In der ersten Phase verfügte Timo über eine neue, überraschende Technik. In seiner zweiten Phase, als er Mitte zwanzig war, begannen die Chinesen sich langsam darauf einzustellen. Das gelang ihnen auch deshalb, weil es die erste Generation von Spielern ohne große Schwachpunkte war. Der »komplette Spieler« hatte Tischtennis erobert und ein neues Zeitalter im Tischtennis eingeläutet. Um gegen einen solchen Spieler zu gewinnen, konnte Timo nicht mehr nach grundsätzlich wunden Punkten suchen, so wie es früher oft die kurze Vorhand gewesen war – es gab diese Schwachstellen nicht mehr. Sein Spiel musste Timo also nach ihrer Tagesform ausrichten. Und von Ballwechsel zu Ballwechsel herausfinden: Wo kann ich sie heute erwischen?

Prause glaubt ohnehin, dass Timos Persönlichkeit ihn eher in der dritten Phase noch einmal ganz stark spielen lässt. »Timo braucht diese Zeit, um sich selbst kennenzulernen, um sich selbst einzuschätzen, um alles ein bisschen zu ordnen. Von seinen Eltern hat er eine Menge guter Sachen mitbekommen: nicht vorschnell zu urteilen, anderen zuzuhören. Vielleicht führt das bei ihm auch dazu, dass er sich für alles ein bisschen mehr Zeit lässt.«

Richard Prause gehört zu den Menschen, die Timo am besten kennen. In seiner Zeit als Bundestrainer hat er dabei eine persönliche Beziehung zu ihm aufgebaut. Ihre Tischtennis-Biografie weist einige Gemeinsamkeiten auf: Beide sind Linkshänder, kommen aus Hessen und haben bei Helmut Hampl trainiert. Prause ist ohnehin ein freundlicher und jovialer Mann, der mit Timo auch die Leidenschaft für gut erzählte Geschichten teilt. Inzwischen ist Timo Patenonkel von Prauses Sohn. Die enge Freundschaft blieb daher auch bestehen, als Prause 2010 eine neue Aufgabe annahm und Cheftrainer im neuen Trainingszentrum von Werner Schlager wurde, nur einige S-Bahn-Minuten vom Wiener Flughafen entfernt. Hier sollte nun eine der besten europäischen Trainingsgruppen entstehen und ausgebildet werden für die Auseinandersetzung mit den Chinesen.

Als Bundestrainer der Herren löste Prause 2004 Istvan Korpa ab und betreute Timo bei allen großen Turnieren, etwa in Schanghai bei der WM und 2006 bei der Mannschafts-Weltmeisterschaft in Bremen. Das Traumfinale zwischen Deutschland und China kam in Bremen nicht zustande, schon im Halbfinale trafen beide Teams aufeinander, und Timo lag zum Auftakt gleich 0:2 gegen Ma Lin zurück. Es drohte eine schnelle, deutliche Niederlage. Doch Timo fand noch ins Spiel und zog sich in der Bremer Stadthalle emotional selbst so hoch, dass ihm ein phänomenaler 3:2-Sieg gegen Ma Lin gelang. Es war eine Begegnung, in der er seine Emotionen wie selten nach außen trug, sich selbst anfeuerte und dem Gegner und der Halle mit Faust und Stimme zeigte, dass er dieses Spiel unbedingt gewinnen wollte.

Weil Christian Süß und Zoltan Fejer-Konnerth anschließend jeweils ihre Einzel verloren, musste Timo nun Wang Liqin besiegen, um die Deutschen im Spiel zu halten. Wieder ging es über fünf Sätze. 5:3 führte Timo im Entscheidungssatz, dann nahm Wang Liqin eine Auszeit. Noch stärker kam der Chinese an den Tisch zurück. Er traf unmögliche Bälle, selbst fast aus dem Spagat zog er noch einen präzisen und knallharten Topspin. Wie groß der Druck war, ließ Wang Liqin Timo bei jedem Punktgewinn spüren, als er die Faust emporreckte, seinen Kampfeswillen hinausbrüllte und Timo dabei fest in die Augen sah. Eine Niederlage von ihm hätte den 2:2-Ausgleich bedeutet und ein letztes Spiel, in dem die frenetischen deutschen Zuschauer die ohnehin angespannten Nerven der Chinesen bestimmt zum Zittern gebracht hätten. Doch dieser Druck schien Wang Liqin, den Einzelweltmeister, nur noch mutiger zu machen. Wie im Rausch holte er einen Punkt nach dem nächsten, bis er mit 11:6 als Sieger vom Tisch ging. China stand im Finale, das es später souverän 3:0 gegen Südkorea für sich entschied.

Besseres Tischtennis als das von Wang Liqin in diesem Spiel gegen Timo scheint kaum möglich. Das hatte Timo aus ihm herausgeholt und dazu noch Ma Lin geschlagen, deshalb würde er seinem Freund Christian Lüllig abends sagen: »Heute habe ich 10.000 Menschen begeistern können.« Außer der Bronzemedaille nahm Timo noch einen Trostpreis aus Bremen mit, das Trikot seines Gegners Wang Liqin. Es hängt jetzt in seinem Haus in Höchst.

Ich habe zu Hause im Keller eine Sammlung, im Moment hängen dort die Trikots von Kong Linghui, Waldner, Persson, Roßkopf und den beiden südkoreanischen Olympiasiegern Ryu Seung Min und Yoo Nam Kyu. Manchmal tausche ich auch welche aus. Von den chinesischen habe ich die von Ma Lin, Zhang Jike und Ma Long. Chinesische Trikots sind sehr, sehr schwer zu bekommen. Ich habe einmal mitbekommen, wie der Verband von Katar in China angefragt hatte. Die wollten ein Trikot für ihr Sportmuseum haben – keine Chance. Die Spieler dürfen sie nicht hergeben. Bei uns ist es ähnlich, denn mit unseren getragenen Trikots spielen die Schüler und Jugendlichen der Nationalmannschaft ihre internationalen Meisterschaften. Wir kennzeichnen unsere Sachen meist mit unseren Initialen. Ich habe als Jugendlicher selbst mal reingeschaut, ob bei mir vielleicht JR steht für Jörg Roßkopf.

Das verlorene Halbfinale von Bremen motivierte Timo jedoch wieder, noch mehr von den Chinesen zu lernen. Zwei Monate ging er im Sommer 2006 nach China in die Superliga, absolvierte mehrstündiges Training selbst vor den Spielen und nach langen Fahrten durchs Land. Die Teammanagerin seines Klubs sagte ihm, er solle an seinem freien Tag bloß nicht in die Stadt gehen, sondern sich lieber entspannen, das nächste anstrengende Training warte schon. Timos Tage hatten immer einen festen Ablauf.

Mit dem Frühstück in China ist es oft schwierig. Deshalb hatte ich mir mein Müsli von zu Hause mitgenommen und mir jeden Morgen um Viertel nach sieben Milch aufs Zimmer kommen lassen. Von halb neun bis halb zwölf war Training, um halb zwölf gab es Essen. Dann war Zeit für eine Mittagsruhe. Nachmittags fand noch eine Trainingseinheit statt und anschließend Kraft- oder Lauftraining. Die Belastung hat mir schon sehr zu schaffen gemacht. Ich war häufig krank und habe zwischendurch aufgrund von Durchfall nur noch Reis mit Essig gegessen. Sieben Kilo habe ich in diesen zwei Monaten abgenommen.

Im Training spielt ja jeder seine eigene Übung. Die dauert bei uns in Deutschland sieben bis zehn Minuten. In China dagegen dauerte die erste Übung am ersten Tag gleich eine Viertelstunde. Zwei Drittel des Tisches sollte ich mit der Vorhand abdecken, das war unheimlich anstrengend. Mir wäre fast die Schulter explodiert. Zu dieser Zeit kam ich gerade aus dem Urlaub und war ohnehin nicht in Form. Dann gab es die zweite Übung, noch mal zwölf bis fünfzehn Minuten. Ich bin fast durchgedreht.

Dieses Trainingsprogramm war so hart, dass ich es fast nicht ernst nehmen konnte. Ein schöner Willkommensgruß, habe ich mir gedacht. Nach einer Aufschlag-Rückschlag-Übung stand noch ein Balleimertraining auf dem Programm. Der Balleimer war wieder so voll wie bei meiner ersten Reise nach China. Das ist wahrscheinlich die chinesische Norm.

Und wieder wollte ich nicht unangenehm auffallen und habe noch ein paar freiwillige Einheiten eingelegt. Die Chinesen sollten den Eindruck bekommen, dass ich mich wirklich bemühe. Und in der Tat habe ich mich noch einmal verbessert. Das Training zu Hause kam mir dann wie ein Klacks vor.

Den Lohn für seine Anstrengung konnte sich Timo im September 2006 in Guangzhou bei den China Open abholen. Im Finale bezwang er Wang Liqin 4:2 und die Deutsche

Presse-Agentur meldete: »Timo Boll hat eine dreitägige Gala-Show mit einem der wertvollsten Erfolge seiner Karriere gekrönt.«

Ein weiterer herausragender Titel war also dazugekommen. Was Timo immer noch fehlte, war eine Weltmeisterschaftsmedaille im Einzel. Bevor es 2007 zur WM nach Zagreb ging, stand in Belgrad die Europameisterschaft an. Zu einem herausragenden Turnier wurde sie für Timo, weil er erstmals ein Triple gewann, nämlich die Titel im Einzel, im Doppel und mit der Mannschaft. Es war der erste Mannschaftstitel der Deutschen überhaupt bei einer Europameisterschaft. Über Jahrzehnte hatten sie sich vergeblich um diesen Titel bemüht, jetzt hatten sie ihn.

Dieses Triple sollte doch die beste Ausgangsposition für die Weltmeisterschaft sein. Auch die Auslosung schien es gut mit Timo zu meinen – kein Chinese bis zum Halbfinale. Im Viertelfinale wartete Olympiasieger Ryu Seung Min aus Südkorea. Gegen ihn hatte Timo noch nie verloren. Doch was dann passierte, kam ziemlich unerwartet. »Ich habe ein bisschen zu simpel gespielt, gerade bei meinen Rückschlägen hatte ich keine zündenden Ideen. Den Ball habe ich zum Teil einfach nur im Spiel gehalten, mir hat die Risikofreude gefehlt. Und er hat eben gut gespielt.« In Zahlen übersetzt: Timo unterlag 0:4. Dass das Erreichen des Viertelfinales das beste Einzelergebnis eines Deutschen bei einer WM seit der Silbermedaille von Eberhard Schöler 1969 war, konnte Timos Stimmung nicht bessern. Richard Prause rollte etwas genervt mit den Augen, als er auf das ausgefallene Duell mit China angesprochen wurde: »Es gibt auch andere Nationen, in denen Tischtennis gespielt wird.«

Das Jahr 2007 bedeutete für Timo aus einem anderen Grund einen Einschnitt. Er wechselte vom TTV Gönnern zu Borussia Düsseldorf. Zwölf Jahre hatte er in Gönnern gespielt, zwölf Jahre lang war der Verein auf ihn zugeschnitten.

Der Wechsel nach Düsseldorf ist mir sehr schwergefallen, obwohl Borussia der beste Verein in Europa ist und ich dort sehr gut aufgenommen wurde. Aber ich bin ja sehr beständig, bei allen Dingen, die ich mache. Ich habe immer noch den gleichen Ausrüster wie als Schüler, Butterfly, und ich habe sehr lange in Gönnern gespielt. Aber finanziell war es für den Verein einfach nicht mehr machbar, mich zu halten, nachdem ein großer Sponsor abgesprungen war. Vor dem Gespräch mit Helmut hat es mir gegraut. Er hatte so viel für mich getan, und ich glaube, er hatte insgeheim gehofft, dass sich für mich doch noch eine Möglichkeit zum Bleiben eröffnen würde. Im Training haben wir immer wieder mal andeutungsweise darüber gesprochen.»Und? Was wird jetzt?«, wollte er wissen. Ich habe ihm dann schon erklärt, dass es sehr schwer wird, weiter in Gönnern zu spielen. Es waren sehr harte Gespräche für mich, da hatte ich einen Kloß im Hals.

Borussia Düsseldorf hatte mir ein sehr, sehr gutes Angebot gemacht. Ich habe mit der ARAG-Versicherungsgruppe und deren Chef Paul-Otto Faßbender zudem einen sehr guten Sponsor gefunden. Meine Entscheidung für Düsseldorf konnte Helmut letztlich verstehen. Und mich selbst habe ich zu beruhigen versucht, indem ich mir gesagt habe, dass mein Wechsel nichts Verbotenes war, dass jeder andere wahrscheinlich genauso gehandelt hätte und dass ich Gönnern in all den Jahren auch viel zurückgegeben habe.

Mein Vertrag erlaubt mir, sowohl in Düsseldorf als auch weiterhin in Höchst zu trainieren. Aber ich will in Düsseldorf schon präsent sein. Düsseldorf ist eine sehr lebenswerte Stadt und richtig sportverrückt. Die Stadt tut eine Menge, um uns Topsportlern exzellente Bedingungen zu bieten. Ich will auf keinen Fall als Söldner dastehen, der nur zu den Spielen angereist kommt.

Eine Zwei-Zimmer-Wohnung hatte Timo in Düsseldorf bezogen. Doch die meiste Zeit verbringt er in Höchst. Als wir später am Abend nach dem Wettkampf zusammensitzen, wird er mir noch erzählen, wo er sich am wohlsten fühlt: »Klar habe ich ein Stadtleben in Düsseldorf, aber«, sagt er, atmet lange aus und lässt den Satz erst einmal offen, »es ist eine sehr gute Erfahrung, in Düsseldorf zu leben, aber ich merke auch, dass ich irgendwann wieder zurück in die Natur will.«

»Hattest du denn nie das Bedürfnis wegzuziehen? Einmal weiter weg von der Heimat zu leben?«

»Nun ja, wenn Gönnern damals die finanziellen Mittel gehabt hätte, wäre ich nie gewechselt.«

»Wirklich nicht, dich hat das Stadtleben mit seinen Möglichkeiten also nie angezogen?«

Ich hänge doch sehr am Vertrauten. Das ganze Jahr reise ich durch die Welt, ich habe so viele Metropolen gesehen, da brauche ich im Prinzip das Stadtleben nicht. Ich habe wahrscheinlich mehr gesehen als die meisten meiner Altersgenossen, und als Dorfjunge habe ich mich in Höchst nie gefühlt. Wenn ich mit unserem Hund rausfahre in den Wald und stundenlang keinen Menschen treffe, finde ich immer wieder zu mir. Die Ausgeglichenheit, die finde ich in der Stadt einfach nicht. Ich ziehe eine Runde auf dem Golfplatz einem kulturellen Ereignis vor, da habe ich wieder meine Ruhe.

Das Leben in der Stadt hat Timo also nicht verändert, sondern eher bestätigt in seinem Lebenskonzept, seinen Bedürfnissen und Wünschen. In Düsseldorf traf er nach seinem Wechsel 2007 auf seinen heutigen Gegner, Jun Mizutani. Dessen Weg war ganz anders verlaufen. Mit 14 Jahren war Mizutani schon nach Deutschland gekommen, um hier besseres Tischtennis zu lernen, um sich abzunabeln von Japan.

Eine Zeit lang spielten Timo und Mizutani in einer Mannschaft, jetzt begegnen sie sich oft am Tisch wieder und fast immer gewinnt Timo. Diesmal, beim Vergleich zwischen Europa und Asien in Peking, gelingt Timo ein 3:1-Erfolg. Mizutanis Spiel funkelt vor Ideen, doch ihm fehlt noch der feste Endschlag, wie ihn die Chinesen beherrschen und mit dem er Timo in Bedrängnis bringen könnte. Timos Sieg ist auch für das Gesamtergebnis wichtig, es steht nur noch 1:3 zwischen Europa und Asien, Europa ist im Spiel, und als Adrian Crisan sein Einzel gegen Tang Peng aus Hongkong gewinnt, ist für den zweiten Tag wieder alles offen.

Ein Team des japanischen Fernsehsenders NHK holt Timo nach dem ersten Tag ab. Sie haben vorher ein Interview mit ihm vereinbart, er soll über Jun Mizutani sprechen. Wir fahren in ein Hotel in der Nachbarschaft, dort hat der Sender ein Apartment für dieses Interview gemietet und schon zwei Scheinwerfer aufgebaut. Ein Chinese fragt ihn auf Deutsch, was er dem Japaner Mizutani wünsche. »Ich hoffe, dass Jun und ich die Chinesen noch ein bisschen zusammen ärgern können«, antwortet Timo und lächelt dabei in die Kamera.

Japan ist die zweite große Tischtennisnation in Asien, hier sitzen große Tischtennisfirmen wie Butterfly, das Land trägt eine stolze Tradition mit sich, nur wartet es darauf, wieder einen Weltmeister zu bekommen, wie es so viele hatte bis Ende der siebziger Jahre.

In Japan hatte Timo auch die bisher intimste Begegnung mit weiblichen Tischtennisfans, sie übertrafen sogar die chinesischen Fans. Als Timo 16 Tage durch Japan reiste und dabei ein paarmal Tischtennis spielte, zog er sich in einem Klassenraum um. Timos Äußeres, 1,81 Meter groß, schlank, athletisch, dunkle Haare, reizt junge Japanerinnen wohl. Sie kletterten auf die Bäume vor dem Klassenzimmer, um Timo beim Umziehen zuzuschauen.

Als uns das japanische Fernsehteam an unserem Hotel abgesetzt hat, sind die anderen Europäer schon mit dem Essen fertig, das kleine Büfett für die Spieler ist abgeräumt. Manchmal ist es etwas undankbar, der beste Nicht-Chinese im Tischtennis zu sein. Auf Nachfrage der Organisatoren vom Asiatischen Tischtennis-Verband findet immerhin noch ein kleines Extraprogramm für uns statt. Für Timo und mich holen die Köche mit ihren hohen weißen Mützen noch ein paar Zutaten aus den riesigen Kühlschränken der offenen Küche und braten Hühnchen und Gemüse im Wok. Als Nachtisch gibt es noch chinesische Linzertorte und Apfelkuchen. »Den musst du probieren«, sagt Timo und deutet mit seiner Gabel auf den Apfelkuchen, »der ist so gut, dass ich mich reinsetzen könnte.« Besser könnte der Tag für Timo kaum enden.

Im Duell mit China

Was Tischtennis über einen Menschen verrät

Wenn es dunkel wird, passieren in China ungewöhnliche Dinge. Davon will mir Timo am nächsten Morgen gleich erzählen, noch bevor er einen Kaffee zum Frühstück bestellt hat. »Weißt du, was mir heute Nacht passiert ist?«, fängt er an und beugt sich verschwörerisch über den Tisch zu mir. »Um Viertel nach eins hat es an meiner Tür geklopft. Ich war gerade im Halbschlaf, deshalb bin ich zur Tür und habe gefragt: ›Hello?‹ Eine piepsige Frauenstimme hat gerufen: ›Hello, Massage, Massage?‹« Timo muss anfangen zu lachen, auch über das lustig ausgesprochene »Massaschiiii«. »Und, hast du durch den Spion geschaut und sie gesehen?« »Klar. Also, hässlich war sie nicht gerade. Aber als ich einmal bestimmt ›No, thank you‹ gerufen habe, ist sie wieder abgezogen.«

Eine Groupie-Attacke? Einiges spricht dafür. Und Timo erzählt mir, dass so etwas schon mal vorkommen könne. »Ich habe es erlebt, dass sich weibliche Fans von der Hotellobby aus mit meinem Zimmer verbinden lassen. Ich versuche meistens höflich zu sein und sage dann: Ich muss mich leider gerade ausruhen. Manchmal gehe ich auch einfach nicht ans Telefon.«

Timo und die weiblichen Fans. Kaum ein größeres Porträt in einem Magazin oder einer Zeitung in Deutschland kommt ohne den Hinweis aus, dass Timo in China von einer Frauenzeitschrift zum »Sexiest Man alive« gewählt wurde – noch vor David Beckham. Als eine Reporterin des Hessischen Rundfunks Timo während der Vorbereitung auf Olympia 2008 in Peking fragte, wie er sich das denn erkläre, fixierte er sie mit seinem Blick, zog seine linke Augenbraue hoch und sagte: »Das müssten Sie als Frau doch eigentlich besser wissen.« Eine kleine Kostprobe seines Humors, eine Pointe wie ein Kieselstein, den er in einen Teich wirft und zuschaut, wie er langsam Kreise zieht.

Was es genau mit der Begeisterung chinesischer Mädchen und Frauen für Timo auf sich hat, das frage ich eine Dame, die Timo regelmäßig nahe kommt, Dao Zhou von CCTV. Sie interviewt Timo häufig fürs Fernsehen. Dao Zhou, um die dreißig, trägt an diesem Tag ein schwarzes Jackett mit pinkfarbenem Kragen, um ihren Hals baumelt an einer Kette ein Elefantenanhänger aus Jadestein. Als ich sie auf Timos Äußeres anspreche, schaut sie erst einmal lange an mir vorbei, ehe sie umso entschlossener antwortet: »He's beautiful!« Und was macht seine Schönheit in den Augen der Chinesinnen aus? Sie streicht sich mit der Hand über ihre Wange. »Sehr weiche Gesichtszüge, das mögen die Chinesinnen, nicht so ein hartes europäisches Gesicht wie andere.« Das ist doch schon mal eine Aussage. Ich frage in Peking noch weiter. Zwei Mitarbeiter vom »Table Tennis Magazine«, einem der zwei großen Tischtennis-Magazine Chinas, haben sich bei Timo zu einem Interview angemeldet. Eine junge Frau und ein junger Mann mit Fotoapparat stellen sich im Hotelbistro bei ihm vor. Ich erkundige mich bei ihnen nach Timos Popularität. »Es ist sein großer Erfolg über viele Jahre«, beginnen sie. Das haben wir uns noch denken können, aber ist das wirklich alles? »Nein«, fährt die junge Dame fort, »die Konzentration auf Tischtennis, sein Kampfgeist, sein fester Blick, wenn er am Tisch steht. Und seine Freundlichkeit, mit der er die Fans behandelt. Die Geduld, die er hat, und die Zeit, die er sich beim Autogrammeschreiben nimmt. Weibliche Tischtennisfans finden ihn vor allem deshalb attraktiv, weil er ein hübsches Gesicht und große Augen hat.« Timo sitzt daneben und wirft mir einen Blick zu, der sich irgendwo zwischen belustigt und verlegen bewegt. Dann beginnt das »Table Tennis Magazine« mit Fachfragen zum Tischtennis.

Währenddessen läuft Zhang Jike durch die Lobby des Hotels, es ist später Vormittag, er muss heute Abend noch gegen

Timo spielen. Zusammen mit Ma Long und Xu Xin gehört Zhang Jike zur Generation der Chinesen, die Ma Lin, Wang Hao, Wang Liqin als Spitzentrio in der Nationalmannschaft abgelöst hat. Die chinesischen Thronfolger sind sieben bis neun Jahre jünger als Timo.

Lange aufhalten lassen will sich Zhang Jike in der Lobby gerade nicht. Eine Gruppe von Tischtennisfans wartet auch jetzt wieder auf die Spieler, in ihren Plastiktüten haben sie Hölzer, Bälle und kleine Tischtennisplatten verstaut. So wie für Briefmarkensammler nur ein kompletter Satz zählt, scheint auch die Unterschrift der Spieler immer auf diese drei Elemente des Tischtennis zu gehören, Schläger, Ball und Tisch, nur dann haben die Sammler wohl eine vollständige Erinnerung an ein Turnier. Doch Zhang Jike macht es ihnen nicht leicht, er hat einen entschlossenen Gang drauf und hält sein Handy zwischen Ohr und Schulter geklemmt. Vier, fünf Unterschriften, dann rauscht er weiter Richtung Aufzug und lässt die Fans stehen mit ihren noch nicht kompletten Sammlungen.

Am Nachmittag kommt Zhang Jike wieder herunter, rechtzeitig zur Abfahrt unseres Busses. Tag zwei des Duells zwischen Europa und Asien. Nichts gegen Jun Mizutani, aber Zhang Jike ist noch einmal eine besondere Herausforderung für Timo. Den Chinesen hatte er erst ein paar Tage vorher getroffen, bei den German Open in Dortmund. Timo konnte im Finale keinen Satz gewinnen. Aber wenn er in Deutschland verliert, wäre doch China der beste Platz für eine Revanche.

Im Bus zur Halle hat sich Zhang Jike auf einen Einzelsitz in der ersten Reihe gesetzt, in der rechten Hand seinen eingepinselten schwarzen Vorhandbelag, in der linken sein Handy. Timo diskutiert mit Werner Schlager und Adrian Crisan das neueste Gerücht, dass eine Tischtennisfirma für denjenigen Spieler eine Million Dollar ausgelobt habe, der mit Holz, Vorhandbelag und Rückhandbelag dieser Firma Weltmeister wird. Mit einem Schlag Millionär zu werden, das hatte es im Tischtennis noch nie gegeben. Die höchsten Siegprämien für ein Turnier liegen bei 60.000 Dollar. Dass die besten Tischtennisspieler ein gutes Auskommen haben und sich noch einiges für die Zeit nach ihrer Karriere zurücklegen können, liegt vor allem an den Ausrüsterfirmen. »Die zahlen verhältnismäßig viel«, erklärt Timo, »es ist ein Glücksfall für uns Spieler, dass wir einen eigenständigen Markt mit eigenen Firmen haben.«

Ein Glücksfall für Tischtennis war es auch, dass das Internationale Olympische Komitee die Sommerspiele 2008 nach Peking vergab. Es hat Tischtennis zu mehr Aufmerksamkeit verholfen, denn Olympiasieger im Land des Tischtennis – einen größeren Titel kann es nicht geben. Auf unserem Weg in die Halle fahren wir am Nationalstadion von Peking vorbei, wegen seiner zweigartigen Streben auch Vogelnest genannt. Dort fanden bei Olympia Eröffnungs- und Schlussfeier, die Leichtathletik-Wettbewerbe sowie das Fußballfinale der Männer statt. Timo schaut ein bisschen verträumt aus dem Fenster. »Denkst du dich gerade zurück ins Jahr 2008?«, frage ich.

»Ja, so etwas erlebt man ja nur einmal«, bestätigt er und erzählt von seiner Vorbereitung auf Olympia, der aufwendigsten, die er bisher für ein Turnier betrieben hat.

In den eineinhalb Jahren bis zu den Spielen in Peking habe ich keinen Schluck Alkohol getrunken und keine Süßigkeiten gegessen. Ich habe sehr auf alles geachtet, weniger Kohlenhydrate zu mir genommen, kaum Schweinefleisch gegessen, regelmäßig Geflügel und Fisch und ganz selten Rind. Viel Alkohol habe ich sowieso nie getrunken. Wenn ich abends zwei Gläser Bier oder Wein trinke, spüre ich das nämlich in den nächsten ein, zwei Tagen im Training. Ich fühle mich dann matter und träger als sonst. Wenn wir einen großen Titel gewonnen haben, bin ich ohnehin so ausgelaugt, dass mir ein Weizenbier reicht. Ich genieße solche Erfolge am liebsten in einem ruhigen Rahmen, mit Freunden und Familie. Lust auf ein Glas Wein hätte ich schon mal, aber ich brauche es einfach nicht. Es beschäftigt mich nicht, und ich werde bestimmt auch nach meiner Karriere nicht zu einem großen Weintrinker. Zu Deli habe ich mal gesagt: Wenn das alles vorbei ist mit Olympia in Peking, setzen wir uns mal abends vor den Kamin und trinken ein schönes Glas Wein zusammen. Und wie ist es gekommen? Wir haben das im ganzen Jahr nach Olympia kein einziges Mal gemacht.

Ernährung ist eine Schraube, an der Timo vor den Olympischen Spielen drehte. Die andere, noch wichtigere, war das Training. Und wenn Timo heute davon berichtet, könnte man glatt vergessen, dass ihm als Jugendlicher vor dem Konditionstraining graute, er lieber eine Einheit ausließ, als eine zusätzlich zu absolvieren, und Helmut Hampl mit Jörg Roßkopf einen Spieler in seine Mannschaft holte, der ihm im Training ordentlich Beine machen sollte. Man könnte sagen, dass Timo vor den Spielen in Peking zu seinem Vater aufschloss, der schon immer gerne Ausdauersport gemacht hatte und bis heute auch nach zig Kilometern im Sattel nicht so schnell vom Fahrrad steigt.

Tischtennis ist überhaupt im Laufe der Jahre immer athletischer geworden. Und dadurch noch schneller. Die Beine der Spieler sind immer bereit für einen Sprint und werden auch an langen Turniertagen mit Tausenden von Schritten am Tisch nicht müde. Diese Athletik macht den Unterschied aus zur Ära Waldner. Schon früh fangen heute Trainer an, die Athletik zu schulen, wenn sie Kindern Tischtennis beibringen. Timo hätte es da noch schwerer gehabt mit seiner früheren Bequemlichkeit. In seiner Laufbahn als Profi hat sich jedoch sein Körper, aber auch seine Einstellung den Belastungen immer mehr angepasst. Und vor Olympia 2008 hatte er sich vorgenommen, den letzten körperlichen Rückstand gegenüber den Asiaten aufzuholen.

Der Ehrgeiz hatte mich vor Olympia gepackt wie noch nie. Ich habe deshalb über Weihnachten 2007 alle sitzen lassen, meine Frau, meine Familie, und bin mit meinem Konditionstrainer Holger Yannick Obenauer, den ich im Olympiastützpunkt Frankfurt kennengelernt hatte, nach Lanzarote gefahren. Es war die einzige freie Zeit, die ich für einen Konditionslehrgang hatte, und ich wollte richtig Gas geben. Früher hatte ich Konditionstraining gehasst, dann habe ich mich damit abgefunden. Und mit der Zeit habe ich sogar Spaß daran bekommen, laufen zu gehen oder Fahrrad zu fahren. Neben Golf, Basketball, Badminton und Tennis gehört Mountainbikefahren mittlerweile zu meinen Lieblingssportarten. Das hat wohl mit meinem veränderten Körperbewusstsein zu tun. Ich kann mir vorstellen, nach der Karriere damit weiterzumachen, denn ich will später keine 95 Kilo wiegen.

Vor Olympia hatte ich mir damals auch ein Gewichtsziel gesetzt, ich wollte auf 73 Kilo kommen, das ist ideal bei meiner Körpergröße von 1,81 Meter. In einem Urlaub, in dem ich wenig Sport mache und dafür viele leckere Sachen esse, kann mein Gewicht schon mal auf achtzig Kilo hochschnellen.

Auf Lanzarote habe ich geradezu einen Fitnessflash bekommen. Ich dachte, meine Chance für Olympia in Peking ist, fitter zu sein als alle anderen. Gefühl und Talent habe ich sowieso genug. Mit Talent meine ich, dass ich alles ein bisschen schneller lernen kann und ein besonderes Verständnis für Tischtennis habe mit meinem vorausschauenden Spiel. Mir fehlte nur noch der letzte körperliche Kick.

Drei Konditionseinheiten haben wir am Tag gemacht, zum Beispiel achtzig Kilometer auf dem Rennrad. Für mich war das eine absolut ungewohnte Belastung. In meinen Beinen breitete sich auf einmal eine unglaubliche Müdigkeit aus. Trotzdem haben wir im Anschluss noch ein Kältebad gemacht, um unsere Muskeln zusätzlich anzuregen. Zwei Stunden später habe ich gespürt, dass mit meinem Knie etwas nicht stimmte. Unser Zimmer lag in der zweiten Etage, und ich kam vor Schmerzen kaum die Treppe hoch. Vor Ort bin ich dann zu einem Physiotherapeuten gegangen und habe mich massieren lassen. Besser geworden ist es dadurch nicht. Dafür habe ich den Fehler gemacht, immer weiter zu trainieren, immer bis zur Schmerzgrenze. Ich dachte, es wird schon nicht so schlimm sein, weil ich vorher nie Probleme mit meinem Knie hatte. Doch das Ergebnis war, dass es sich in dieser Zeit chronisch entzündet hat.

Am Ende konnte ich beim Treppensteigen nur noch ein Bein belasten, weil die Schmerzen auch mit Spritzen nicht abgeklungen sind. Im Grunde bin ich selbst schuld daran. Dämlicherweise habe ich viel zu früh wieder mit dem Tischtennis angefangen. Im Februar 2008 fand das Europe Top 12 in Frankfurt statt. Bei diesem Heimspiel wollte ich für die Zuschauer unbedingt mein Bestes zeigen. Meinem Knie ging es zu diesem Zeitpunkt schon wieder etwas besser, ich hatte vorher drei Tage locker trainiert. Doch im Wettkampf habe ich sofort wieder Schmerzen bekommen. Mehr schlecht als recht habe ich das Turnier zu Ende gespielt und bin am Ende Neunter geworden. Ein enttäuschendes Ergebnis, vor allem wenn man bedenkt, dass ich das Turnier bis dahin schon dreimal gewonnen hatte. Es wäre besser gewesen, wenn ich das Turnier abgesagt hätte. Durch meine Teilnahme hat es noch einmal vier Wochen länger gedauert, bis ich wieder schmerzfrei spielen konnte. Ich hatte also gut drei Monate kein richtiges Tischtennistraining.

Dafür habe ich sehr viel Krafttraining für den Rumpf und den Oberkörper gemacht. Meine Muskeln sind in dieser Zeit ganz schön auseinandergegangen, ich hatte nur noch etwa neun Prozent Körperfett, als Kind waren es 21 Prozent gewesen. Vor dem Spiegel bin ich selbst ein wenig erschrocken über meine Figur.

Später, bei einem Lehrgang der Nationalmannschaft, mussten wir mal Medizinbälle werfen. Dirk Schimmelpfennig stand bei mir und sollte sie fangen. Ich hatte so viel Schnellkraft, dass ich den nicht gerade schmächtigen Dirk mit den Bällen beinahe umgeworfen hätte. So viel geholfen fürs Tischtennis hat mir das aber nicht. Mit freiem Oberkörper kann ich ja schlecht spielen, um meine Gegner einzuschüchtern. Außerdem sind Muskeln nur bis zu einer bestimmten Grenze gut im Tischtennis. Ich habe jedenfalls gemerkt, dass ich vor lauter Kraft ein bisschen Feingefühl verloren hatte.

Timo kommt etwas ins Stocken, als ich in unserem Bus weiter nach seiner Gesundheit frage, nach seinen Verletzungen. Er dreht seinen Oberkörper hin und her, als wolle er den Fragen links und rechts ausweichen. Dann sagt er mit Blick auf die Sitzbank vor ihm: »Ich spreche ungern über dieses Thema und will es nicht als Ausrede benutzen. Aber die Beschwerden sind eben in entscheidenden Phasen immer wieder aufgetreten.« Sie kosteten ihn Trainingseinheiten, 2004 vor den Olympischen Spielen in Athen konnte er kaum Konditionstraining machen, sie kosteten ihn Wettkämpfe, 2008 die Teilnahme an der Mannschafts-WM in Guangzhou, 2009 wird er die Einzel-Weltmeisterschaft in Yokohama wegen Problemen mit seiner Lendenwirbelsäule absagen müssen. Rückenschmerzen sind sein böser Karrierebegleiter geworden. Trainer Hampl glaubt: »Wenn er einen stabileren Körper hätte, dann wäre er in der Welt unschlagbar.«

Mit 19 hat meine Verletzungsmisere angefangen, und ich weiß auch noch genau, an welchem Tag. Wir haben in der Bundesliga gegen Frickenhausen gespielt und ich traf dabei auf Ding Song, einen unglaublich sicheren chinesischen Abwehrspieler. Bei YouTube kann man sich einen Ballwechsel aus einem späteren Spiel gegen ihn in der Bundesliga 2002 ansehen. Da fliegt der Ball 48-mal hin und her. Ich muss schon sehr, sehr feste Topspins ziehen, um ihn zu besiegen, und einen hohen körperlichen Aufwand betreiben. Beim Topspin gegen Abwehr besteht jedoch besonders die Gefahr, ins Hohlkreuz zu fallen.

Beim Spiel selbst gegen Frickenhausen im Jahr 2000 war noch alles in Ordnung. Und vorher hatte ich noch nie Schmerzen beim oder nach dem Tischtennisspielen gehabt. Aber als ich am nächsten Tag aufgewacht bin, hatte ich unglaubliche Schmerzen im Rücken, sobald ich mich nur um Millimeter nach vorn gebeugt habe, wie Messerstiche hat es sich angefühlt. Im Auto bin ich kaum ans Lenkrad gekommen.

Es gibt einfach Körper, die sind wie gemacht für den Sport, und manche, die sind überhaupt nicht dafür gemacht. Die hohe Trainingsbelastung vertrage ich nicht so gut. Mein Körper ist schneller überlastet als die Körper anderer Spieler. Das hat nicht einmal etwas mit der Fitness zu tun. Ich war schon der mit Abstand Fitteste in der Mannschaft und hatte trotzdem Rückenschmerzen.

Über seinen Rücken haben sich viele den Kopf zerbrochen. Istvan Korpa etwa regte eine andere Grundstellung am Tisch an, um Schmerzen zu verhindern und die Beweglichkeit zu erhöhen. Nicht so breitbeinig und nicht auf dem ganzen Fuß solle Timo stehen, sondern maximal schulterbreit, dann wäre sein Rücken nicht so kerzengerade, stünde nicht so stark unter Spannung und verkrampfe beim Spielen über viele Stunden weniger. Es hätten bei Timos Körperhaltung am Tisch die Entspannungsphasen gefehlt. Helmut Hampl erklärt dagegen, dass größere Spieler wie eben Timo oder Wang Liqin auch breitbeiniger am Tisch stehen müssten, um den richtigen Schlagwinkel zu erreichen. »Ob er mit einer anderen Grundstellung weniger Schmerzen bekommen hätte, lässt sich nicht beweisen. Vielleicht hätte man früher mit

Gymnastik und Übungen zur Rückenkräftigung beginnen müssen, aber so etwas weiß man immer erst hinterher.«

Ich finde schon, dass ich eine Menge ausprobiert habe. Spritzen. Einlagen. Gymnastik. Als ich in der chinesischen Liga gespielt habe, haben wir es mit Massage, Akupunktur und Schröpfen versucht. Eine richtige Lösung war nicht dabei. Das heißt, doch, es gibt eine Lösung: weniger Tischtennis spielen, also lieber intensiver trainieren und dafür auf einige Einheiten verzichten. Daran versuche ich mich zu halten, so bleibe ich meistens schmerzfrei.

Außerdem versuche ich, möglichst viel Krafttraining zu machen. Dabei arbeite ich auch mit einem Stromgerät, das den Körper nicht so sehr belastet wie das klassische Training mit Gewichten. Ich lasse mich auch häufiger behandeln, bei Turnieren gehe ich jeden Tag zur Massage, wenn ich im Trainingszentrum in Düsseldorf bin ebenfalls. Als Jugendlicher habe ich gedacht: Massage ist verschwendete Zeit. Heute investiere ich selbst viel Zeit und Geld dafür.

Dass ich wegen meines Rückens gar nicht spielen konnte, das gab es zwar selten. Ich habe manchmal gehandicapt gespielt und die Schmerzen einfach hingenommen. Zum Glück habe ich sehr gute Ärzte, die mir geholfen haben, erst Dr. Müller-Wohlfahrt und jetzt Dr. Peil. Aber die Angst spüre ich immer, dass die Schmerzen zurückkommen. Es ist leider Veranlagung bei mir: ein angeborener Beckenschiefstand und ein anfälliges Iliosakralgelenk unten im Rücken. Mein Vater und mein Großvater hatten ähnliche Probleme.

Eines muss ich daher sagen: Tischtennis ist die schlechteste Sportart, die ich mir für meinen Körper hätte aussuchen können.

Über einen längeren Zeitraum hart zu trainieren kommt für Timo deshalb nicht mehr infrage. Er muss ökonomisch trainieren, schließlich will er noch eine Zeit lang spielen, mindestens bis zur Olympia 2020 in Tokio. Dann wäre er 39.

Sein Übungsprogramm teilt sich Timo daher selbst ein – in China wäre das undenkbar.

Ab einem bestimmten Niveau ist Leistungssport eben Gift für den Körper. Man reizt seinen Körper so sehr aus, quält ihn so ans Limit, dass es einfach nicht mehr gesund ist. Im Tischtennis müssen wir besondere Belastungen aushalten: durch das abrupte Abstoppen, das Vor und Zurück, die Ausfallschritte. Man spielt ja ständig Bälle in Körperhaltungen, die man besser nicht einnehmen sollte. Es ist unmöglich, den Ball immer in einer schonenden Haltung zu treffen. Deshalb kann jeder Schlag ein Schlag gegen den Körper sein. Der Körper braucht runde Bewegungen, das ist gesund. Eigentlich müsste man den ganzen Tag ein Handrad kurbeln und Fahrrad fahren.

Aber wer will das schon? Und wie passen nun Timos Erfahrungen eigentlich zusammen mit dem schönen Titel, den der Deutsche Tischtennis-Bund seiner Festschrift zum 75-jährigen Jubiläum im Jahr 2000 gegeben hat: »Ein Spiel fürs Leben«? Ist Tischtennis etwa kein Spiel, das sich für das ganze Leben eignet, über die Jahrzehnte hinweg von der Kindheit bis ins Alter?

Die Fachliteratur müsste eine Antwort kennen. Doch einmal abgesehen von Werner Schlagers Autobiografie »Matchball« beschäftigen sich beinahe alle deutschsprachigen Tischtennisbücher mit Training, Technik und Taktik, kaum mit dem Warum des Spiels und seinem Charakter. Dafür wird man auf dem amerikanischen Buchmarkt fündig, und wenn schon keine besonders starken Tischtennisspieler aus den USA kommen, dann wenigstens besonders gute Tischtennisbücher. Ob es für Tischtennis eine Altersgrenze gibt, das wollte etwa der amerikanische Schriftsteller und Hobby-Tischtennisspieler Jerome Charyn herausfinden, als er sein

Buch »Sizzling Chops and Devilish Spins« schrieb. Charyn ließ sich nicht von der Aussage eines Arztes und Tischtennisfunktionärs ernüchtern, der vom Spielen im Alter abriet. Die Aufregung sei zu hoch, der Puls fahre Achterbahn, das berge Risiken für alle, deren Herz-Kreislauf-System in die Jahre gekommen ist. Charyn wollte eher an positive Auswirkungen glauben, an die Verbesserung der Augen-Hand-Koordination, an Stressbewältigung, an das Meditative, den Eintritt in einen anderen Bewusstseinszustand, »wenn wir außerhalb unserer Körper sind in einem mysteriösen, unvergänglichen und unbekannten Land«. Charyn suchte und fragte weiter und traf schließlich den Kardiologen und Tischtennisspieler Steven Horowitz, der ihm erklärte, dass Tischtennis gut für die Seele sei. Denn es gehe um den Wettkampf, um die Herausforderung. Gerade im Alter. »Die Leute haben keine Lust, Fahrradpedale zu treten, wenn sie nirgendwo hinfahren«, führt Horowitz in Charyns Buch aus. Das Problem im Alter sei schließlich die Gefahr einer Depression. Gegen sie helfe eine Aufgabe, ein Ziel, ein Kick – ein Tischtennisspiel. Ein Wettkampf berge zwar Risiken, gerade für ungeübte Spieler, und Horowitz empfiehlt eine genaue medizinische Untersuchung, bevor sich die älteren Herren und Damen an die Tische stürzen. Aber er stellte auch fest: »Wettkampf hat eine symbolische Bedeutung. Er verscheucht die Dämonen und lässt die Leute sich jünger fühlen.« Von der sozialen Komponente einmal ganz absehen. Die Spieler mit dem größten Enthusiasmus bei Turnieren seien daher oft Senioren, denn sie spielen gegen die Altersdepression an. Seinem Buch gab Charyn vielleicht auch deshalb den poetischen Untertitel: »Ping Pong and the Art of Staying Alive« – Tischtennis als Kunst zu überleben.

Unser Bus hält vor der Sporthalle, Zhang Jike hat seinen Belag inzwischen mit einer Rolle auf sein Holz geklebt. Auf dem Weg in die Halle wird Timo von einer Sicherheitsbeamtin aufgehalten. Er solle doch bitte seine Tasche durch den Metalldetektor rollen, bedeutet sie ihm. Es piepst. Doch als sie gerade nach seiner Tasche greifen will, herrscht sie ein Mitarbeiter des europäischen Verbandes an: »Don't do that! He's a player!« Timo zuckt leicht zusammen und läuft weiter. Der Tisch liegt noch so ruhig und warm bestrahlt vor den Spielern, wie sie ihn am Abend vorher verlassen hatten. Timo beginnt wieder mit einem kurzen Warmlaufen, bevor er sich mit Wladimir Samsonow einspielt. Werner Schlager begnügt sich mit ein paar Minuten Tischtennis und schaut dann den anderen von einem der schwarzen Stühle hinter der Bande aus zu. Als Timo vom Tisch zurückkommt, setzt er sich neben mich und nimmt eine der kleinen Wasserflaschen, die für die Spieler bereitstehen. »Helmut Hampl hat mir erzählt, er könne schon beim Einspielen an deiner Haltung und deiner Körperspannung sehen, ob du gut drauf bist«, bemerke ich. Timo zieht erstaunt die Augenbrauen hoch. »Da weiß er mehr als ich. Ich spüre es jedenfalls nicht. Ich kann dir jetzt noch nicht sagen, was gleich passiert.«

Timo ist wieder als Vorletzter dran, die Spannung soll langsam zulaufen auf sein Spiel gegen Zhang Jike. Wie auch immer es ausgeht, Timo weiß schon jetzt, dass es sich lohnen wird. Denn ein Spiel gegen einen Chinesen ersetzt für ihn viele Trainingseinheiten. »Man bekommt selten so viel Druck von der anderen Seite, da kriegt man aufgezeigt, wo die Schwächen liegen.«

Je dosierter Timo trainiert, um seine Karriere so lange wie möglich am Laufen zu halten, desto mehr muss er aus den Wettkämpfen ziehen. Ein Wettkampf ist für ihn nicht einfach eine Prüfungssituation, in der er Auswendiggelerntes abspult, sondern er ist auch ein ständiges Reagieren auf Veränderungen.

Bei den China Open traf Timo einmal auf Li Ching aus Hongkong, einen für ihn schwer auszurechnenden Penholderspieler. Vor dem Spiel hatte er sich mit Richard Prause kurz überlegt, wie er auf Li Chings gefährliche Aufschläge reagieren solle. Warum nicht einmal einen besonderen Rückhand-Rückschlag ausprobieren? Im Spiel ging Timo dann mit seinem Schläger seitlich über den Ball. Verblüfft hat er mit diesem Schlag nicht nur seinen Gegner, der den ersten Ball von Timo gleich weit ins Aus setzte. Hinter der Box saß die chinesische Nationalmannschaft zum Timo-Boll-Studium und wurde auf einmal unruhig. Getuschel entstand, und die Trainer kontrollierten schnell, ob ihre Kameras auch liefen. »Die dachten, Timo hätte diese Rückschlagtechnik in jahrelanger Kleinstarbeit entwickelt und holt sie jetzt als Überraschung heraus«, sagt Prause, »in Wirklichkeit war es nur eine Momentaufnahme von Timos großer Kreativität.«

Ich gehe nicht mit einer vollständigen Taktik ins Spiel. Gerade gegen die Chinesen kann ich nicht immer das Gleiche spielen, denn sie stellen sich sonst ganz schnell darauf ein. Ich spüre während des Spiels, was ich zu tun habe, es brennt sich bei mir ein, wo die Gegner mich gerade erwischt haben. Was ich spiele, kommt also auf den Gegner an. Außerdem muss man auf die Tagesform achten und den Gegner immer wieder überraschen. Wang Liqin zum Beispiel hat eine unheimlich starke Vorhand, so stark, dass er schon gar nicht mehr damit rechnet, den ersten Ball dorthin zu bekommen. Vielleicht muss man ihn also manchmal gerade deshalb gleich dorthin spielen. Man muss einfach fühlen, ob er damit rechnet oder nicht. Das ist auch eine große Stärke von mir: das Gespür dafür, wie der Gegner denkt.

Der Wettkampf Europa gegen Asien läuft wieder, ein Spiel nach dem anderen, aber nicht gerade nach den Vorstellungen der Europäer. Adrian Crisan verliert gegen Joo Se Hyuk, Werner Schlager gegen Tang Peng, nur Wladimir Samsonow kann sein Einzel gegen Jun Mizutani gewinnen. Hinter der Bande ist es im europäischen Team zunehmend ruhiger geworden. Jeder scheint ein wenig seinen Gedanken nachzuhängen. Europa liegt 3:5 zurück. Jetzt kommt die letzte Chance. Timo muss unbedingt gewinnen, um mit den Europäern wenigstens noch ein Unentschieden erreichen zu können. Er hat sich hinter die Stühle gestellt und wärmt sich ein bisschen auf, ein paar seitliche Schritte, ein paar Topspins in der Luft.

In die Halle sind heute etwa 1000 Zuschauer gekommen, 200 mehr als am Tag davor, aber es sind noch einige hundert Plätze freigeblieben, obwohl ein Spiel von Timo gegen einen Chinesen zurzeit das Spannendste ist, was die Gegenwart im Tischtennis zu bieten hat. »So«, sagt Timo, als er nach seinem Schläger greift, um neben Zhang Jike Richtung Tisch zu gehen. Bei einem Wenigsprecher wie Timo kann ein kleines Wort viel aussagen. »So« gehört zu seinen Lieblingswörtern, je nach Betonung kann es ganz unterschiedliche Bedeutungen haben, wie auch im Chinesischen eine Silbe je nach Aussprache und Tonhöhe etwas ganz anderes heißen kann. Ein populäres Beispiel aus dem chinesischen Sprachunterricht ist die Silbe »ma«. Wenn sie fünfmal hintereinander in jeweils anderer Weise ausgesprochen wird, kann aus »ma ma ma ma ma« dieser Satz werden: »Schimpft die pockennarbige Mutter das Pferd?«

Timos Sos können heißen: »Ich habs geschafft«, »Dann wollen wir mal« oder »Mal sehen, was jetzt kommt«. Dieses »so« vor dem Spiel gegen Zhang Jike heißt eher: »Mal sehen, was jetzt kommt«, es klingt nicht festgelegt, nicht wild entschlossen, sonst wäre es lauter, härter und tiefer.

Gemeinsam mit Zhang Jike läuft er nun durch das Neonlichttor über die Bühne zum Tisch. Als der Hallensprecher ihn vorstellt, schaut Timo mit zusammengepressten Lippen von unten hoch in die Zuschauerränge und verbeugt sich. Die Zuschauer jubeln und klatschen. Er sieht sehr höflich aus, nicht so selbstbewusst wie sein Gegner, der bei seiner Vorstellung ein lässiges Nicken andeutet. Die Zuschauer jubeln ihrem Landsmann noch ein bisschen mehr zu. Timo legt seinen Trainingsanzug ab und stellt sich an den Tisch. Dann fliegt der Ball zum Einspielen übers Netz, Timos blaues Trikot und Zhang Jikes rotes rahmen den Tisch farblich ein. Elf Fernsehkameras haben den Centre Court umstellt, Tischtennis lässt sich aus vielen Winkeln betrachten. Das chinesische Staatsfernsehen CCTV überträgt schon Juniorenwettkämpfe. Von Weltmeisterschaften sendet das Sportprogramm CCTV 5 schon mal sechzig Stunden live. Und die Einschaltquoten erreichen gigantische Höhen, wie bei der Mannschafts-WM 2000 in Kuala Lumpur, als 90 Millionen Chinesen das Finale zwischen Schweden und China sahen.

Neben mir und den europäischen Spielern sitzt Kim, der Masseur der Mannschaft aus Dänemark. »Schau dir diese Oberschenkel an«, raunt er mir zu. Sein fachmännischer Blick haftet auf den Beinen von Zhang Jike – eine beeindruckende Muskelarchitektur. Zhang Jike sollte eigentlich Fußballspieler werden, das hatte sein Vater geplant, berichtete das Magazin »tischtennis«, deshalb habe er seinen Sohn nach dem brasilianischen Spielmacher Zico benannt, Jike ist Chinesisch für Zico. Doch nach einer Niederlage Chinas gegen den Jemen erkannte der Vater, selbst ein Tischtennisspieler, dass aus dem chinesischen Fußball vielleicht doch nicht so viel werden würde, und brachte seinem Sohn Tischtennis bei. Gleichzeitig trainierte er mit Springen und Schwimmen noch seine Schnellkraft und Fitness. Mit dem Ergebnis, dass Zhang Jike zum athletischsten Spieler in Chinas Nationalteam wurde. Was gleichbedeutend ist mit dem athletischsten Spieler der Welt.

Timo erwartet jetzt Zhang Jikes Aufschlag. Seine Hüfte hat er dabei bis auf die Höhe der Tischkante heruntergebeugt. So tief steht kaum ein Spieler am Tisch. Die Augenbrauen hat er angehoben, als könne er seine Augen dadurch noch größer machen und den Blick noch schärfer stellen. Seine Stirn ist gerunzelt, bereit für Denksport. Der Aufschlag kommt, der Ball ist im Spiel, der Punkt zählt. Es könnte besser beginnen, Timo verschlägt beim Stand von 1:1 zwei Rückhand-Topspins hintereinander, kurz darauf macht er bei zwei Vorhand-Topspins den Fehler. Er tut sich schwer gegen Zhang Jike, der »Touch« fehlt, das richtige Gefühl für den Balltreffpunkt, schnell liegt er 3:8 zurück. »Ein Wahnsinn«, stöhnt er und lässt die Arme hängen, als er einen Topspin von Zhang Jike nicht getroffen hat und der Ball hinter ihm Richtung Bande rollt. Den ersten Satz beendet Timo mit einem Fehlaufschlag – 5:11. Die Chance hat Timo somit verpasst, Zhang Jike sofort unter Druck zu setzen, ihn zu beeindrucken mit variablem und aggressivem Spiel. Denn das ist ein Rezept gegen einen chinesischen Spieler. Richard Prause hat einmal gesagt: »Als Europäer gegen einen Chinesen zu spielen, ist wie als Halbschwergewichtler gegen einen Schwergewichtler zu boxen. Der Schwergewichtler ist besser, weil er mehr Substanz und Schlagkraft hat. Aber wenn er Widerstand spürt, weil er den Gegner nicht gleich k.o. haut, wird er unruhig.«

Von nun an hat Timo zwei Gegner, Zhang Jike und sich selbst. Es beginnt der Kampf im Innern, sich nicht hängen zu lassen, trotz eines verkorksten Starts wieder konzentriert ins Spiel zu finden.

Früher bin ich immer sehr hektisch ins Spiel gegen Chinesen gegangen und habe mir selbst aufgetragen, irgendetwas Spezielles zu machen. Das ging oft nach hinten los, ich fand meinen eigenen

Rhythmus nicht, geriet unter Druck, verlor meine Linie und am Ende das Spiel. Seit einigen Jahren versuche ich nun, gegen die Chinesen genauso ruhig ins Spiel zu gehen wie gegen jeden anderen auch und diesen inneren Stress gar nicht erst aufkommen zu lassen.

Timos Körpersprache wird im zweiten Satz gegen Zhang Jike nicht besser. Er bleibt mit durchgedrückten Beinen nach einem Fehler stehen und schaut lange nach unten auf den Boden. Der Körper übersetzt, was der Kopf gerade sagt: dass Timo noch nach Lösungen sucht, um den druckvollen Bällen seines chinesischen Gegners zu entgehen.

Den zweiten Satz gegen Zhang Jike gibt Timo ebenfalls ab, 7:11, den letzten Ball hat Timo an die Tischkante gespielt, aber dem Schiedsrichter gleich angezeigt, dass der Ball an der Außenseite war, der Punkt also Zhang Jike zusteht. In der Satzpause hat Peter Sartz nun die schwere Aufgabe, Timo mit Worten und Gesten irgendwie noch ins Spiel hineinzuheben. Sartz schaut Timo gutmütig an, als wollte er sagen: Ich weiß doch, dass du es kannst. Werner Schlager ruft Timo noch zu: »Der macht auch Fehler!« Es klingt ein wenig nach Durchhalteparole, gerade nach einer so brillanten Vorstellung, wie sie Zhang Jike bis jetzt gezeigt hat mit seinen platzierten Topspins, die er schon kurz nach dem Aufspringen des Balles durchzieht.

Der dritte Satz beginnt mit einer Überraschung. Das Publikum mischt sich ein. »Bor, jiayou, Bor, jiayou!«, brüllen mehrere Zuschauer. So schnell soll dieses Spiel nicht zu Ende sein, und vielleicht würden sie wirklich lieber Timo gewinnen sehen als den kühl wirkenden Zhang Jike. Ein Wettbewerb um die lauteste Anfeuerung entsteht jetzt, von der linken Tribüne rufen sie: »Bor, jiayou«, und von der rechten: »Zhang Jike, jiayou!« Jike sprechen sie Dschike aus mit kurzem, stimmlosem »e« am Ende.

Beide belauern sich nun, Timo und Zhang Jike, keiner will in eine Falle laufen, die der andere mit tückischem Schnitt ausgelegt hat. Der Punkt entscheidet sich schon früh nach Aufschlag und Rückschlag, weil hier gerade so viel Taktik und Vorsicht und wohl auch noch Unsicherheit im Spiel sind, aber wenn der Ball dann doch mehrmals hin- und herfliegt, geschlagen mit knalligen Topspins, wirkt das wie ein Rauschmittel auf das Publikum. Die Zuschauer rufen in den Ballwechsel hinein, sie schreien begeistert auf, wenn einer der beiden noch an einen kaum zu erreichenden Ball kommt. Je länger der Ballwechsel, desto stärker der Aufschrei. Über einen Fehlaufschlag dagegen lachen sie. Sie füllen die Halle auf jeden Fall mit so viel Leben, mit so viel Leidenschaft, das Herz des Tischtennis schlägt hier gerade laut und heftig.

Die Anfeuerung durch die Zuschauer zeigt bei Timo Wirkung. Er scheint im Spiel anzukommen. Vor einem Aufschlag zwinkert er dem Ball zweimal zu, als könne er ihn damit auf seine Seite ziehen.

Über die sonst so starke Rückhand des Chinesen greift Timo nun konsequent an und macht einige Punkte. Seine Körpersprache drückt Mut und Kampfgeist aus. Nach jedem gewonnenen Punkt ballt er die rechte Hand zur Faust. »Einen braven, stillen Genießer« hat ihn sein Trainer Hampl einmal genannt, »ich musste ihm erst beibringen, auch mal die Faust zu zeigen.«

Ich finde schon, dass man sich selbst pushen und Emotionen zeigen kann. Aber ich will damit niemand provozieren, es soll nicht unfair gegenüber dem Gegner sein. Ich weiß, dass die Art, dem Gegner die Faust zu zeigen und ihn dabei noch feindselig anzuschauen, im Tischtennis zugenommen hat, aber das mag ich nicht. Wenn es nicht reicht, ist es auch okay für mich. Nur um irgendeinen Titel zu gewinnen, muss ich nicht zum Fiesling werden. Wenn jemand sich am Tisch daneben benimmt, ist das seine Sache. Ich bin kein Missionar, der versucht, andere zu bekehren und auf den rechten Weg zu bringen.

Gegen Zhang Jike hat sich Timo gerade selbst hineingekämpft, den dritten Satz gewinnt er 11:5. Es blitzt das auf, was Timo so stark macht: platzierte Topspins, eine Kombination von mehreren pfeilschnellen Bällen mit viel Rotation hintereinander. Alles sieht auf einmal planvoll aus. Und Timo kommt nun mit einem zufriedenen Gesichtsausdruck zur Bande, um einen Schluck zu trinken und sich von Peter Sartz einige Anregungen abzuholen.

Im vierten Satz will Timo an seine Leistung anknüpfen. Doch er spürt großen Widerstand. Zhang Jike erhöht noch einmal das Tempo, spielt seine Topspins noch präziser. Timo liegt schnell 1:5 zurück und wendet sich etwas genervt ab. Ihm unterlaufen jetzt wieder leichtere Fehler. Es gelingt ihm nicht mehr, die Regie über den Ballwechsel zu übernehmen, es steht inzwischen 4:7. Zhang Jike feuert ihm einen Topspin auf den Tisch, Timo kann gerade noch reagieren und den Ball zurückspielen, aus den Fängen des Angriffswirbels befreien kann er sich aber nicht mehr. Bei 5:10 zieht Timo einen Aufschlag seines Gegners mit der Rückhand über den Tisch – und hat den Satz 5:11 und das Spiel 1:3 verloren. Zhang Jike jubelt, doch es ist ein vergleichsweise stiller Triumph. Timo nickt ihm anerkennend zu.

Hinter der Umrandung lässt sich Timo auf einen der schwarzen Klappstühle plumpsen. »Schlecht und kopflos«, murmelt er, mehr zu sich selbst als zu einem seiner Mitspieler. »Es ist schwer, wenn die Bälle so tief bleiben.« Die anderen schauen ihn mitleidig an. Ein Unentschieden ist nicht mehr möglich. Asien wird diesen Vergleich gewinnen, der beste Europäer hat es nicht verhindern können.

Sein Trikot zieht er sich schnell aus, als könne er die Niederlage damit abstreifen. Mit freiem Oberkörper sitzt Timo ein, zwei Minuten da. »Jetzt hast du mal gesehen, woran es liegen kann«, sagt er zu mir, »wenn ich keine guten Rückschläge spiele, habe ich keine Chance.« Timo ist schon wieder im Modus der sachlichen Analyse angekommen.

Seine Trainer erinnern sich nur an wenige Szenen, in denen Timo einmal die Fassung verlor. Einmal warf er nach dem Spiel eine Wasserflasche zur Seite. Wütend war er damals über die gerade erlittene Niederlage im Viertelfinale der Pro Tour Grand Finals in Hongkong 2006 gegen Oh Sang Eun aus Südkorea, aber auch darüber, dass sein Spiel zwischendurch für die Vorstellung von Spielern an einem anderen Tisch unterbrochen worden war. Ein anderes Mal knallte er seinen Schläger in der Satzpause für seine Verhältnisse ungewöhnlich heftig auf den Tisch und bekam dafür eine Gelbe Karte, eine der ganz wenigen seiner Karriere.

Selbst von den zur Disziplin erzogenen Chinesen sind größere Unbeherrschtheiten bekannt. Chen Qi trat einmal einen Stuhl durch die Halle und wurde daraufhin zur Feldarbeit verdonnert. Er musste Gurken ernten. Zhang Jike hatte schon in seiner Kindheit mehr zu leiden, wenn er nicht die Disziplin aufbrachte, die sein Vater von ihm verlangte. Das Magazin »tischtennis« zitierte die reuevollen Worte des Vaters: »Ich hätte dich nicht immer schlagen sollen.« Und Zhang Jikes Erwiderung: »Wenn nicht, wie hätte ich schon in diesem Alter an Turnieren in über einem Dutzend Ländern teilnehmen können?« Timos heile Höchster Welt ist bei solchen Sätzen unendlich weit entfernt.

Das letzte Einzel von Europa gegen Asien ist unbedeutend, Asien steht als Sieger fest, und während Tiago Apolonia und Chuang Chih-Yuan aus Taiwan sich einspielen, wird Timo vom Organisationskomitee gebeten, schon einmal zu den

Journalisten in die Mixed Zone zu gehen. Er zieht sich noch seinen Trainingsanzug an und läuft durch einen Vorhang in eine Vorhalle. Sechs Kameras und acht Reporter warten dort auf ihn. Kaum hat er sich vor die Wand mit den Sponsorenlogos hingestellt, kommt die erste Frage. Wer wird in London Olympiasieger? Timo schaut in die Runde, wippt ein bisschen mit den Zehenspitzen und antwortet in flüssigem Englisch: »Ich hoffe, dass ich im Finale gegen einen Chinesen spiele.« Über seine Form wollen die Reporter etwas erfahren, darüber, wie er Zhang Jike einschätzt, und zuletzt noch über den Fall Ovtcharov und seinen Fleischkonsum in China. Timo antwortet ruhig und höflich, drückt seinen Respekt vor den chinesischen Spielern und vor China aus, ehe ihm Carl vom Organisationsteam ein Zeichen gibt und wir ihm in einen Nebenraum folgen, zu einem weiteren Interview. Ein großes chinesisches Internetportal hat hier sein eigenes Pressezentrum eingerichtet. In drei Mikrofone werden Fragen an Timo gestellt von Carl, einer Kollegin, die sich als Abigail vorstellt, und einer stark geschminkten jungen Dame im Wollpulli.

Timo setzt sich, eine kleine Kamera wird ausgerichtet und die nächste Runde beginnt.

»Bist du Favorit auf die olympische Goldmedaille?«

»Ich fühle mich immer noch mehr als Jäger. Die Chinesen sind die Favoriten. Ich bin einer, sie sind viele.«

»Du wirst jetzt dreißig, wie steht es um deine Energie?«

»Mit dreißig bist du in China ein alter Spieler. In Europa bist du im besten Alter.«

»Erzähl uns etwas über deine Fußballkariere.«

»Ich war Stürmer und schaue am liebsten Borussia Dortmund zu.«

Die drei bedanken sich und Timo sagt noch: »Ich hoffe, dass ich nächstes Jahr ein Interview auf Chinesisch geben kann.«

In der Halle läuft die Schlussphase des Spiels zwischen Apolonia und Chuang Chih-Yuan, der Portugiese führt hoch und ist mit seinem Gegner still übereingekommen, dem Publikum noch ein kleines Dessert zu servieren. Sie zeigen ein paar Ballonabwehrduelle, Apolonia steigt dabei über die Bande aus der Box und schlägt den Ball in haushohem Bogen zurück auf den Tisch. Wir setzen uns an die Seite auf zwei Stühle, Timo seufzt:»So, das war Euro-Asia.«

»Ich fand es sehr spannend, dich von der Bank aus mal aus nächster Nähe beobachten zu können«, sage ich,»ich hatte jedenfalls den Eindruck, von dir mehrere Gesichter zu sehen, kämpferisch und entschlossen war das eine, hadernd das andere, auch mal grüblerisch, aber meistens sehr konzentriert. Hast du es eigentlich schon immer so gut geschafft, auch dann ruhig und konzentriert zu bleiben, wenn du die eigenen Schwächen aufgezeigt bekommst, so wie es heute Abend in einigen Ballwechseln der Fall war?«

»Das war nicht immer so, das kann ich dir sagen. Aber ich bekomme es mittlerweile meistens hin.«

»Gab es denn mal eine dramatische Niederlage, die dich dahin gebracht hat?«

»Nein, das war Selbsterkenntnis.« Timo spricht es so bestimmt aus, als hätte ich es mir eigentlich denken können. Denn bei ihm passiert vieles fließend und nicht abrupt.

Als ich in mehreren Spielen schon bei 0:0 vollkommen durcheinander war, habe ich mich gefragt: Was machst du hier eigentlich? Warum hegst du gerade so einen Groll gegen deinen Gegner? Weil er so gut spielt? Hast du sie noch alle? Aber es war sehr schwer, das vor mir selbst zuzugeben. Es ist der innere Reflex, sich selbst in Schutz zu nehmen, alles auf den Gegner zu schieben, gerade wenn es nicht so gut läuft.

Ich glaube, dass die meisten zu verbissen spielen, zu sieges-fixiert. Da war ich keine Ausnahme. Aber über die Jahre habe ich versucht, mir ein bestimmtes Denken anzueignen: dass es reicht, mit sich selbst zufrieden zu sein, ganz gleich, wie das Ergebnis am Ende lautet. Denn können zwei Punkte mehr oder weniger tatsächlich darüber entscheiden, ob ich gut oder schlecht gespielt habe? Ich denke also relativ ergebnisunabhängig. Das ist psychologisch viel einfacher als dieser unbedingte Siegeswille. Es macht mich nur nervös, wenn ich spüre, dass ich unbedingt gewinnen will. Ich versuche mir dann zu sagen: Gewinnen ist nicht alles. Viel wichtiger ist, dass du rausgehst und mit dir selbst zufrieden bist.

Sich nicht auf das Ergebnis zu fixieren, schützt jedenfalls vor der Angst zu verlieren und der Angst zu gewinnen, und dass Timo dies meistens gelingt, bestätigt Richard Prause:»Ich kenne keinen anderen Tischtennisspieler, der diese Ruhe hat zu sagen: Ich bewerte mein Spiel nicht allein nach Sieg und Niederlage, sondern danach, ob ich gut oder schlecht gespielt habe. Er findet danach unheimlich schnell wieder seine innere Mitte und kann sich auch eingestehen, dass er sein Maximum gespielt hat, der Gegner aber ein bisschen besser war.«

Auch der so ausgeglichen wirkende Timo Boll musste seine Ausgeglichenheit erst finden, und die Chinesen haben ihm dabei ungewollt geholfen, indem sie ihn mehrfach hintereinander besiegt haben. Doch es ist nicht so, dass die Selbsterkenntnis Timo immun dagegen gemacht hat, sich aufzuregen und von seiner Linie abzukommen. Er hat den Schalter nicht ein für alle Mal umgelegt, er bleibt rückfallgefährdet, als greife das Selbstmitleid mit einer großen Pranke nach ihm.

Tischtennis ist schließlich nicht nur ein Spiel des Körpers, in dem Arme schwingen, Beine rennen und Augen Bälle ver-

folgen. Im Duell Frau gegen Frau oder Mann gegen Mann
oder gemischt oder im Doppel brechen oft persönliche Eigenschaften hervor, und mancher wird sich beim Spiel mit
einem guten Bekannten schon mal gedacht haben: Den erkenne ich gar nicht wieder.

Verräterisch und entlarvend kann Tischtennis sein, aber
umgekehrt kann es auch angenehme Eigenschaften vorführen und betonen. Das ist Tischtennis: Zeige mir, wie du
spielst, und ich sage dir, wer du bist.

Schon der erste Weltmeister Chinas, Rong Guotan, fand:
»Man spielt Tischtennis eher mit dem Kopf als mit den Händen.« Und allgemein gilt in China die Weisheit: Wie man
sich in entscheidenden Situationen verhält, sagt viel über die
Persönlichkeit aus. Beim Tischtennis gibt es viele entscheidende Situationen. Seitdem die kurzen Sätze eingeführt wurden, sind es sogar noch mehr.

Tischtennis kann Auskunft geben über das Maß der persönlichen Eitelkeit, über Selbstbewusstsein, Angst, Ehrgeiz,
Spielfreude. Bereits beim Einspielen kann man etwas über
Sozialkompetenz erfahren. Denn wer dabei nur auf die eigenen Schläge achtet und nicht auf einen flüssigen Ballwechsel,
könnte ein Egomane sein.

Ein Spiegel der Persönlichkeit ist Tischtennis schon als
Freizeitvergnügen, vielleicht macht das auch seinen un-
bewussten Reiz aus. In Deutschland gibt es 553.000 Ver-
einsspieler und vier Millionen Hobbyspieler. Losgehen kann
es zu Hause auf dem Küchen- oder Wohnzimmertisch mit
einem Netz aus Saftpackungen oder Büchern, so einfach
ist Tischtennis. Beliebt sind Tische in Garagen oder wie bei
Familie Boll im Hobbykeller, und wenn der Platz einmal gebraucht wird, kann darauf das Partybüfett angerichtet werden. Draußen kann es weitergehen, auf dem Schulhof, im
Freibad und im Park. Wer in der Welt der kleineren Vereine

gut herumgekommen ist oder einer Betriebssportmannschaft angehört, hat vielleicht schon in einem Heizungskeller gespielt, in einem U-Bahnhof, in einem Verwaltungsgebäude oder im Hinterzimmer eines Restaurants. Sogar eine Subkultur hat sich gebildet, etwa in Berlin, wo in Kneipen wie »Dr. Pong« in Prenzlauer Berg Rundlauf gespielt wird, in der einen Hand der Schläger, in der anderen die Bierflasche, und wo sich die Grenzen zwischen Spiel, Sport, Spaß und Party auflösen. »Pong« ist auch der Name des ersten Computerspiels überhaupt, und es adelt Tischtennis, dafür Vorbild gewesen zu sein und die Idee geliefert zu haben.

Ein Buch über die Tischtenniskultur heißt »Everything You Know Is Pong« von Roger Bennett und Eli Horowitz, erschienen ebenfalls in den USA. Ein Buch, das mit einem Augenzwinkern geschrieben wurde, aber den Untertitel »Wie das mächtige Tischtennis unsere Welt bestimmt« meinen die Autoren wenigstens ein bisschen ernst: Ein schlafender Riese sei Tischtennis, eine Bühne für unzählige Dramen im Alltag. Tischtennis sei der ideale Freizeitsport, man steht sich nah genug gegenüber, um sich in die Augen zu schauen, und doch weit genug voneinander entfernt, um es knistern zu lassen. »Wir lernen Geduld, wir lernen Demut«, schreiben sie, »das hilft zu erklären, warum Tischtennis so beliebt ist, dass es einen das ganze Leben lang begleitet. Den Ballwechsel gewinnt der Schnelle, aber das Spiel der Weise. Ping Pong hat einen Platz auf jeder Stufe unseres Lebens.«

Tischtennis weckt Emotionen, kindliche Freude, Ärger, Staunen. Auch die amerikanische Schauspielerin Susan Sarandon ist Tischtennis verfallen, beim Wettkampf »China gegen den Rest der Welt« in Schanghai hat Timo sie getroffen, die Oscar-Preisträgerin nahm an einem Freundschaftsspiel im Rahmenprogramm teil. Für Timo hat sie einiges an Bewunderung übrig. »Du bist mein Lieblingsspieler«, sagte sie ihm, »dir sieht man trotz der Anspannung den Spaß am Spielen an.« Als sie selbst in Schanghai für einen Schaukampf an den Tisch ging, sei sie sehr nervös gewesen. »Ich hatte richtig Angst, vor Publikum Tischtennis zu spielen.« Zur Erinnerung an ihre Begegnung schenkte sie Timo noch ihre von Todd Oldham designte Schlägerhülle. In New York ist Sarandon Mitbesitzerin des Tischtennis-Lokals »SPiN« und hat sich bei der Entscheidung für Tischtennis einiges gedacht: »Tischtennis ist schnell, spaßig, nicht teuer, und es ist fast unmöglich, sich dabei zu verletzen«, sagt sie, »für die geistige Fitness ist es meiner Meinung nach besser als Kreuzworträtsel. Es überwindet die Grenzen von Größe, Alter, Geschlecht. Ich finde es großartig, dass kleine Mädchen es dabei mit kräftigen Kerlen aufnehmen können.«

Senioren können junge Wilde besiegen und machen sich dabei bisweilen die Materialvielfalt des Tischtennis zunutze. Mit gefährlichen langen Noppen bringen sie den Ball zum Flattern, und es bedarf schon einiger Erfahrung, sich nicht davon verrückt machen zu lassen. Je nach Temperament findet jeder seinen Stil, seine Technik und Taktik, so vielseitig ist Tischtennis. Und dass die Persönlichkeit so entscheidend ist, erklärt auch, warum ein technisch Besserer manchmal gegen einen motorisch weniger Begabten verliert, der dafür über mehr Konzentration und Siegeswillen verfügt. Es gibt Trainingsweltmeister und solche, die erst im Wettkampf zu Hochform auflaufen. Und beinahe jeder Spieler erinnert sich an Partien, in denen ihm Schläge gelangen, die sonst immer im Netz oder im Aus landeten. Das ist der Flow im Tischtennis.

Was diese Sportart nicht alles aussagen kann. In Sönke Wortmanns Dokumentarfilm über die Fußball-WM 2006 »Deutschland. Ein Sommermärchen« zum Beispiel ist es Tischtennis, das den Ehrgeiz von Jürgen Klinsmann vielleicht besser zeigt als alle Szenen im Fußballstadion. Klinsmann umklammert den Griff so fest, als wolle er ihn zerdrücken, und schlägt mit einer unglaublichen Körperspannung auf den Ball ein wie mit dem Auftrag: Komm bloß nie wieder zurück! Tischtennis kann vieles offenlegen, und das gilt nicht nur für Hobbyspieler. Vom Tischtennis hat sich auch Timo einiges über sich selbst erzählen lassen.

Ich bin absolut nicht der Typ, der irgendein Risiko eingeht, das habe ich beim Tischtennis gemerkt. Das geht gegen mein Inneres. Ich zähle mich zu den Sicherheitsspielern. Das ist meine Persönlichkeit. Bei mir passiert wenig ungeplant. Ich versuche vorauszuschauen, weil ich immer auch im Kopf habe, was an Negativem passieren könnte.

Gegenbeispiel gefällig? Timos Vorgänger als Herausforderer der Chinesen, Jan-Ove Waldner. Die beiden unterscheiden sich vor allem in ihrem Verhältnis zum Risiko. Waldner liebte das Risiko, er kitzelte es, versuchte es zu verführen, ohne ihm dabei selbst zu erliegen. Sein Gesichtsausdruck am Tisch war unbewegt wie der eines Pokerspielers. Auch abseits der Halle war Waldner ein Zocker, spielsüchtig sei er gewesen und habe eine halbe Million Euro verloren, hat er in einem Interview gestanden, inzwischen sei er davon geheilt. »Waldi hat am Tisch einfach ein Händchen dafür gehabt, wann er etwas riskieren konnte und wann nicht. Wenn alles gut ging, hat er allerhöchstes Niveau erreicht. Durch seine Risikobereitschaft hat er andererseits aber auch viele Spiele verloren«, sagt Timo. Er selbst dagegen verachtet das Risiko sogar ein bisschen, er will lieber alles berechnen, was am Tisch passiert, Unwägbarkeiten ausschließen.

Es hört sich angesichts meiner Erfolge vielleicht merkwürdig an, aber ich habe vor den meisten Spielen Angst zu verlieren, selbst gegen Spieler, die in irgendeiner Rangliste weit hinter mir stehen. Vor einem Spiel bin ich grundsätzlich skeptisch, weil ich immer denke, dass es schwer wird. Das ist schon in der ersten Runde von Turnieren der Pro Tour, die inzwischen World Tour heißt, so. Mich regt es auf, wenn andere sagen: Du verlierst doch bis zum Viertelfinale sowieso keinen Satz. Aber die Angst zu verlieren begleitet mich trotzdem immer. Vielleicht denken manche: Der ist so abgezockt, es interessiert ihn gar nicht mehr, wer ihm da gegenübersteht. Doch jedes Mal, wenn es eng wird, bekomme ich wieder eine Zitterhand. Dieses Zittern ist ein Produkt aus Anspannung und Außeratemsein nach einem anstrengenden Ballwechsel. Ich kann daher nicht bei 9:9 runterschalten, um bei 10:9 eine ruhige Hand zu haben. Das Zittern ist also unvermeidlich.

Einerseits wirkt Timo in solchen Situationen wie jeder andere Tischtennisspieler, den die Nervosität befällt. Doch er schafft es dennoch, dank seiner Fähigkeit zur Konzentration, den Überblick zu behalten.

Dadurch, dass ich mir schon in der ersten Runde innerlich Stress mache und eine Niederlage in Betracht ziehe, bin ich von Anfang an sehr konzentriert und nehme jeden Gegner zu 100 Prozent ernst. Andere denken vielleicht, den haue ich weg, und geben nur 85 Prozent. Dann wird es auf einmal ein bisschen eng, das Spiel schaukelt sich hoch, sie werden nervös, spielen sich in einem Schema fest – und ruckzuck haben sie verloren. Das passiert mir mit meiner Einstellung selten. Sie hilft mir gegen schwächere Spieler. Gegen Bessere schränkt sie mich dafür vielleicht etwas ein, denn gegen die muss man aggressiver sein.

Über sich hinauswachsen muss Timo also, wenn er gegen die besten Chinesen gewinnen will. Er darf nicht nachlassen, nicht zu früh zufrieden sein. Sonst wird er sich nach dem

Spiel selbst vorwerfen, nicht alles versucht zu haben. Genau dieses belastende Gefühl will er vermeiden, denn es stört seine Zufriedenheit, und möglichst immer zufrieden zu sein, ist eine Lebenseinstellung von ihm. Tischtennis zeigt Timo aber auch als Tüftler mit viel Liebe zum Detail.

Manchmal frage ich mich, ob ich mich in eine andere Sportart so hätte reinfuchsen können, ob ich da auch so durchgeblickt und Kleinigkeiten entdeckt hätte, die andere nicht sehen. Ich habe mir im Laufe der Jahre ein Know-how angeeignet, das mir kein Trainer gezeigt hat. Dabei geht es beispielsweise um Feinheiten in der Schlagtechnik, welche Ausgangsposition man vor einem Schlag einnimmt etwa. Dabei entscheiden Zentimeter.

Ich glaube, dass manche einfach an die Platte gehen und drauflosspielen. Aber ich denke Platzierungen voraus, ich wäge verschiedene Möglichkeiten der Platzierung und der Rotation ab. Dafür muss ich den Schlägerwinkel unterschiedlich einstellen. Viele denken da nicht so komplex, sondern sagen sich: Ich mache jetzt Aufschlag, hoffentlich kommt der Ball dann lang zu mir zurück, damit ich Topspin ziehen kann. Oder hoffentlich macht der Gegner direkt einen Fehler.

Die Physik des Tischtennis verstehe ich ebenfalls sehr gut, also warum der Ball wie viel Rotation hat. Es gibt wahrscheinlich wenige, die das besser sehen und verstehen. Ich beobachte sehr intensiv den Stempel auf dem Ball, damit habe ich schon sehr früh angefangen. Ich weiß nicht, warum das so wenige Spieler machen, manche machen es vielleicht unbewusst. Aber es ist ein wirklich gutes Mittel gegen gefährliche Aufschläge. Ich kann durch das Beobachten der Schrift die Rotation des Balles erkennen und dadurch präziser zurückschlagen. So passiert es selten, dass ich einfach mal einen Ball ins Netz oder so hoch spiele, dass ich keine Chance mehr auf den Punkt habe.

Timos Talent liegt auch darin, den Ball auf seinem Flug besonders schnell erfassen zu können. Der Ball kommt so rasant auf einen Tischtennisspieler zu, dass seine Augen nicht mehr die Flugkurve verfolgen können, der Blick springt von einem Punkt zum nächsten. Und Timos Blick springt besonders schnell, das haben wissenschaftliche Untersuchungen ergeben, durchgeführt vom Lehrstuhl für Sportmedizin und Sporternährung der Ruhr-Universität Bochum und vom Institut für Augenoptik Aalen. Seine sogenannte »blickmotorische Leistungsfähigkeit«, die koordinative Leistungsfähigkeit der Augenmuskeln, ist doppelt so hoch wie die eines Durchschnittsbürgers, und selbst seine Kollegen aus der Tischtennis-Nationalmannschaft übertrifft Timo noch um zwanzig Prozent. Welche Auswirkungen das auf das Tischtennisspielen hat, haben die Wissenschaftler mit einem Messschläger untersucht. Sensoren erfassen bei diesem Schläger, wo der Ball auftrifft, und Timos Treffgenauigkeit ist im Vergleich zu der anderer Tischtennis-Nationalspieler höher, die Streuung auf der Schlägerfläche also geringer – Timo spielt präziser. »Gute Sehleistung, eine optimale Bewegungswahrnehmung und präzise Schläge stehen in einem engen Zusammenhang«, erklärt Dr. Gernot Jendrusch von der Ruhr-Universität Bochum, der die Sehtests mit Timo durchgeführt hat und auch Timos Augen Meisterleistungen attestiert. Seine Sehleistung ermöglicht es Timo, aus den Bewegungen seines Gegners frühzeitig Informationen über den Flug des Balles herauszulesen, den Ballflugweg »vorauszusehen« und den Ball optimal zu treffen.

Tischtennis ist so schnell geworden, dass man schon wissen muss, wohin der Gegner spielt, bevor er geschlagen hat. Deshalb vergleiche ich Tischtennis gerne mit Schach, mit Highspeedschach. Bei mir funktioniert es ungefähr so: Wenn ich Aufschlag habe, überlege ich mir, welcher Aufschlag gerade am besten passt. Dann erwäge ich drei bis vier Möglichkeiten, wohin der Gegner meinen Aufschlag zurückspielen könnte und mit welcher Rotation. Darauf stelle ich dann in Gedanken meinen Schlägerwinkel ein und suche nach einer Lösung, wo ich den Ball als Nächstes hinspiele.

Im Laufe des Spiels merke ich dann, wie mein Gegner auf meine Bälle reagiert, wo er sie meistens hinplatziert. Im Kopf versuche ich die bisherigen Spielzüge abzuspeichern wie eine Statistik. Ich überlege mir Wahrscheinlichkeiten, wo der Ball hinkommen wird. Es gibt Spieler, die probieren in bestimmten Situationen, dich zu überraschen, auch darauf muss ich mich einstellen. Das macht ein Spiel auch so anstrengend. Ich muss einen guten Fokus haben, das schaffe ich leider nicht in jedem Spiel. Hervorragend gelungen ist es mir zum Beispiel beim VW Cup 2010 in Braunschweig, als ich im Finale gegen Ma Lin gewonnen habe. Da habe ich in allen wichtigen Situationen gut vorausgeschaut, er war wie ein offenes Buch für mich. Ich habe nicht unbedingt wegen der besseren Taktik gewonnen, sondern wegen der besseren Antizipation. Den Gegner beobachte ich genau, seine Gestik zum Beispiel, ich versuche zu lesen, ob und wie konzentriert er gerade ist. Wenn er nicht so konzentriert ist, mache ich auch mal einen langen Aufschlag oder einen schnellen Rückschlag.

Bei manchen Spielern erkenne ich schon am Ballwurf oder an der Art, wie sie mit dem Schläger zum Aufschlag ausholen, was für einen Aufschlag sie spielen. Ob kurz oder lang und welcher Schnitt drin ist, auch ein Aufschlag ohne Schnitt, ein leerer Ball, kann sehr gefährlich sein. Da schließe ich dann bestimmte Dinge aus. Es ist wie ein Trichter. Mit jeder Hundertstelsekunde gibt es weniger Entscheidungsmöglichkeiten. Vieles davon geschieht unbewusst. Bewusst wird es mir eher, wenn mir etwas misslingt. Dann greife ich zu Notlösungen, zu Dingen, die ich mir eben so antrainiert habe. Ich reagiere nur noch und überlege, wie ich das noch geraderücken kann. Aber ich bin nicht mehr Herr der Lage. Ich weiß schon beim ersten Ballkontakt ziemlich genau, ob der Ballwechsel für mich oder gegen mich läuft.

Für Timo sind daher nicht nur die Ballwechsel an sich wichtig in einem Spiel, auch die Phase zwischen den Ballwechseln hat ihre Bedeutung, um sich zu sammeln, zu denken, sich zu konzentrieren, zu rechnen, abzuspeichern. Und der Moment, in dem der Gegner sich auf den Aufschlag oder Rückschlag vorbereitet, weil der verraten kann, in welcher Verfassung er sich gerade befindet und was er vorhat. So wie Timo gerne zuhört und beobachtet, schaut er sich auch den Gegner an, um sich auf ihn einzustellen.

Der Hallensprecher kündigt nun in Peking die Siegerehrung an. Die meisten Zuschauer sind noch geblieben und begleiten die Europäer mit einem freundlichen Applaus, als sie aufgerufen werden und hintereinander zur niedrigeren Stufe des Siegerpodests laufen. Sie bekommen Blumen und Digitalkameras von einer Sponsorfirma, dazu einen Pokal und einen Scheck. Dann sind die Sieger an der Reihe. Der Applaus wird stärker, als die Asiaten die Bühne betreten, auch sie bekommen Blumen und Kameras, aber ihr Pokal fällt etwas größer aus und der Siegerscheck auch: Knapp 60.000 Euro teilen sie sich zu fünft und werden sicher auch ihren Trainern noch etwas davon abgeben. Cai Zhenhua klopft Zhang Jike auf die Schulter und schenkt ihm sein breitestes Lächeln als Belohnung dafür, dass China zu Hause gegen seinen größten Herausforderer ungeschlagen geblieben ist.

Timo schaut zur Seite zu den Siegern und klatscht höflich. Beim Gruppenfoto mit Verbandsvertretern und Sponsoren schaut er am fröhlichsten. Man könnte glatt vergessen, dass er vorhin gegen Zhang Jike noch so entschlossen und kämpferisch am Tisch stand. Eine Verwandlung scheint hier

stattgefunden zu haben. Helmut Hampl beschreibt dieses Phänomen so: »Timo ist der liebe Schwiegersohn, aber wenn er an den Tisch geht, bricht der Vulkan aus.«
Verändert Tischtennis Timo? Es sieht so aus. Denn kann man sich vorstellen, dass Timo bei einer Party auf dem Tisch tanzen würde? Beim Tischtennis hat er es schon getan. Viertelfinale des Europe Top 12 in Saarbrücken 2003. Jean-Michel Saive führte schon 3:0 gegen Timo und brauchte nur noch einen Satz, um den Titelverteidiger aus dem Wettbewerb zu werfen. Doch Timo hatte noch eine Idee. Warum den Belgier nicht angreifen und das Spiel machen lassen, anstatt selbst ins offene Messer zu laufen? Timo glich zum 3:3 aus. Der siebte Satz musste entscheiden. 4:8 lag Timo da zurück, beim Stand von 8:10 musste er zwei Matchbälle abwehren. Er drehte das Spiel noch um und gewann 13:11. Seine Begeisterung, Freude und Erleichterung entluden sich in einem Sprung auf den Tisch. Und da stand Timo nun. »Keine Ahnung, was damals in mich gefahren ist. Bei anderen hatte ich das vorher nie gesehen. Ich bin aber schnell wieder runter, irgendwie war es mir doch unangenehm.«
In Düsseldorf hat er mit seiner Mannschaft 2010 wirklich auf dem Tisch getanzt, mit der Borussia hatte er gerade das Triple gewonnen, Pokal, Champions League und zu guter Letzt die Meisterschaft. »Ich brauche es eigentlich nicht so sehr, meine Gefühle auszuleben.« Aber andererseits dürfte es beruhigend für ihn sein, mit Tischtennis ein Ventil zu haben, falls doch mal etwas aus ihm ausbrechen will.
Dass etwas in ihm passiert, wenn er den Schläger in die Hand nimmt und über die Umrandung in die Box steigt, spürt Timo selbst:

Ich sehe mich eigentlich vor dem Spiel immer viel schlechter, als ich bin. Im Spiel ist es auf einmal anders, da habe ich ein ganz

anderes Selbstvertrauen und sehe vieles realistischer. Man könnte
also sagen: Vor einem Spiel bin ich Pessimist, im Spiel realistischer
Optimist. Ich spüre dann am Tisch, ob ich der bessere Mann bin,
das gibt mir Selbstvertrauen.

Timo, ein Mann mit zwei Gesichtern? Eigentlich nur auf den
ersten Blick. So sieht es auch Richard Prause: »Er zeigt beim
Tischtennis eher, was er von innen heraus spürt. Ich glaube,
dass er durch Tischtennis einen Weg gefunden hat, um sich
auszudrücken. Er bekommt eine Ecke, eine Kante, ein bisschen mehr Leuchten, auch weil er einen Hauch Genialität
versprüht, wenn er zum Beispiel aus der Halbdistanz die
Rückhand wie kein Zweiter durchzieht.«

Timo kann beim Tischtennis etwas ausleben, seine Zie-
le, seinen Ehrgeiz und sein Bedürfnis, ganz bei sich zu sein.
Als Spiegel der Persönlichkeit verstärkt Tischtennis Timos
Ich. Im Grunde ist die Verwandlung nur ein äußerlicher
Eindruck. Tatsächlich ist Timo am Tisch derselbe wie sonst
auch, nur noch konzentrierter. Vielleicht wie in einem Tun-
nel. Wohl auch deshalb gibt Tischtennis Timo so ein gutes
Gefühl, weil er mit sich im Reinen ist. Sich äußerlich zu verändern und sich etwas anders zu fühlen, aber doch derselbe
zu bleiben, das ermöglicht ihm Tischtennis.

Ich bin nicht anders beim Tischtennis. Ich finde eher, dass Tischtennis und ich uns richtig gut ergänzen. Meine innere Ruhe wäre
vielleicht sonst nie so ausgeprägt. Über Tischtennis grüble ich zwar
generell nicht viel, aber ich mache mir schon meine Gedanken über
das Mentale. Mit zwanzig dachte ich noch, über Gewinnen und Verlieren entscheiden im Tischtennis das Talent und das Ballgefühl.
Aber mit der Zeit bin ich immer mehr zu dem Ergebnis gekommen,
dass man die Psychologie beherrschen muss, um den letzten
Sprung zu machen. Und was mich persönlich betrifft, habe ich ge-

merkt, dass ich durch Tischtennis wesentlich ausgeglichener geworden bin, ich reagiere weniger gereizt, bin abgeklärter in Stresssituationen. So viele Drucksituationen im Tischtennis zu bestehen hat mich im Leben gelassener gemacht. Vielleicht wäre ich ohne Tischtennis nicht so vorausschauend geworden. Vielleicht hätte ich im Straßenverkehr mit dem Auto schon zehn Unfälle gebaut.

Tischtennis ist für Timo ein anderes Element, in dem er sich mit Gewinn verlieren kann. »Ich habe ein Talent zur Konzentration. Irgendetwas nur halb zu machen ist nicht meins. Mein allgemeines Wesen passt daher gut zu dieser Sportart.« Er erreicht einen besonderen Bewusstseinszustand, er selbst nennt ihn den »Fokus«. Dieser Fokus stellt viele Dinge gestochen scharf, die Rotation des Balles etwa, die Bewegungen des Gegners. Andererseits verschwimmt vieles um ihn herum, die Zuschauer, alles, was ihn stören könnte. Diese Intensität und Tiefe lebt Timo auch bei seinen anderen Leidenschaften aus. Beim Tauchen. Oder beim Lesen. Er liest am liebsten historische Romane wie »Die Säulen der Erde« oder Fantasy-Bücher und kann nur schwer verstehen, wie man »Der Herr der Ringe« noch nicht gelesen haben kann. Im Unterschied zum Lesen und Tauchen wirkt Tischtennis bei Timo jedoch nicht nur nach innen, sondern auch nach außen. Es ist für ihn wie eine andere Sprache, um sich und seine Wünsche und Gefühle auszudrücken, den Wunsch zu spielen, sich zu fordern und zu bestätigen, den Wunsch nach emotionalen Erlebnissen.

Das Gefühl vor einem Spiel, die Anspannung, brauche ich nicht unbedingt. Aber diese extreme Konzentration währenddessen finde ich sehr angenehm. Es ist ein schönes Gefühl, wenn das eintrifft, was man vorausgeahnt hat. Wenn man das Spiel richtig zu greifen bekommt. Das gelingt mir besonders gut gegen Abwehrspieler.

Meine besten Spiele habe ich zum Beispiel gegen Hou Yingchao aus China gemacht, den ich 2006 bei den Polish Open im Viertelfinale 4:0 regelrecht auseinandergenommen habe, und irgendwann einmal gegen Joo Se Hyuk. Denn gegen Abwehrspieler habe ich mehr Zeit und alles liegt an mir selbst: Entweder mache ich den Punkt oder den Fehler. Da kann ich die perfekte Leistung bringen. Nach einem sehr spektakulären Ballwechsel, wenn die Stimmung in der Halle hochkocht, muss ich dann schon mal schmunzeln.

Auch im Training kann Timo den Fokus erreichen, sagt er. Wenn es aber einmal gerade um nichts geht, könnte man bei seiner ruhigen Art glatt vergessen, wer am Tisch der Meister ist. Im November 2008 sollte Timo mit Fußballern der deutschen Nationalelf spielen. Den Anfang machten Heiko Westermann und Arne Friedrich. Breitschultrig stellten sie sich als Doppel auf die eine Seite, während Timo auf der anderen ein bisschen Abstand zum Tisch hielt. Warum nur hat er sich so zurückgehalten?

Ich glaube, die Fußballer hatten großen Respekt vor dem, was ich geleistet habe. Und ich habe Respekt vor ihnen, auch beim Tischtennis. Bei Friedrich und Westermann hatte ich vorher gedacht, dass die bestimmt ein bisschen grobmotorisch sind, Abwehrspieler wirken ja immer ein wenig rabiater. Doch sie haben sich erstaunlich gut angestellt. Fast so gut wie Philipp Lahm, mit dem ich auch gespielt habe. Er ist ohnehin ein sehr guter Ballspieler: quirlig, wendig, mit einer guten Ballkontrolle und gutem Auge. Ich probiere bei solchen Spielen, die Bälle immer so auf den Tisch zu bringen, dass die Gegner gut aussehen. Die anderen sollen ja auch ihren Spaß haben. Es bringt nichts, wenn ich ihnen alles um die Ohren haue.

Ganz anders als die Fußballer benahm sich Adel Tawil bei Tisch, der Sänger von »Ich + Ich«. Beinahe schüchtern spielte er nach den Fußballern ein paar Bälle mit Timo, um einen Trailer für eine Veranstaltung zu produzieren, bei der Timo spielte und Tawil sang.

Manche haben Angst, sich gegen mich zu blamieren. Das wäre so, als wenn ich singen müsste. Ich habe tatsächlich einmal in einer großen Halle gesungen. In China natürlich. Es war kurz vor Weihnachten, 5000 bis 6000 Zuschauer waren in der Halle und der Hallensprecher kam auf einmal auf mich zu und bat mich auf Englisch, doch etwas zu singen. Erst habe ich mich noch gesträubt und gesagt, ich könne nicht singen. Dann hat er mir angeboten, dass ich doch etwas auf Deutsch singen könne. Ich habe mich für »O Tannenbaum« entschieden, und in der großen Halle klang das gar nicht mal schlecht.

Etwas anders war die Atmosphäre, als sich Timo mit Günter Wallraff zum Tischtennis traf. Mit ihm hatte er sich an einem besonderen Ort verabredet: in der Justizvollzugsanstalt Köln, wo Wallraff manchmal mit Häftlingen spielt.

Günter Wallraff hat dort ein paar alte Bekannte und organisiert Spiele und Turniere. Erst hatte ich ein mulmiges Gefühl, als eine Tür nach der anderen hinter mir ins Schloss fiel und ich mit dreißig Insassen und einem Vollzugsbeamten in der Sporthalle stand. Aber schon nach kurzer Zeit habe ich mich wohlgefühlt, weil sich die Häftlinge über meinen Besuch wie kleine Kinder gefreut haben. Die wollten gar nicht mehr aufhören, gegen mich zu spielen. Plötzlich merkte ich, dass mein Handy in der Tasche vibrierte. Mir lief ein Schreck durch die Glieder, ich hatte doch eigentlich alles abgeben sollen. Also habe ich schnell den Beamten gefragt, was ich jetzt machen solle. Der riet mir nur, das Handy unauffällig wegzupacken, denn Mobiltelefone seien hier »sehr begehrt«.

Gegen Günter Wallraff habe ich auch einen Satz gespielt. Er ist sehr ehrgeizig und spielt noch alte Schule mit einem Hackbrett,

also zwei Noppengummis ohne Schwamm. 11:6 habe ich den Satz
gewonnen, aber er ging felsenfest davon aus, dass es ein knappes
Spiel war …

Sich anpassen, auch das kann Timo beim Tischtennis. Mal
ist es ein Bedürfnis, um nicht aufzufallen. Mal eine Notwen-
digkeit. Sein Vater hat erzählt, dass Timo vor dem Europe
Top 12 Turnier 2006 in Kopenhagen dringend noch einen
Partner zum Einspielen brauchte. Doch er fand niemand.
Also fragte Timo seinen Vater. Der hatte seit Jahren nicht
mehr gespielt. »Timo hat exakt so fest gespielt, dass ich die
Bälle noch bekommen habe.«

Timo hat Richard Prause einmal abends am Telefon berichtet, dass ihn die Trainingseinheit an jenem Tag geschlaucht
habe wie lange nicht. Schon der Aufschlag des Gegners habe
ihn unter Druck gesetzt, und mit den Rückschlägen sei er
kaum zurechtgekommen. »Komisch, ich habe dir doch gar
nicht Wang Hao vorbeigeschickt«, wunderte sich Prause.
Timo hatte gerade ein Training mit seinem Freund Andreas
Ball hinter sich, einem Regionalligaspieler. »Die beiden sind
zusammen groß geworden und kennen sich so gut, dass Andreas witzigerweise Timo unter Druck setzen konnte.« Für
Prause zeigt dies, dass auch ein Spieler von der Spitze der
Weltrangliste mit einem, der in der deutschen Rangliste auf
Platz fünfzig geführt wird, richtig gut trainieren kann: »Man
kann aus jeder Einheit etwas rausziehen.«

Eine Freundschaft hat Timo inzwischen auch zum Basketballspieler Dirk Nowitzki aufgebaut. Zusammengeführt hatte sie Nowitzkis Leidenschaft für Tischtennis. Von ihr hatte
Timo einmal gelesen, weil er sich über viele andere Sportarten auf dem Laufenden hält und für Basketball und die
nordamerikanische Profiliga NBA ohnehin eine Vorliebe hat.
»Ich habe Dirk daraufhin über seine Eltern einen Schläger

geschenkt. Bei Olympia in Peking ist er dann auf mich zugekommen und hat sich bedankt.« Timo besuchte Nowitzki später in dessen Haus in Dallas, und der Basketballspieler kam zum Gegenbesuch nach Höchst. Beide verbindet die Erfahrung, in einer Sportart herauszuragen, die im Ausland weit mehr gilt als zu Hause, ja die ganz große Nummer ist, und was Timos Sprung an die Spitze der Weltrangliste vor alle Chinesen war, war Nowitzkis Titelgewinn mit den Dallas Mavericks in der NBA 2011.

Beide ordnen wir unser Leben dem Sport unter, aber wenn wir dann zu Hause sind, wollen wir auch unsere Ruhe haben und brauchen kein Halligalli. Die wenige Zeit, die wir haben, verbringen wir dann in unserem engsten Familien- und Freundeskreis. Ich bin ja schon viel unterwegs, aber ich war erstaunt, was Dirk mir von seinen ganzen Terminen erzählt hat. Es ist wirklich ein unfassbares Programm mit so viel Trainingseinheiten, Spielen, Charity-Events, das würde ich mir nicht geben wollen.

Was er am Tischtennis extrem fand, war die Rotation. Die hat ihn sehr fasziniert, als wir beide dann ein paarmal zusammen gespielt haben. Aber für diese Rotation hatte er sofort ein Gefühl, er konnte den Ball streicheln und Topspin spielen. Dirk ist ein Riesentalent und trotz seiner Körpergröße auch beim Tischtennis ein Bewegungswunder.

Wir zwei liegen auf einer Wellenlänge, das habe ich schnell gemerkt. Dirk ist wie ich ziemlich entspannt und sehr öffentlichkeitsscheu. Einfach mal so in die Stadt zu gehen und ein bisschen zu bummeln wäre nichts für ihn, weil er von zu vielen Leuten erkannt würde. Ich habe ihn als sehr angenehmen Menschen kennengelernt, mit dem ich einige Erfahrungen teile.

Man kann sich gut vorstellen, dass die beiden sich bestens verstehen, denn es passt vieles zusammen. Auch Nowitzki muss mit seinen Fähigkeiten nicht angeben, und er bringt Eigenschaften mit, die Timo besonders schätzt.

Ich mag es, wenn Leute nicht aus jeder Mücke einen Elefanten machen. Dann kann man eine gute Zeit zusammen haben. Ich habe schon ein ausgeprägtes Harmoniebedürfnis. Es ist mir wichtig, mit keinem Ärger zu haben. Problemen gehe ich eher aus dem Weg, Ärger kann ich runterschlucken, und zwar so gut, dass er nicht mehr auftaucht und vergessen ist. Verzeihen kann ich ebenfalls schnell, ich bin jedenfalls nicht nachtragend.

Umso unangenehmer ist es mir, wenn ich mit jemandem anecke, am Ende sogar, ohne es zu wollen. Es gab einmal einen Lehrgang der Nationalmannschaft in Frankfurt. An einem Tag kamen Trainer zu einer Fortbildung zu uns und ich wurde einem zugeteilt, mit dessen Balleimertraining ich überhaupt nicht zurechtkam, so dass mir schnell die Lust vergangen ist. Im Anschluss stand Massage auf dem Programm. Ich bin in den Raum reingegangen, habe mich mit dem Gesicht nach unten auf die Liege gelegt und nur gesehen, dass neben mir Speedy Fetzner lag, auf die anderen habe ich nicht geachtet. »So ein Balleimertraining habe ich noch nie erlebt, der hat es ja überhaupt nicht draufgehabt«, habe ich zu Speedy gesagt. Der hat sich auf einmal aufgerichtet, mir einen entgeisterten Blick zugeworfen und mit dem Kopf in eine Ecke gezeigt. Und da lag eben jener Trainer. Er hat auch kurz den Kopf gehoben. Was soll ich sagen, die Situation war nicht mehr zu retten und ich bin vor Scham fast in der Liege versunken. Richtig tief in die Augen schauen konnte ich ihm von da an nicht mehr, zum Glück haben sich unsere Wege danach nicht mehr gekreuzt.

Die Versammlung auf dem Siegerpodest von Peking hat sich inzwischen aufgelöst, die Tischtennisspieler laufen noch ein bisschen durch die Halle, unterhalten sich untereinander, mit den Trainern und Verbandsvertretern. Die ersten

Scheinwerfer werden abmontiert, die ersten Werbebanden zusammengestellt, um bald bei einem anderen Wettbewerb aufgebaut zu werden, vielleicht auch wieder einmal hier in Peking. Timo geht langsam zu seiner Tasche und packt seine Sachen zusammen. Die meisten Zuschauer strömen zu den Ausgängen und lassen eine Stimmung wie nach einem Konzert zurück, wenn der letzte Ton der Zugabe verklungen ist.

Ein helles, ungemütliches Licht durchflutet jetzt die Halle und beleuchtet auch die Wände, die für die Spiele 2008 in einheitlichem Olympiablau gestrichen worden waren, denn die Halle war damals Trainingsort für verschiedene Sportarten.

Bei den Spielen in Peking, wo sich Dirk Nowitzki und Timo anfreundeten, wurde ein amerikanischer Schwimmer zum erfolgreichsten Olympioniken der Geschichte, der einem einfachen Leitsatz seines Trainers folgte:»Träume groß, träume so groß, wie du kannst.« Die acht Goldmedaillen von Michael Phelps entwickelten sich zu einer zentralen Episode der Spiele. Und diese Olympischen Spiele sollten auch für Timo unvergesslich werden.

Dass die Chinesen Goldmedaillen serienweise abräumen würden, stand schon vor der Eröffnungsfeier fest. Aber es hätten beim Gewichtheben noch so viele Höchstgewichte nach oben gerissen, beim Wasserspringen noch so elegante Kunstflüge vom 10-Meter-Turm präsentiert und beim Turnen noch so waghalsige Höchstschwierigkeiten gezeigt werden können – eine Niederlage in ihrem Nationalsport Tischtennis hätte die Bilanz doch getrübt. Erster Kandidat, um ihnen diese Niederlage beizubringen, war Timo Boll. Vor den Spielen erlebte Timo daher eine Aufmerksamkeit wie selten zuvor in seiner Karriere. Sein Medienberater Bernhard Schmittenbecher kam mit Interviewabsagen gar nicht mehr hinterher, so viele Journalisten wollten mit Timo über seine

Rolle sprechen, selbst internationale Medien fragten an, bis hin zur »New York Times«.

Mit Trainingsrückstand wegen der langwierigen Knieverletzung und Ungewissheit machte sich Timo damals auf nach Peking. »Ich bin das große Fragezeichen in der Tischtenniswelt«, versuchte er sich selbst zu verrätseln, ein Kniff, den sonst gerne die Chinesen anwenden. Am Flughafen von Peking gab es einen großen Bahnhof für die Athleten aus aller Welt. Doch von wenigen wollten die Fernsehsender und Zeitungen so viele Bilder und Eindrücke haben wie von Timo. Ein Dutzend Kameras schwirrte um ihn herum, ein Kameramann filmte ihn von allen Seiten, lief vor ihm her und stürzte sogar im Rückwärtsgehen ein paar Stufen einer Rolltreppe herunter, blieb jedoch genauso unverletzt wie seine Kamera unbeschädigt.

Der Riese Tischtennis hatte sich in Peking allerdings ganz schön klein gemacht und unauffällig in die Häuserblocks des Universitätsviertels in Haidian hineingeduckt. Eine Halle mit 7500 Plätzen hatte das Organisationskomitee für Tischtennis ausgewählt, Tischtennis war als erster Wettbewerb ausverkauft. Es wären sicher auch doppelt so viele Karten weggegangen. Werner Schlager hatte sogar munkeln gehört, die Chinesen hätten zunächst eine Arena für 40.000 Zuschauer geplant. Doch das Organisationskomitee rüttelte nicht an der olympischen Tradition, die größten Hallen für Turnen und die Ballspiele zu reservieren, wo zum Teil Platz für 18.000 Zuschauer war. Auch eine Erweiterung der Tischtennishalle verwarf es, denn angeblich stand daneben ein denkmalgeschütztes Gebäude. Und zu viele große Hallen hätte selbst Peking nach Olympia nicht bespielen können. Timo war es auf jeden Fall ganz recht, dass alles etwas kleiner ausfiel: »Klar träumt man von einer Halle mit 20.000 Zuschauern. Aber die hätte den Nachteil, dass man als Spieler gleich vor Ehrfurcht erstarrt, wenn man rein-kommt.«

Olympia begann im Tischtennis mit dem Mannschafts-wettbewerb, der hatte das Doppel aus dem Programm ge-drängt, unter anderem mit der Begründung, so würde man anderen Ländern als China mehr Medaillenchancen geben. Der Wettbewerb war auch die größte Chance für Timo, seine erste olympische Medaille zu gewinnen. Die WM im selben Jahr in Guangzhou hatte er wegen seiner Knieverletzung verpasst, ohne ihn war die deutsche Mannschaft Siebter ge-worden.

In den Gruppenspielen lief in Peking alles nach Plan, mit drei Siegen zog das deutsche Team ins Halbfinale gegen Japan ein, wobei der Begriff Halbfinale trügerisch war. Der Sieger stand zwar im Endspiel, das ja, doch der Verlierer musste sich durch eine Play-off-Runde mit zwei Spielen zu Bronze kämpfen. Entweder mindestens Silber oder zwei Zitterspiele um Bronze, dieser Druck lastete nun auf den Spielern.

Besser hätte es gegen Japan nicht beginnen können: Timo gewann gegen Jun Mizutani, Dimitrij Ovtcharov gegen Kan Yo, Deutschland führte beruhigend 2:0. Doch anschließend verloren Ovtcharov und Christian Süß ihr Doppel, Süß nutz-te gegen Kan Yo drei Matchbälle nicht und es stand auf ein-mal 2:2. Den entscheidenden Punkt musste nun Timo holen, nach der Weltrangliste war das nicht die schwerste Aufgabe. Seiya Kishikawa stand auf Platz 63, Timo damals 57 Plät-ze vor ihm. Beide kannten sich gut aus der Bundesliga, und wie erwartet legte Timo vor: 1:0 nach Sätzen, dann 2:1. Al-lerdings spielte sich Kishikawa wie in Trance, er glich noch einmal zum 2:2 aus. Timo schien so gut spielen zu können, wie er wollte, Kishikawa hielt dagegen.»Vor dem fünften Satz habe ich mir gesagt: Jetzt kannst du zeigen, ob du ein Gewinner oder Verlierer bist«, erzählte Timo kurz danach.

»Ich wünsche keinem Menschen, dass er mit so einem Druck umgehen muss, wie ich ihn heute aushalten musste.«

Timo versuchte im fünften Satz sofort, sich abzusetzen. Es gelang ihm: 2:0, 3:1, 6:2, 7:3, 9:4 und bei 10:5 hatte Timo schließlich fünf Matchbälle. Den ersten verwandelte er gleich, er und seine Mannschaft hatten damit mindestens die Silbermedaille gewonnen, und den Moment danach nennt Timo den bis dahin emotionalsten seiner Karriere, gerade weil er ihn anders als bei einem Einzelturnier mit anderen teilen konnte. Süß, Ovtcharov und Prause fielen schreiend über Timo her, ein Berg voller Sieger, Timo kniff die Augen fest zusammen, um diesen Moment besser festhalten zu können und um die Tränen ein bisschen für sich zu behalten.

Der Film, der sich da abspielte, hängt heute aufgelöst in mehrere Einzelfotos im Keller von Timos Haus in Höchst. Auch Prause ist heute noch stolz darauf, besonders auf Timo: »Da spielt einer drei Monate kein Tischtennis, macht kein spezifisches Training in einer unglaublich trainingsintensiven Sportart, kommt zu den Olympischen Spielen und führt die Mannschaft zu Silber – großartig!«

Eine Zugabe lieferte die deutsche Mannschaft allerdings nicht mehr. Im Finale musste sie die Chinesen sich selbst überlassen. Timo gewann einen Satz gegen Ma Lin und gemeinsam mit Christian Süß noch einen im Doppel, mehr war nicht drin, und China gewann die »Muss-Medaille«, wie ihr Trainer Liu Guoliang das Mannschaftsgold nannte. Die Krone war jedoch noch nicht vergeben, Gold im Einzel. Und auch Timo wurde, trotz seines Trainingsrückstands, zu den Favoriten gezählt.

Der Zeitplan im Einzel war wirklich äußerst unglücklich. Erst war gar nichts los, und dann sollte ich die Runde der letzten 32 und das Achtelfinale innerhalb von vier Stunden spielen. Unter den letzten

32 hatte ich schon ein schweres Los: Ich musste gegen einen Nordkoreaner antreten, den kein Mensch kannte, weil er nie Turniere spielte, der aber unheimlich stark war, Kim Hyok Bong. 4:1 konnte ich gegen ihn gewinnen, aber es war knapper und härter, als es dieses Ergebnis vermuten lässt. Anschließend musste ich schnell ins olympische Dorf zurückfahren, denn in der Halle gab es nichts zu essen. Also in die Sportlermensa und wieder zurück in die Halle. Das ging alles so schnell. Und dann habe ich im Spiel gegen Oh Sang Eun den Kopf verloren, so muss ich es wohl sagen. Er spielt ohnehin gut gegen mich. Aber in diesem Match hat er sein Programm eiskalt heruntergespult: Aufschlag, Rückschlag, feste Endschläge. Ich dagegen war gar nicht richtig im Spiel, mir haben die Mittel gefehlt, um ihn in Bedrängnis zu bringen, variable Schläge vor allem.

Nicht nur deshalb habe ich 1:4 verloren. Meine Zufriedenheit nach der Silbermedaille mit der Mannschaft war, glaube ich, auch zu groß. Es gehen ein paar Prozent weg, wenn man eine so große Erleichterung verspürt hat. Dann noch einmal hochzuschalten, das war in Peking mental zu viel für mich, ein Problem, das ich nicht lösen konnte.

Vor lauter China war Timo gegen einen Südkoreaner ausgeschieden. Den begehrtesten Titel der Tischtennisgeschichte, Olympiagold im Einzel im Wunderland des Tischtennis, erspielte sich Ma Lin durch einen Finalerfolg gegen Wang Hao. Auch die Bronzemedaille blieb in China, Wang Liqin gewann sie im Finale gegen den 42 Jahre alten Schweden Jörgen Persson. Die drei Einzelmedaillen im Damenwettbewerb gingen ebenfalls in chinesischen Besitz über.

Nach dem Endspiel im Herreneinzel machte Timo noch eine kuriose Begegnung.

Als das Finale gespielt war, sind Dima und ich zum Feiern durch Peking gezogen, erst waren wir im Deutschen Haus, dann in irgendeiner Diskothek. Zwei Chinesen haben uns noch begleitet, die beide fürs deutsche Fernsehen gearbeitet haben. Morgens um sechs hatten wir alle riesigen Hunger. Wo jetzt etwas herbekommen? Einer der beiden Chinesen hatte eine Idee und sprach von einem Laden, der uns nicht enttäuschen würde. Eine halbe Stunde sind wir noch einmal durch Peking gefahren, und als wir dann endlich angekommen sind, haben wir unseren Augen nicht getraut. Wer saß da? Ma Lin mit Chen Qi. Der Laden war rappelvoll, auf drei Ebenen saßen jeweils bestimmt 200 Gäste, die meisten von ihnen haben gefrühstückt. Ma Lin und Chen Qi waren jedoch schon länger da, vor ihnen stand noch Essen und Bier. Auf einer riesigen Leinwand liefen die Nachrichten, und als der Finalsieg von Ma Lin an der Reihe war, hat das ganze Lokal gejubelt, alle wussten, dass mitten unter ihnen der Olympiasieger sitzt.

Ma Lin hat uns gleich zu sich an den Tisch geholt. Bestimmt eineinhalb Stunden saßen wir zusammen. Eine Art internationaler Frühschoppen. Alle hatten schon ein paar Promille, es wurde viel Blödsinn erzählt. Ma Lin gehört zu den Chinesen, mit denen ich mich am besten verstehe, er spricht ein bisschen Englisch und er sagt auch mal was von sich aus, und wenn es nur »Hallo« ist oder »Wie gehts«. Meistens erzählt er von den anderen Spielern aus der chinesischen Mannschaft, wer gut ist und wer gerade nicht so gut. Mich hat er immer gelobt. »Good, good, good«, hat er damals gesagt. Wir kommen schon gut miteinander klar.

An diesem Morgen habe ich noch eine besondere Erfahrung gemacht: Es gab Hühnerfüße, eine chinesische Delikatesse. Die hatte ich bis dahin noch nicht versucht, und wenn es einen Zeitpunkt zum Probieren gab, dann diesen, im Beisein des Einzel-Olympiasiegers. Also habe ich mir welche genommen und sie gekostet. Ich habe ja wirklich sehr viel übrig für die chinesische Küche – aber dafür nun gar nicht! Schlabbrige Haut und Knorpel, mehr ist nicht dran. Dieses Zeug musste ich wirklich mit Bier runterspülen, sonst hätte ich das nicht ausgehalten. Den Geschmack der Hühnerfüße hatte ich den ganzen nächsten Tag noch im Mund, es war brutal. Selbst wenn ich heute dran denke, schüttelt es mich noch.

Mit dieser Erfahrung und einer überaus glänzenden Silbermedaille verließ Timo das Spektakel von Peking. Doch es gibt einen, der nicht einfach so über die Niederlage gegen Oh Sang Eun hinweggehen möchte. Jörg Roßkopf sagt heute: »Es gibt keinen Spieler auf der Welt, der in den vergangenen Jahren so konstant gespielt hat wie Timo. Aber das Spiel gegen Oh passt einfach nicht in seine Karriere.« Roßkopf war nicht mitgefahren nach Peking, 2008 war für ihn ein Übergangsjahr, er war noch ein bisschen Spieler und schon ein bisschen Trainer, die WM hatte er noch mit der Mannschaft gespielt, es war seine letzte. »Das Spiel gegen Oh habe ich mir später auf Video angeschaut und ich brauchte mir nur drei Ballwechsel angucken, dann wusste ich, wo das ganze Spiel hinläuft. Diese negative Körpersprache, diese Ausreden. Als Spitzenspieler darf Timo sich nicht so präsentieren, er muss dem Gegner zeigen, dass er das Spiel gewinnen will.« Das Spiel gegen Oh ist für Roßkopf zum Anschauungsmaterial für die Dinge geworden, an denen er mit Timo noch arbeiten will. »Das Spiel gegen Oh ist wichtig für seine Karriere.«

Timo verfügt über Fähigkeiten, die sich Roßkopf hart erarbeiten musste, und er ahnt wohl, was möglich wäre, wenn sie ihre beiden Talente hätten zusammenwerfen können, Bolls Bewegungstalent und Übersicht, Roßkopfs Selbstdisziplin und Kampfgeist. »Timo darf dem Gegner nicht schon nach drei, vier Bällen zeigen, dass er nervös ist.« Die Faust müsse er ihm zeigen zum Zeichen: Hier bin ich wieder!

2010 löste Jörg Roßkopf Richard Prause als Bundestrainer der Herren ab. Wie Roßkopf mit seinem Nachfolger als Deutschlands Nummer eins im Training umgeht? »Ich weiß, wie ich ihn reizen muss. Ich sage ihm: Du machst heute mal fünf Minuten mehr. Das mag er nicht. Oder ich lasse den Verlierer eines Trainingsspiels eine Beinarbeitsübung machen, dann strengt er sich umso mehr an.« Und Roßkopf erzählt ihm aus seiner eigenen Zeit und von den Spielern, die damals die Chinesen regelmäßig besiegten, den Schweden. »Jörgen Persson und Jan-Ove Waldner sind zu jeder Welt- und Europameisterschaft und zu allen Olympischen Spielen in einer Monsterform gefahren. Die haben unglaublich hart trainiert und konnten sich dann sagen: Ich habe so viel getan, mir kann nichts passieren.«

Die europäischen Delegationsleiter drängen uns jetzt in der fast leeren Halle in Peking zum Aufbruch, es soll nicht zu spät werden mit dem Essen, und Timo weiß noch vom Vorabend, dass die Auswahl größer sein wird, wenn er sich jetzt etwas beeilt. Doch beim Rausgehen hält ihn ein Chor auf. Männerstimmen, Frauenstimmen, Kinderstimmen. Alle rufen dasselbe:»Bor!« Dreißig, vierzig Zuschauer sind noch in der Halle geblieben, um ein Autogramm von Timo zu bekommen, halb elf ist es mittlerweile. Sie beugen sich über die Balustraden der Tribünen herunter zu ihm, machen ihre Arme dabei so lang wie möglich, damit er ihre Poster, Trikots und Schläger unterschreiben kann. Timo bricht erst auf, als sich ihm nichts mehr entgegenstreckt. Beim Verlassen der Halle erzählt er mir noch ein bisschen von seinen Begegnungen mit Fans in China.

Die Fans hier bei diesem Wettbewerb sind alle sehr, sehr angenehm. Ich habe schon ganz andere Situationen erlebt. Den großen Ansammlungen versuche ich daher ein bisschen aus dem Weg zu gehen. Das Krasseste habe ich in Changsha erlebt, beim Tournament of Champions. In der Umkleidekabine hatte ich gerade meine Beläge zum Kleben hingelegt und eingepinselt. Damals durfte man noch frischkleben, es war 2007. Auf einmal ging die Tür auf, ein Fan kam reingestürmt und klatschte mir eine Zeitschrift mit einem Foto von mir zum Unterschreiben vor die Nase – direkt auf meine eingepinselten Beläge. Die waren natürlich im Eimer und ich musste erst mal zwei neue auspacken. Ich war richtig sauer. Hinter dem Fan kamen schon die Sicherheitsleute hergerannt und wollten ihn packen. Ein Autogramm habe ich ihm trotzdem gegeben. Ein bisschen Lohn für seine Mühen musste schon sein.

Es ging aber noch weiter. Nach dem letzten Ballwechsel bei diesem Turnier haben die Zuschauer die Umrandungen weggerissen und den Innenraum gestürmt. Sieben, acht Soldaten haben uns Spieler in ihre Mitte genommen, um uns zu beschützen. Wie ein Kokon standen wir da. Die Zuschauer haben versucht, selbst die Soldaten wegzudrängen, um Unterschriften von uns zu bekommen oder uns einfach mal anzufassen. Mit uns in der Mitte sind die Soldaten dann Richtung Ausgang gewankt. Von da an war nur noch Rennen angesagt. Ich habe wirklich Angst bekommen, weil die Stimmung so gekippt ist.

Auf unserem Weg aus der Halle laufen heute nur wenige Fans neben uns her, lächelnd wollen sie noch einen Moment mit Timo teilen. Ihre Blicke lassen Timo erst los, als wir in den Bus steigen, der vor der Sporthalle zum Abfahren bereitsteht. Timo sucht sich innen einen Platz und holt sein Handy aus der Tasche. »Das ist schon fast Gewohnheit, dass ich als Erstes mein Handy anschalte, wenn ich aus der Halle rauskomme, und alle Nachrichten durchgehe, Politik, Technik, Sport. Gerade im Sport lese ich mir jede noch so kleine Kurznachricht durch.« Doch dabei wird er jetzt unterbrochen. Von außen klopft ein Mädchen an die Scheibe, vielleicht 16 Jahre alt, und es ist nicht zu übersehen, dass sie den Tränen nahe ist. Von wem sie noch eine Unterschrift haben will, ist auch leicht zu verstehen, sie winkt Timo schüchtern mit

einem Notizbuch zu. Offenbar hat sie ihn in der Halle verpasst. Timo schiebt die Fensterscheibe auf, unterschreibt in
ihrem kleinen Notizbuch und reicht es wieder heraus. Das
glückliche Strahlen eines Mädchens ist der letzte Eindruck,
den Timo von diesem Wettbewerb mitnimmt.

Im Allerheiligsten des Tischtennis

Die Geheimnisse der großen Meister

Die Schranke ist unten, der Weg versperrt, und der Wachmann steht in langem olivgrünen Mantel mit durchgedrücktem Kreuz vor seinem Häuschen auf dem Posten. Grimmig schaut er unter seiner Uniformmütze hervor. Er bewacht den Erfolg. Denn hinter dem Zaun liegt das nationale Trainingszentrum der chinesischen Badmintonspieler, Schwimmer und Tischtennisspieler. Ob er die Schranke gleich öffnet?

Wir wollen herausfinden, was die chinesische Tischtennisspitze über Timo denkt. Also sie am besten selbst fragen. Wenn das nur so einfach wäre. Wenn Journalisten die Spieler und Trainer der Chinesen ansprechen und etwas wissen wollen, sind diese oft auf einmal fürchterlich beschäftigt. Sie müssen zum Bus. Oder zum Oberschiedsrichter. Oder an einen Ort, der ihnen bestimmt gleich einfällt. Manchmal haben sie auch einfach ihr Englisch vergessen.

Verabredet man sich mit ihnen zum Interview, heißt es am Anfang immer: Natürlich, gerne, so lange Sie wünschen. Daraus wird auf Nachfrage ein: Das müsste wahrscheinlich klappen. Bis dann irgendwann die Antwort kommt: Wir müssen noch mal schauen. Die chinesische Formulierung für: Auf gar keinen Fall!

In China sind sie von so vielen Kameras, Notizblöcken und Mikrofonen umzingelt, so viele Medien wollen von ihnen wenigstens einen Satzfetzen haben, dass sie möglichst oft ihre Ruhe haben wollen. Man könnte es auch so sagen: Wer zur chinesischen Tischtennis-Prominenz gehört, hat es eigentlich nicht nötig, Fragen zu beantworten.

Einer der besten Gesprächspartner wäre Kong Linghui. Über ihn sagt Timo:»Er hat von allen das schönste Spiel, eine ästhetische Vorhand, eine ästhetische Rückhand, wahnsinnig geschmeidige Bewegungen. Ich schaue bei keinem lieber zu als bei ihm.« Die Weltherrschaft im Tischtennis hat

Kong Linghui für China zurückerobert, mit seinem Einzel-Weltmeistertitel 1995 in Tianjin. 2000 setzte er dann einen Olympiasieg drauf, und als sei das nicht schon Krönung genug, nannte man ihn in der Tischtenniswelt »King Kong«. Kong Linghui hat lange durchgehalten. Bis 2006 dauerte seine Karriere, da war er knapp 31. Früher neigten sich chinesische Tischtenniskarrieren in der Nationalmannschaft mit Mitte zwanzig dem Ende entgegen, dann begann höchstens noch Phase zwei, Weiterspielen im Ausland.

Kong Linghui hatte dagegen schon vor dem großen Erfolg sein erstes Auslandssemester hinter sich. Er hatte also genau das getan, was die Europäer heute tun müssen: von der Nummer eins lernen. Die Trainer schickten ihn Anfang der neunziger Jahre zur Ausbildung nach Schweden. Kong hält den Schläger wie die Europäer, im Shakehand-Griff, und die besten Shakehand-Spieler waren damals die Schweden. Heimweh hat er offenbar gehabt, denn er suchte dort die Nähe von Exil-Chinesen und ging jeden Tag ins Chinarestaurant.

Wie man während des Ballwechsels mit Tempo und Rotation umgeht, wie man die Kontrolle darüber behält, das hat er als Studieninhalt mitgenommen. Gelernt hat er aber nicht nur fürs Tischtennis. Sondern auch, wie sich die Europäer verhalten. Er schlendert manchmal wie ein Gentleman durch die Halle, ein Gentleman mit einem chinesischen Lächeln. Und weil das chinesische Tischtennis auf seinen Erfahrungsschatz nicht verzichten wollte, wurde er Cheftrainer der Damennationalmannschaft.

Auf die Anfrage an den chinesischen Verband nach einem Gespräch mit Kong in der Halle beim Euro-Asia-Wettkampf kommt eine freundliche Mail zurück: Vielen Dank. Aber Mister Kong wird nicht in der Halle sein. Das wars dann wohl. Doch in der Lobby unseres Pekinger Hotels läuft auf einmal ein Mitarbeiter des Verbandes an uns vorbei: »Wollten Sie nicht ein Gespräch mit Mister Kong führen? Übermorgen um halb zwölf im nationalen Trainingszentrum. Okay?«

Klingt zu schön, um wahr zu sein. Zwei Tage später holt uns tatsächlich ein Minibus morgens an unserem Hotel ab. Er soll Timo und mich erst bei einem Markt absetzen und mich anschließend allein ins Trainingszentrum fahren. Timo will die knappe Zeit unseres Aufenthalts lieber ganz nutzen, um auf einem Markt einige Dinge für sich und seine Familie auszusuchen. »Ich habe einen kleinen Einkaufszettel mitbekommen«, erklärt er mir.

Den Markt hätten wir wohl auch ohne ortskundigen Fahrer gefunden. Immer dem Gewusel nach. Das Gewusel könnte Timo davor schützen, sofort erkannt zu werden, denke ich mir. Denn wer behält hier schon den Überblick bei so vielen vorbeihuschenden Eindrücken? Jacken, Mäntel, Rucksäcke, Schmuck, Computerspiele, Videos, alles auf engstem Raum. Und dazu einheimische Verkäufer und so viele Touristen. Wir schlendern in die erste Gasse hinein, ich will wenigstens einen kurzen Eindruck erhalten, bevor ich wieder in die Tischtenniswelt zurückkehre. Da bekommen wir ein bekanntes Geräusch zu hören: »Bor?«

Ich schaue Timo aus dem Augenwinkel an und schaffe es nicht ganz, mir ein Grinsen zu verkneifen. »Tja«, sagt er, zuckt mit den Schultern und schiebt noch ein fast schon fröhliches »Gleich beginnt die Autogrammstunde« hinterher. Innerlich zähle ich die Sekunden, die es dauert, bis die ersten Chinesen direkt vor uns stehen, und stoppe bei neun. Auch einige Touristen, Amerikaner vielleicht, drehen sich um und schauen uns an, laufen aber weiter. Dafür sind wir nun von Chinesen umringt, viele von ihnen sind Verkäufer, die ihre Stände verlassen haben. »Bor, you are in my heart!«, ruft

einer, Mitte vierzig, und klopft sich mit der flachen Hand
auf die Brust. Ans Einkaufen ist für Timo jetzt gerade nicht
zu denken. Er steht in seinem eigenen Fan-Stau. Ich dagegen
will die Chance nicht verpassen, Kong Linghui im Trainingszentrum zu treffen und frage Timo: »Kann ich dich jetzt hier
mit deinen Freunden allein lassen?« Timo nickt und lächelt.
»Dann mal viel Spaß, vergiss deinen Einkaufszettel nicht«,
sage ich und höre noch sein »Danke, werd mich schon
durchkämpfen«. Durch die Gasse laufe ich zur Straße, wo
der Bus noch auf mich wartet.

Eine Dreiviertelstunde dauert die Fahrt zum Trainingszentrum, es soll in der Nähe des Himmelstempels liegen, und
für Tischtennis passt das, denn nirgendwo wird man weiter
entfernt sein vom gewöhnlichen, irdischen Tischtennis als an
diesem Ort.

Unser Bus stellt sich quer vor das Eingangstor, ich warte
auf meinen Verbindungsmann vom Verband. Er soll mich
abholen und an dem Wachmann mit dem olivgrünen Mantel vorbeischleusen. Ein, zwei Mal blickt der streng zu uns
herüber, dann verlässt er seinen Posten und marschiert auf
unseren Bus zu. Ein Wortgefecht zwischen ihm und dem
Busfahrer entsteht, wahrscheinlich darf der Bus hier nicht
stehen bleiben. Dem Busfahrer scheint das egal zu sein, er
bewegt sein Fahrzeug nicht von der Stelle, und der Wachmann stiefelt schimpfend zu seinem Häuschen zurück, wo er
sich erst einmal eine Zigarette anzündet.

Wenige Minuten später klopft ein Mann an unsere Bus-
tür, Mitte dreißig, offener Gesichtsausdruck, blauer Schal,
einen wie ihn vermutet man auf dem Campus einer internationalen Universität. Er stellt sich vor als He Xiao vom
chinesischen Verband, in seiner Mailadresse kommt noch
der Name Christian vor. Er begrüßt mich, als habe das Trainingszentrum auf einen wie mich nur gewartet. »Ich freue

mich sehr. Timo ist unser guter Freund«, sagt He Xiao.
Sein Englisch hat ein längerer Aufenthalt in Australien zum
Fließen gebracht. Dem Wachmann gibt er ein Zeichen, die
Schranke öffnet sich und wir fahren hinein.

Der Schlüssel dazu war ein Name: Timo Boll öffnet in
China Türen, die sonst verschlossen blieben.

Einmal links abbiegen und einmal rechts, dann hält der
Minibus vor einem großen weißen Klotz. Die Fliesen im Ein-
gangsbereich glänzen, 2010 wurde hier alles erneuert. Im
Erdgeschoss liegt der Kraftraum, ach was, die Krafthalle.
Auf einer Fläche, die ich auf die Größe von mindestens eineinhalb Handballfeldern schätze, laden die neuesten Geräte
zum Aufbau jeder einzelnen Muskelpartie ein. Mehrere
Monitore zeigen ein Dehnprogramm. Die Gruppe, die gerade hereinrauscht, scheint auch ohne Blick auf die Monitore
zu wissen, was zu tun ist. Es ist das weibliche Tischtennis-
Nachwuchsteam. 15 Mädchen greifen auf dem Boden
sitzend nach einer ihrer Fußspitzen und ziehen sie heran.
Ein Trainer hat es sich auf dem gepolsterten Sitz einer Brust-
muskelmaschine bequem gemacht und liest in der gerade
erschienenen Ausgabe des chinesischen Magazins »Table
Tennis World«. 100 Spieler haben es insgesamt bis ins nationale Tischtenniszentrum geschafft, um sie kümmern sich
zwanzig Trainer.

Ein Aufzug hebt uns hinauf, wenn wir den Knopf für den
fünften Stock gedrückt hätten, würden wir bei der Herren-
nationalmannschaft landen, doch die Männer sind heute
nicht im Trainingszentrum, sie spielen ein Ausscheidungs-
turnier. So läuft es regelmäßig, die Wettkämpfe, die Europäer
mit ihrer Klubmannschaft, mit ihrem Nationalteam oder für
sich auf einem Turnier bestreiten, absolvieren die chinesischen
Spieler untereinander. Den vierten Stock gibt es nicht, denn
»vier« klingt im Chinesischen ähnlich wie »Tod«. Der Auf-

zug hält im dritten Stock, der Damenhalle und Werkstatt von Kong Linghui mit 22 Arbeitsplatten.

Welchen Auftrag die Spielerinnen hier zu erfüllen haben, leuchtet ihnen auf großen Transparenten in den chinesischen Nationalfarben entgegen, gelbe Schrift auf rotem Grund. Das olympische Motto »Schneller, höher, stärker« ziert eines dieser bettlakengroßen Transparente, auf einem anderen steht »Druck gibt dir Stärke, dein Bestes zu geben!«, so übersetzt es mir He Xiao. Die chinesische Nationalflagge darf hier ebenso wenig fehlen wie im Kraftraum. Von solchen Motivationsparolen hatte mir auch Timo erzählt, die Spieler würden sich manchmal sogar Zettel neben den Tisch oder in die Handtuchbox legen mit Sprüchen wie »Du bist der Beste!« oder »Kämpfe um dein Leben!«.

Wir sind eigentlich eine halbe Stunde zu früh dran, aber Kong überlässt die Spielerinnen trotzdem schon sich selbst. Sein Händedruck ist fest, er trägt einen Trainingsanzug in Farben, die in dieser Kombination nicht für den europäischen Markt geeignet wären, ein helles Gelb mit Flieder und Weiß, dazu noch ein goldenes Muster. Ein, zwei graue Haare sind zu erkennen, seine Wangen sind etwas fülliger geworden seit seinen letzten Spielen. Wir gehen ins benachbarte Trainerzimmer.

Man kann sich gut vorstellen, wie an dem schweren Tisch, um den sich ein Dutzend Chefsessel gruppieren, schwere Entscheidungen getroffen werden, vor allem, wer China international im Tischtennis vertreten darf. Denn wer einmal nominiert ist für die Mannschaft, hat fast schon eine Goldmedaillengarantie. Kong nimmt Platz und sagt erst einmal ein wenig verdruckst, dass er fast alle englischen Wörter vergessen habe. Chinesische Höflichkeit ist das wohl, denn die Fragen hört er sich auf Englisch an, aber er antwortet in seiner Sprache und He Xiao übersetzt.

Die neueste Ausgabe von »Table Tennis World« liegt hier aus, Kong Linghui deutet mit einem Lächeln auf ein Foto: »Team.« Man weiß nicht genau, was Kongs Lächeln so feinsinnig wirken lässt, die leicht bewegten Mundwinkel, die Grübchen, der milde Zug um seine Augen oder alles zusammen. Seine erste Begegnung mit Timo Boll? Eine Niederlage, tatsächlich. »Es muss 1999 gewesen sein, im deutschen Pokalwettbewerb.« Genau am 9. November 1999 und Timo gewann 21:12, 16:21, 21:16. Kong Linghui spielte damals für die TTF Bad Honnef. »Wir haben uns vor allem auf die Bundesliga konzentriert, für das Pokalspiel hatten wir keine richtige Vorbereitung«, erklärt er und es klingt, als wolle er sich entschuldigen, als Weltmeister gegen einen damals 18-Jährigen verloren zu haben und nicht vorbereitet gewesen zu sein auf die enorme Rotation in Timos Topspins. »Ich habe damals gemerkt, dass er ein besonderes Gefühl für das Spiel hat.«

Stellvertretend erzählt Kong, was die Chinesen von Timos Spiel halten: »Er ist in der Zeit nach Jan-Ove Waldner der größte Konkurrent Chinas. Sehr vielseitig, sehr guter Aufschlag, sehr gute Vorhandtechnik.« Oft gespielt habe er nicht gegen Timo, an einen Sieg im WM-Mannschaftswettbewerb in Osaka 2001 kann er sich erinnern und an die Niederlage im Finale des World Cup 2002. »Im passiven Spiel hat Timo ein paar Schwächen, darauf habe ich mich immer zu konzentrieren versucht.«

Gibt es vielleicht sogar etwas, das die Chinesen von Timo lernen können? Seine Antwort entspricht nicht gerade dem, was ich erwartet hatte, interessant finde ich sie trotzdem: »Die professionelle Einstellung, hart zu trainieren und sich dennoch viel um seine Familie zu kümmern. Wir alle wissen, dass er sich sehr gut um seine Frau kümmert und sie sehr gut behandelt. Er verbringt viel Zeit mit seiner Familie, das sollten wir alle von ihm lernen.« Ob er das auch deshalb sagt, weil im Herrenteam gerade ein prominentes Gegenbeispiel zu finden ist? Ma Lin hat einen Scheidungskrieg hinter sich, seine Leistungen entsprachen zuletzt nicht mehr dem, was man von einem Olympiasieger erwartet.

Kurios war der Fall auch noch, denn Ma Lin wusste angeblich gar nicht, dass er mit seiner Lebensgefährtin, dem Fernsehstar Zhang Ningyi, überhaupt verheiratet ist. 2004 hatten sie sich für eine Hochzeit angemeldet. Daraus machte die zuständige Behörde schon eine Ehe. Erfahren haben will das Ma Lin allerdings erst, als sie sich 2009 trennten. Auf jeden Fall forderte ihn Cheftrainer Liu Guoliang sogar öffentlich auf, seine privaten Probleme zu lösen:»Ich habe ihm eine Deadline gesetzt. Seine Karriere ist zu Ende, wenn er die Sache bis dahin nicht gelöst hat.« Und einen Verweis auf Tiger Woods, dessen Affären sein Golfspiel belasteten, konnte sich Liu auch nicht verkneifen.

Es scheint so eine Sache zu sein mit dem Privatleben der chinesischen Spitzenspieler.»Viele haben Freundinnen aus dem Showbusiness«, hatte Timo einmal erzählt, selbst einige It-Girls seien dabei, also junge Damen, deren Beruf es ist, öffentlich aufzufallen.»Bei Ma Lin ging die Scheidung groß durch die Presse, es war eine richtige Schlammschlacht. Und er musste eine Millionenabfindung zahlen.«

Timos Art bringt Kong Linghui aber auch beim Tischtennis noch mal ins Spiel, als ich ihn frage, was Timo noch verbessern könnte.»Timo gewinnt jedes Mal die Europameisterschaft und beherrscht das europäische Tischtennis«, fängt Kong an,»aber bei den Mega-Events, bei Olympischen Spielen und Weltmeisterschaften, ist er bisher hinter den Erwartungen geblieben, gerade wenn er dabei gegen Chinesen oder andere starke Asiaten spielt.« Wenn er Timo spielen sehe, dann sehe er dabei auch Timos Persönlichkeit.

»Er hat am Tisch ein sehr gutes Benehmen. Aber man muss herausfinden, was der Gegner denkt. Und manchmal muss man sich dabei vielleicht anders verhalten. Wie gesagt, Timo ist ein Gentleman im Spiel.« »Zu sehr Gentleman? »Ja«, sagt Kong und nickt, »seine Technik und seine Taktik müssen aggressiver werden. Er spielt noch zu sehr wie Waldner und Samsonow.« Er müsse eher wie Ma Lin spielen.

Es ist ein Hinweis darauf, wie Tischtennis sich weiterentwickelt hat. Dass Kong sich heute nicht mehr fürchten würde vor Jan-Ove Waldner und auch nicht vor Wladimir Samsonow.

Aber hat Kong Linghui nicht selbst gezeigt, dass man es auch mit elegantem Benehmen zum Weltmeister und Olympiasieger bringen kann? War er nicht am Tisch ein Gentleman? »Das hat mir auch mein Trainer immer wieder vorgehalten und mir empfohlen, mich in der Hinsicht weiterzuentwickeln. Charakterlich sollten wir im Leben Gentleman sein, ja. Aber das ist kein Widerspruch dazu, smart zu spielen, zu versuchen, die Gedanken des Gegners lesen und ihn bezwingen zu wollen. Mit der richtigen Balance wird man dabei ein sehr hohes Level erreichen.«

Als Kong ein bisschen ins Plaudern geraten ist, komme ich nicht darum herum, ihn nach dem Geheimnis des chinesischen Tischtennis zu fragen. »Es gibt eigentlich kein Geheimnis«, sagt er. Das System sei einfach gut, es gebe viel Unterstützung vom Staat und jede Menge Spieler, die schon früh, also mit sechs Jahren anfangen, und entscheidend sei sowieso immer noch das Training. Wenn es einen sichtbaren Unterschied gibt, dann liegt er in der Akribie und der Intensität, mit der sich die Chinesen des Tischtennis annehmen, das lässt sich bei Kong Linghui heraushören. »Wir haben viele Trainer, die Videos auswerten und die Technik analysieren. In diesem Bereich haben die europäischen Trainer vielleicht ein paar Schwächen. Aus einer Videoauswertung kann auch Timo sicher noch lernen.« Um vielleicht einen der Titel zu gewinnen, die Kong mitgenommen hat auf seinem langen Tischtennisweg.

Damit werde ich Timo später konfrontieren, doch Kongs Vorschlag wird an Timos Meinung nichts ändern. Seinen Erfahrungsschatz hält er für kostbarer als aus Videoanalysen zusammengetragenes Wissen.

Ich schaue mir weder meine eigenen Spiele noch die meiner Gegner oft auf Video an. Bei der Videoanalyse versteift man sich auf zwei, drei Punkte, spielt nicht mehr so frei und analysiert im Spiel selbst nicht mehr so viel. Wenn ich mich auf eine statistische Auswertung per Videoanalyse verlasse, konzentriere ich mich also nicht mehr so sehr auf mein Gefühl. Aber genau aus diesem Gefühl entsteht meine Taktik, aus der Psychologie, dem Vorhersehen dessen, was der Gegner mit meinen Bällen anfangen wird. Auf dem Weg in die Halle frage ich meinen Trainer, wie ich beim letzten Mal gegen meinen Gegner gespielt habe und worauf ich achten muss, das reicht mir.

Ein Video schaue ich mir höchstens an, wenn ich mir meiner Sache nicht sicher bin. Sonst finde ich es eher verwirrend. Um einmal ein Beispiel zu nennen: In der Champions League habe ich gegen Chen Qi gespielt. Jeder weiß, dass seine Rückhand nicht so stark ist. Das hätte ich auch auf allen Videos gesehen. Aber wenn ich mich darauf verlassen hätte, wäre ich in diesem Spiel sang- und klanglos untergegangen. Denn ich habe kein Rückhand-Rückhand-Duell gewonnen. Ich muss deshalb immer darauf gefasst sein, meine Taktik ändern zu müssen. Meine Taktik entwickelt sich wirklich erst im Spiel.

Oder beim Thema Aufschlag. Wenn ich fünf Stunden Videos von Chen Qi angeschaut hätte, dann hätte ich vielleicht gesehen, dass er hier oder da einen Haken in seiner Bewegung hat, an dem ich den

Schnitt beim Aufschlag erkennen kann. Doch ich kann mir das hundertmal angucken – wenn ich im entscheidenden Moment nicht fokussiert bin, bringt jede Analyse nichts. Ich weiß auch aus dem Kopf, dass Chen Qi 85 Prozent Aufschläge mit Überschnitt macht, und wenn ich es einmal nicht sehe, spekuliere ich daher auf Überschnitt.

Aus einem der Rucksäcke, die auf den Ledersesseln liegen, säuseln sanfte Töne, ein Handyklingelton mit – wie man in Deutschland sagen würde – Fahrstuhlmusik. Ob es Fotos von Timo gebe und seine Technik hier regelmäßig kopiert werde, um die anderen darauf vorzubereiten, will ich von Kong Linghui noch wissen. »Wir hatten ein Foto von ihm während unseres Trainingslagers, eine Wand mit unseren Hauptgegnern, eine Bilderwand«, antwortet er und beginnt dann zu lächeln. »Seine Technik ist sehr schwierig zu lernen, seine Art, den Ball zu treffen, ist ganz anders als bei anderen. Wenn also andere ihn imitieren, dann eher zum Spaß.« Ich weiß nicht, ob ich ihm das abnehmen kann.

Timo hatte mir noch eine Frage mitgegeben, er wollte von Kong unbedingt eine Sache erfahren: Wie hat er nur dem Druck standgehalten und Jan-Ove Waldner im olympischen Finale von Sydney 3:2 bezwungen? »1996 hatte ich das Olympiafinale gegen Liu Guoliang verloren. Vor den Spielen 2000 habe ich mich deshalb fast ein Jahr lang vorbereitet. Ich habe mir alles eingeteilt, habe versucht, körperlich und spielerisch stabil zu bleiben. Das Finale war dann sehr schwer. Mein Vorhand-Aufschlag war nicht sicher. Deshalb habe ich eine Variante gebraucht, um den Ball kurz zu platzieren.« Es war ein Rückhand-Aufschlag, und wenn man Tischtennis auch als Frage-Antwort-Spiel verstehen will, dann erschien dieser Rückhand-Aufschlag zwar wie eine leichte Frage, doch Waldner fand im ganzen Spiel keine richtig klugen Antworten darauf. Denn der Aufschlag landete immer wieder ein bisschen anders auf Waldners Tischhälfte. Der feine Unterschied ist im Tischtennis oft der größte, denn er ist am schwersten zu erkennen. In diesem Finale hielten diese Unterschiede Waldner in Schach.

Eine mentale Extremsituation war dieses Finale ohnehin, im entscheidenden fünften Satz führte Kong schon 10:1, dann kam der Schwede auf 15:12 heran. Trainer Cai Zhenhua nahm eine Auszeit. »Das war sehr wichtig«, sagt Kong, denn am Ende gewann er 21:13 und hätte vor Freude fast sein Trikot zerrissen.

In einem solchen Finale zu stehen, davon träumen viele Tischtennisspieler. »Das Wichtigste ist ein guter Trainings- und Wettkampfplan. Je älter man wird, desto wichtiger wird es, Verletzungen zu vermeiden. Sie sind ein zu großes Risiko. Aber man muss sich auch mental verbessern.« Mentales Training – eine große Black Box. Welche Ratschläge würde Kong Timo geben? »Timo fährt meistens gleich nach dem Training nach Hause, um Zeit mit seiner Familie zu verbringen. Er sollte aber auch viel mit anderen Leuten sprechen, um Feedback von ihnen zu bekommen. Das würde ihn entspannter machen.«

In diesem Moment wirkt Kong fürsorglich wie ein großer Bruder. »Als Hauptkonkurrent unseres Nationalteams wünsche ich ihm, dass er eine Einzelmedaille bei den nächsten Weltmeisterschaften und Olympischen Spielen gewinnt«, sagt er zum Schluss. Und nach knapp einer Stunde verabschiede ich mich von ihm und laufe mit He Xiao an der Wand vorbei, an der jedes Weltmeisterteam der Chinesen in einem Rahmen hängt. Aus der Halle nebenan quietscht und quiekt und kichert es inzwischen, einige Mädchen aus dem Nachwuchsteam spielen Fußball mit einem Tennisball um die Tische herum. Der Staatssport Tischtennis kann auch noch kindisch sein.

Im Hotel wartet Timo schon mit einigen gut gefüllten Einkaufstüten an der Hand. »Haben sie dich doch noch einkaufen lassen«, begrüße ich ihn. »Ja, nach einer ganzen Weile. Die waren auch bestens informiert und wussten sogar, dass meine Frau von den Philippinen kommt«, erzählt Timo. »Aber billiger ist es für mich nicht geworden.« Als ich neugierig auf die Tüten schaue, öffnet er sie und zählt sein Sortiment auf: »Ein paar Schlabberpullis für zu Hause, eine neue Jacke für mich, Sportklamotten für meine Frau und eine Stirnlampe für meinen Vater, damit er auch im Dunkeln joggen kann.«

Unser Hotel hat für die europäische Tischtennis-Delegation wieder ein kleines Mittagsbüfett aufgebaut, und Timo und ich setzen uns hin, um unsere Erfahrungen auszutauschen. Angesichts seines Marktbesuchs kommt Timo als Erstes auf chinesische Kleidung zu sprechen.

In der chinesischen Liga habe ich für einen Klub gespielt, der einem reichen Textilunternehmer gehörte, er war total tischtennisverrückt. Eines Tages hat er uns mit einer Stretchlimousine an unserem Hotel abgeholt und in seine Firma fahren lassen. In einem Raum stand eine Tischtennisplatte, dort habe ich gegen ihn gespielt. Aber nicht nur gegen ihn. Er hatte einige Freunde eingeladen, mit jedem habe ich dann ein paar Bälle gemacht. Zur Belohnung für diese kleine Einheit durfte ich mir im Ausstellungsraum der Firma alle Klamotten aussuchen, die ich haben wollte. Es gab vor allem Pullis und Shirts, aber alles Sachen, die man wirklich gut anziehen kann. Ich gebe sonst nicht sehr viel Geld für Klamotten aus. In Düsseldorf die Kö hoch und runter zu laufen ist nicht mein Ding. Ich muss nicht unbedingt Markenware tragen.

Die Chinesen, die Geld haben, würden ihre Kleidung nicht auf Märkten kaufen. Da haben die Spieler Designerklamotten an, das sind Teile, über die wir manchmal schmunzeln, weil sie einfach auffallen. Wang Hao etwa achtet sehr auf seine Kleidung, er taucht immer in piekfeinen Anzügen auf, bei denen man einfach sieht, dass es sich um Maßanfertigungen handelt und nicht um Ware von der Stange. Man soll sehen, dass es viel Geld kostet. Du musst in China deinen Wohlstand zeigen. Viele der chinesischen Trainer haben teure Uhren oder Handys mit Goldbeschlag. Ich habe ja auch einen Tick, manche würden sicher fragen: Warum hast du drei Handys, wenn du sowieso nur eines benutzen kannst? Aber es macht mir Spaß, für Technik kann ich mich eben begeistern.

Die chinesischen Spieler fahren teure Autos, deren Wert noch einmal höher ist als in Deutschland, weil sie importiert werden müssen. Ma Lin fährt einen Porsche Cayenne, Wang Hao einen 6er BMW. Sie genießen ihre kleinen Freiheiten. Die Spieler dürfen meines Wissens nach inzwischen 35 Prozent ihres Preisgelds behalten. Früher mussten sie fast alles beim Verband abgeben, aber der Verband nimmt inzwischen selbst einiges über Sponsorenverträge ein und profitiert davon, dass China immer marktwirtschaftlicher wird.

Die Chinesen hauen ihr Geld jedenfalls schon raus, und die deutsche Mentalität, immer mal etwas zur Seite zu legen, kennen sie eigentlich nicht. Es gilt: Lebe jetzt und lebe gut.

»Ich habe über dich gelesen, dass du als Kind Bankdirektor werden wolltest. Warum eigentlich?«, frage ich Timo.

»Weil Bankdirektoren in ihren Anzügen so gepflegt aussehen. In meiner Familie ist noch nie jemand im Anzug zur Arbeit gegangen, da wäre das schon etwas Besonderes gewesen. Ist doch ein solider Beruf.«

»Wenn es wirklich so gekommen wäre, wärst du bestimmt eher bei der Volksbank gelandet als bei Goldman Sachs.«

»Gut möglich.«

Mein Verhältnis zum Geld ist auf jeden Fall anders als das der Chinesen, eher sicherheitsbewusst. Der Gedanke, ich müsste jedes

Jahr 10 bis 15 Prozent mehr aus meinem Vermögen rausholen, ist mir fremd. Natürlich verdiene ich sehr viel Geld, aber im Supermarkt kaufe ich dennoch im Zweifel das günstigere Produkt. Es ist mir schon bewusst, dass ich in zwei Stunden verdiene, was andere in zwei oder drei Monaten bekommen. Angst, dass meine Karriere irgendwann zu früh zu Ende ist, hatte ich trotzdem nie. Höchstens Angst, meinen Lebensstandard irgendwann nicht mehr halten zu können. Deshalb will ich auch nicht zu extrem leben, sondern eher so, dass ich den Standard ein ganzes Leben halten kann. Irgendwann wird die Karriere vorbei sein und ich muss mir einen Job suchen, dann muss noch einiges an Geld übrig sein.

Ich bin auch überhaupt kein Zocker. In Düsseldorf habe ich daher einen Vertrag ohne Siegprämien ausgehandelt. Eigentlich lässt sich kein Verein auf solch ein Modell ein. Aber mit einem erfolgsbezogenen Vertrag würde sich der Verein ins eigene Fleisch schneiden. Denn wenn ich weiß, dass ich auch noch um Geld spiele, kann ich mich nicht mehr so gut konzentrieren. Bei Preisgeldturnieren ist es etwas anderes, aber in der Bundesliga, bei meinem Klub und unseren Zuschauern, denen ich eine gute Leistung schulde, will ich mich erst gar nicht darauf einlassen. Auch wenn ich mit meiner Bilanz bestimmt mehr verdient hätte. Im Training kann ich nicht einmal um fünf Euro spielen, das geht einfach nicht. Da spende ich es lieber. Ich habe viel zu viel Angst, Geld zu verlieren.

Timo will jetzt etwas aus dem Trainingszentrum der Chinesen und von Kong erfahren. Seine Neugier packt er in die kompakte Frage:»Und?«

»Beeindruckend«, sage ich,»ein riesiger Wald von Kraftgeräten, so etwas habe ich noch nie gesehen. Sie haben wirklich an sehr viel gedacht. Von Kong Linghui soll ich dich schön grüßen. Er wünscht dir eine Einzelmedaille bei der nächsten WM und bei Olympia.«

»Danke, die hätte ich auch gerne.«

Die nächste Einzel-Weltmeisterschaft fand in Rotterdam statt, wo Timo 2002 beim Europe Top 12 seinen ersten internationalen Titel gewonnen hatte. Dort sollte er nun seine nächste Chance bekommen.

Vor dieser WM 2011 nahmen die Fragen zu, wann Timo seine herausragende Position endlich ummünze in eine Einzelmedaille. Vor dem Turnier traf Timo auch einige Entscheidungen. Er ließ zum einen erstmals die deutsche Meisterschaft aus, denn eine deutsche Meisterschaft bedeutet für Timo: viele Spiele gegen kaum konkurrenzfähige Gegner. Aber auch viele glückliche Fans.

»Es wird mir einfach zu viel. Ich bin nur noch unterwegs, die Belastung für meinen Körper wird zu groß. Die Leute werden bestimmt auf mich schimpfen, und es tut mir auch leid, aber ich kriege das jetzt nicht hin«, erklärte er. Nein zu sagen, das ist nach wie vor eine Herausforderung für ihn. Die andere Entscheidung für die WM lautete: kein Doppel, alle Konzentration aufs Einzel. »Das hat mir natürlich ein bisschen leid getan für Christian«, für seinen Doppelpartner Christian Süß, mit dem er 2005 in Schanghai so ein furioses Turnier gespielt hatte. »Aber ich habe gemerkt, dass Kleinigkeiten den Ausschlag geben können, und vielleicht ist diese Kleinigkeit dann, dass ich mehr Kraft habe, weil ich kein Doppel spiele.«

Überhaupt stellte Timo kurz nach seiner Anreise in Rotterdam fest, dass einiges anders war bei dieser WM. Keine merkwürdigen Bedingungen in der Halle, seien es komische Platten oder zu viel Zug aus der Klimaanlage. »Es gibt nichts zu jammern«, sagte Timo, als er die ersten drei Runden souverän überstanden hatte.

In der Öffentlichkeit über schlechtes Material oder Verletzungen zu lamentieren habe ich mir abgewöhnt. Ich habe auch keinem Journalisten gesagt, dass ich mir vor der WM noch einen Muskelfaserriss in der Schulter zugezogen hatte. Ich will nicht ständig irgendwelche Ausreden in der Öffentlichkeit diskutieren. Die Verletzungsgeschichte geht mir selbst so auf die Nerven, die erwähne ich gar nicht mehr, denn es bringt einfach nichts. Das habe ich so für mich entschieden. Ein Medientraining habe ich ohnehin noch nie mitgemacht. Mein Berater Bernhard Schmittenbecher hat zu mir gesagt: Du bist so, wie du bist. Du musst dich nicht verstellen. Und ich versuche schon, meine Spiele gegenüber den Journalisten möglichst ehrlich zu analysieren.

Wenn Timo nach einem seiner Spiele mit geschulterter Sporttasche in der Ahoy-Arena von Rotterdam in die Seitengänge kam, wo Reporter von Fernseh- und Radiostationen, Zeitungen, Zeitschriften und Onlinediensten auf ihn warteten, wirkte er gelöst wie selten, vielleicht wie noch nie bei einem großen Turnier.

Bei großen Turnieren wie Olympia oder der WM hatte ich eigentlich immer Stress. Es gab enge Zeitpläne, ich hatte nie das Gefühl, mir alles gut einteilen zu können. In Rotterdam war es ganz anders. Ich habe mich zum ersten Mal bei einem großen Turnier zu keinem Zeitpunkt überfordert gefühlt. Es war immer noch Luft da. Morgens konnte ich bis neun oder halb zehn ausschlafen, bin ein bisschen früher in die Halle gefahren als sonst, habe alles relaxter gemacht. Meine Frau ist auch mit nach Rotterdam gekommen. Abends konnte ich mit ihr gemütlich essen, habe meine Beläge in Ruhe vorgeklebt und bin noch mal mit dem Hund raus. Unser Hotel lag auch sehr ruhig, etwas abseits auf dem Land.

Mein Ablauf bei großen Turnieren ist eigentlich standardisiert. Zwei bis zweieinhalb Stunden vorher bin ich in der Halle, laufe mich zehn Minuten warm, mache ein paar Dehnübungen und Sprünge, damit die Beinmuskulatur Spannung und Dampf bekommt. Dann spiele ich mich dreißig bis vierzig Minuten ein. Die anschließende

Pause habe ich schon mal genutzt, um die Bälle für mein Spiel aus-
zudrehen, also die rundesten auszusuchen, und meinen Schläger
zum Testen abzugeben. Wenn ich ihn zurückbekommen habe, spiele ich noch einmal zehn Minuten, meist mit Aufschlag und Rückschlag und einem kurzen Satz, der bei 8:8 losgeht. Um mich an die
Atmosphäre zu gewöhnen, gehe ich dann von der Trainings- in die
Wettkampfhalle. Und kurz bevor mein Spiel aufgerufen wird, binde
ich mir die Schnürsenkel noch einmal richtig zu, denn mir ist es
wichtig, dass die Schuhe fest sitzen.

Die Auslosung brachte Timo im Achtelfinale mit einem guten
Bekannten zusammen: Dimitrij Ovtcharov, seinem Kollegen
aus der Nationalmannschaft, mit dem er bei Borussia Düsseldorf zusammengespielt hatte und mit dem er auch jetzt noch
regelmäßig trainiert. »Wir sind richtig gute Kumpels«, erzählte Timo am Tag vor dem Achtelfinale, »es ist schon ein
Ritual, dass wir uns gemeinsam auf große Meisterschaften
vorbereiten. Dima kommt dann zu uns nach Hause, meine
Frau bekocht uns gut und wir machen ein bisschen Wellness-
programm mit Sauna. Er hat ein eigenes Zimmer bei uns, aber
Miete muss er keine zahlen.« Timo lachte. Und noch einmal,
als er hörte, dass Ovtcharov sein Drittrundenspiel ganz locker
gewonnen hatte: »Schön, dann ist er der Favorit.«

Am Tag, als beide gegeneinander spielen mussten, war
dann doch einiges anders als sonst. Zum Beispiel entfiel das
gemeinsame Einspielen in der Aufwärmhalle. »Wir haben
ausnahmsweise andere Partner gehabt, aber an zwei benach-
barten Tischen gespielt, das war schon etwas komisch«,
sagte Timo. Auch ihr Achtelfinale begann merkwürdig, denn
Ovtcharov gehört zu den Spielern, die ihre Anspannung
nach einem Punktgewinn ziemlich laut herausbrüllen. Doch
diesmal hielt er sich lange zurück. Kein »Tschoooaaa«-,
»Joooooh«-, oder »Tschoalllee«-Jubelschrei, wie sie unter

Tischtennisspielern so verbreitet sind. »Wenn man gegen einen Freund spielt, muss man nicht rumbrüllen und ihm die Faust zeigen«, sagte Ovtcharov hinterher. Auch Timo verhielt sich noch leiser als sonst.

Gegen Dima kommt es auf die innere Ruhe an, da zeige ich kaum Emotionen. Man muss sehr präzise und variabel spielen, weil er eine Menge Druck machen kann. Es ist nicht so einfach, ihn zu überraschen. Wir kennen uns so gut, dass er bestimmt schon vor mir weiß, wo ich hinspiele. Man darf aber auch nicht zu hektisch oder unzufrieden werden, sonst spielt man einfältig und probiert zum Beispiel nur noch einen Aufschlag. Andererseits muss man mutig sein. Wenn etwas bis 7:4 funktioniert, heißt es nicht, dass es danach auch noch funktioniert. Man muss deshalb immer wieder mal etwas anderes probieren und darf sich nicht nur auf ein Mittel verlassen.

Timo lag im ersten Satz 1:5 zurück, gewann ihn aber noch 11:7. Den zweiten holte er sich mit 11:6. 2:0 Satzführung – das Spiel schien entschieden. Doch den dritten Satz gab Timo ab und ließ im vierten bei 10:7 drei Satzbälle hintereinander aus. Ovtcharov nutzte diese Schwächephase zum 2:2-Satzausgleich. Wie würde Timo darauf reagieren? Es ist eine typische Situation, um ein »Eisen« zu bekommen, also jegliches Feingefühl zu verlieren, weil die Angst, die Kontrolle über das Spiel zu verlieren und eine große Chance auszulassen, durch den ganzen Körper bis in die Finger kriecht.

In der Satzpause war ich erst einmal aufgebracht, ich habe mich über die verpassten Chancen aufgeregt und gemerkt, dass ich zu ängstlich und zu einfach gespielt habe. Er konnte meine Bälle vorausahnen. Dima ist eben ein Schlauer. Wenn ich wie in diesem Satz nur mit einem Aufschlag arbeite, findet er irgendwann auch eine

Antwort darauf. Aber noch in der Pause habe ich meine Gelassenheit wiedergefunden. Überhaupt ist das mein Rezept für eine solche Situation: Ich lasse es noch ruhiger angehen. Das funktioniert bei mir am besten. Also gar nicht erst ins Negative reinkommen. Innerlich zu jammern ist eine Sache. Wenn man es dann aber noch nach außen zeigt, ist das wirklich der schlimmste Fall. Deshalb darf ich es schon nicht zum inneren Nörgeln kommen lassen, das muss ich sofort wieder abschütteln. In der Satzpause gegen Dima habe ich mir deshalb noch einmal meine Leitsätze vorgesagt: weiter kämpfen, weiter probieren, dein Bestes geben.

Diese einfachen Botschaften zeigten eine verblüffende Wirkung: Den nächsten Satz gewann Timo 11:0. Nicht einmal einen Anstandspunkt ließ er Ovtcharov. »Ich finde es immer blöd, wenn man bei 10:0 den Ball einfach so weghaut. Aber ich habe ihn extra nicht so fest gespielt. Und ich glaube, Dima war auch froh, als der Satz vorbei war.« Timo hatte wieder Abwechslung in sein Spiel gebracht und mehr Selbstvertrauen. Den sechsten Satz und damit den Sieg sicherte sich Timo 11:8. Das Freundschaftsspiel mit Bedeutung hatte er für sich entschieden. Hinterher sagte er CCTV: »Jetzt weiß ich, wie die Chinesen sich fühlen. Sie spielen ja ständig gegeneinander.« Und den deutschen Journalisten zeigte er noch einmal, wie gelöst er bei diesem Turnier war. »Wir bleiben Freunde – zumindest von meiner Seite aus«, sagte er und lachte.

Um seine erste WM-Einzelmedaille gewinnen zu können, stand Timo nun eine angemessene Aufgabe bevor. Er musste im Viertelfinale einen Chinesen besiegen. Auf ihn wartete Chen Qi, nicht der beste Chinese, aber was heißt das schon? Olympiasieger und Weltmeister im Doppel ist er und verfügt nicht nur über eine brachiale Vorhand. »Seine Aufschläge sind exzellent. Wenn man die einigermaßen unter Kontrolle bekommt, dann hat man eine Chance.« Bevor das Spiel in der Ahoy-Arena aufgerufen wurde, war im Viertelfinale der letzte Nicht-Chinese außer Timo ausgeschieden, Jun Mizutani. Europas letzte Hoffnungen lagen ohnehin auf Timo. Die Stimmung in der Halle begann allmählich zu brodeln. Dann zeigte die Videowand den wartenden Timo Boll. Das genügte, um das Publikum in Wallung zu bringen, ein Großteil der 8000 Zuschauer begann, frenetisch zu jubeln. Als Auftrag an Timo, sie nicht mit den Chinesen allein zu lassen. Timo kaute derweil seelenruhig auf einem Riegel herum.

Zehn Minuten vor dem Spiel esse ich noch einen Riegel, also meistens, wenn der wahrscheinlich letzte Satz des vorher laufenden Spiels anfängt. Das mache ich, um meinen Blutzuckerspiegel schön hoch zu halten. Es ist ein Riegel mit Trockenfrüchten. Ein Ernährungsberater hat mir mal gesagt, der sei speziell in meiner Sportart gut. Vor dem Spiel trinke ich ab und zu mal ein Mineralgetränk, in den Satzpausen dann eigentlich nur ein wenig Wasser. Falls ich mal einen Zuckersturz habe, nehme ich auch im Spiel ein Mineralgetränk, aber das kommt sehr selten vor. Viele ziehen sich ja noch irgendwelche Gels rein. Aber die bringen bei uns nichts, die sind eher für den Ausdauersport gut. Tischtennis ist eben schon speziell. Wir haben kurze Belastungshöhen und dann wieder Entspannung. Ich esse bei einem Turnier sonst kaum etwas über den Tag, das würde mich nur belasten. Mit meinen Riegeln habe ich dafür gute Erfahrungen gemacht. Fürs Training aber sind sie mir viel zu schade.

Anspannung war Timo nicht anzusehen. Die Halle tobte, als das Spiel vom Hallensprecher aufgerufen wurde und er gemeinsam mit Chen Qi wie ein Gladiator zu lauter Musik in die Arena einlief. Der vielleicht beliebteste Deutsche in China wirkte in diesem Moment wie der beliebteste Deutsche in Holland. Und wie sah es in ihm aus?

Beim Einmarsch musste ich schon ein bisschen schmunzeln. So eine Euphorie erlebt man ja wirklich selten. Ich habe eine Gänsehaut bekommen und mir gesagt: Das musst du jetzt genießen und abspeichern, auf deiner Festplatte im Kopf sichern. Denn so etwas erlebt man wahrscheinlich nicht so oft im Leben. Nervosität habe ich gar nicht gespürt. Ich habe die Atmosphäre als etwas sehr Schönes wahrgenommen und versucht, erst gar keinen Druck entstehen zu lassen, indem ich mir gesagt habe, dass es meine Karriere nicht schmälern wird, wenn ich keine WM-Einzelmedaille gewinne.

Als es los ging gegen Chen Qi, schien alles auf dem richtigen Niveau zu sein, Timos Anspannung und auch sein Blutzuckerspiegel. Timo fand leicht ins Spiel, die Punkte kamen gerne zu ihm. Und auf die eigentlich so gefährlichen Aufschläge Chen Qis antwortete er mit überraschend offensiven Rückschlägen. Auf einen Topspin schien Timo anschließend nur zu warten und zog über dem Tisch einfach noch schneller dagegen. Dass eine volle Halle mit ekstatischem Publikum auch eine Gefahr bedeutet, das hatte sich Timo vorher bewusst gemacht: »Man darf nicht die ganze Euphorie in Schlaghärte umsetzen.« Das tat er auch nicht, er spielte gerade so schnell und platziert, um den Punkt zu machen. Mit 11:5 ging der erste Satz an ihn. Doch so lief es nicht weiter.

Im zweiten Satz musste Timo Chen Qi gleich die ersten sieben Punkte überlassen, regelmäßig drängte der Chinese ihn mit seinen druckvollen Bällen vom Tisch weg, und von dem Risiko, das Timo noch im ersten Satz eingegangen war, war nicht mehr viel zu sehen. Aus dem Rückstand kam Timo nicht mehr heraus – 5:11. Als Timo nach dem Spiel den wartenden Journalisten erzählen sollte, was dann passiert war, sagte er: »Ich bin zum Glück drangeblieben«, machte eine Pause und gab sich selbst einen Namen: »Terrier«. Taktisch gesehen hatte Timo an sein Konzept aus dem ersten Satz angeknüpft und mit mutigen und präzisen Rückschlägen Chen Qi nicht mehr ins Spiel kommen lassen. Und wenn der Chinese doch einmal einen seiner gefürchteten Vorhand-Topspins abfeuerte, hielt Timo am Tisch wieder reaktionsschnell dagegen. Zur Belohnung gingen die nächsten beiden Sätze an Timo, 11:6 und 11:7.

Ein Satz fehlte ihm jetzt noch zum Einzug ins Halbfinale. Damit hätte er die Bronzemedaille sicher, denn es gibt zwei dritte Plätze, im Gegensatz zu Olympia wird der dritte Platz bei einer WM nicht ausgespielt. Timo nahm gleich Reißaus, 2:1, 3:1, 4:1. Chinas Cheftrainer Liu Guoliang zeigte nun eine Auszeit an. Seine Auszeiten sind bei den Gegnern gefürchtet, denn sie können ein Spiel drehen, weil Liu Guoliang als glänzender Taktiker gilt, der seine Spieler genau auf die Dinge hinweist, die ein Spiel entscheiden können. 4:1 stand es immer noch, als Timo und Chen Qi zurück an den Tisch gingen. Und kurze Zeit später 5:1 und 6:1. Timo hatte Chen Qi abgeschüttelt, jetzt musste er ihn nur auf Distanz halten. Mal machte er einen Punkt, indem er vorn stehen blieb und die Bälle über den ganzen Tisch verteilte. Ein anderes Mal, indem er sich mit ein, zwei Schritten Abstand zum Tisch Chen Qis Topspins entgegenstellte und das Tempo aus dem Spiel nahm, weil nicht immer die Schlaghärte über den Punkt entscheidet, sondern auch die Rotation und die Platzierung. Timo beherrscht diese Variationen so gut, als spiele er mit vielen verschiedenen Farben von zart-pastell bis kräftig-leuchtend.

So ging es weiter. 7:3, 8:3, 9:3, 10:3 – Matchball für Timo. Chen Qi warf den Ball hoch zum Aufschlag, spielte ihn parallel in die Vorhand, Timo eröffnete mit einem Topspin in Chen Qis Rückhand, der Chinese versuchte noch einmal Druck aufzubauen mit einer gepressten Rückhand und einem Vorhand-Topspin, Timo stand in sicherer Entfernung vom Tisch und ließ sich von diesen beiden Bällen nichts anhaben, spielte zurück und sah dabei zu, wie der nächste Topspin seines Gegners im Netz landete. Geschafft. Halbfinale. Erste WM-Medaille im Einzel. Timos rechte Faust flog in die Luft, der ganze Timo mit einem Freudenhüpfer hinterher. Riesiger Jubel erfüllte die Halle, und Rodelia konnte auf der Tribüne ihre Freudentränen nicht zurückhalten.

Die erste WM-Medaille im Einzel, im insgesamt siebten Anlauf. Aber auch dieser Erfolg brachte Timo nicht durcheinander. Ähnlich entspannt wie nach den Siegen in den Runden zuvor stellte er sich den Fragen der Journalisten. Nur dass es inzwischen deutlich mehr waren, mehr Journalisten und mehr Fragen. »Es war schon ein Makel, der auf mir gesessen hat, und etwas bitter, dass ich bei einer WM bisher nie so richtig gut gespielt habe. Ich bin supererleichtert. Ich glaube, nach dem Matchball hat man mir die Freude schon angemerkt. Ich habe sehr, sehr solides Tischtennis gespielt.« Solide. Nun gut, wenn Timo ein 4:1 im WM-Viertelfinale gegen einen Chinesen so einstufen möchte. Im Detail lobte er sich dafür etwas mehr. »Ich habe mal wieder mein Adlerauge bei seinen Aufschlägen eingesetzt und deshalb selten danebengegriffen.« Und das Thema jenseits des Sports, an dem sich diesmal seine gute Laune zeigte, war sein Bart, den er während des Turniers nicht gestutzt hatte. »An sich bin ich nicht abergläubisch. Aber wenn ich mich jetzt rasiere, brennt es sicher am nächsten Tag, deshalb lasse ich ihn stehen. Ich habe zum Glück nicht so einen starken Bartwuchs.«

Timos 4:1-Sieg war zugleich die erste Niederlage für die Chinesen im Einzel bei dieser WM. Zuvor hatten sie sich nur untereinander aus dem Wettbewerb geworfen.

Als einziger Nicht-Chinese spielte Timo noch am Schlusstag mit. Die Halle war nicht mehr ganz so gut gefüllt wie am Tag zuvor, 6500 Zuschauer waren gekommen, vielleicht hatten manche gar nicht mehr damit gerechnet, noch einen anderen

Spieler als die der Tischtennis-Weltmacht spielen zu sehen. Doch Timo war noch dabei. Sein Gegner: Zhang Jike. Wieder einmal. Das vierte Aufeinandertreffen in diesem Jahr nach einem Sieg im Halbfinale der Katar Open, der Niederlage im Finale der German Open und der Niederlage bei Euro-Asia in Peking. Diesmal ging es bestens los für Timo, mit einem 11:7 im ersten Satz. Sollte er so weitermachen können?

Im zweiten Satz habe ich am Anfang ein paar Bälle liegen gelassen. Hätte ich diese Punkte gemacht, wäre er vielleicht ein bisschen ins Schlingern gekommen. Wenn man gegen Chinesen spielt, muss man es schaffen, dass sie Selbstzweifel bekommen. Ich hatte meine Bälle schon auf einem so hohen Niveau gespielt, dass sie eigentlich nicht mehr zurückkommen. Wenn man so spielt, macht man sonst den Punkt. Aber nicht an diesem Tag gegen Zhang Jike. Er hat eben eine körperliche Stabilität wie keiner von uns Spielern, da hat meine Schnelligkeit nicht ausgereicht. Ich war selbst ein bisschen überrascht, als die Bälle zurückkamen, und dann fehlen einem ein paar Hundertstelsekunden, man kommt einfach einen Tick zu spät an den Ball.

Den zweiten Satz musste Timo mit 5:11 hergeben, den dritten und vierten jeweils mit 3:11. Zhang Jike spielte gnadenlos, seine Bälle flogen noch schneller und druckvoller auf Timo zu als die von Chen Qi. Und immer wieder trieb er Timo in die Ecken, indem er extreme Winkel spielte. Nichts deutete darauf hin, dass hier noch etwas möglich wäre.

Im fünften Satz ging Timo jedoch auf einmal 4:0 in Führung. Die Hoffnung kam zurück, dass Zhang Jike jetzt vielleicht doch ins Grübeln geraten würde, es war schließlich auch für ihn das erste WM-Halbfinale im Einzel. Aber der ließ sich nichts anmerken und machte sechs Punkte in Folge. Wenig später lag Timo 5:8 hinten. Der Ball flog

16-mal hin und her, Timo versuchte Zhang Jike vom Tisch wegzudrängen, doch der erlief sich jeden Ball, und als ihn Timo schon auf dem falschen Fuß erwischt zu haben schien, schleuderte der Chinese ihm noch einen festen Topspin entgegen, Timos Gegentopspin landete von der Netzkante im Aus – 5:9. Dann ein Punkt für Timo. 6:9, und Liu Guoliang nahm eine Auszeit.

Timo störte sich nicht an dieser Unterbrechung und spielte anschließend gleich mehrere starke Bälle hintereinander, er traf feste Angriffsschläge, er riskierte einen aggressiven Rückschlag mit der Rückhand und schaffte zur Begeisterung des Publikums den Ausgleich zum 9:9. Zhang Jikes Antwort: ein harter Rückhandball aus dem offenen Spiel heraus in Timos weite Vorhand, an den Timo nicht mehr richtig herankam und den er ins Netz spielte. Matchball für Zhang Jike. Und noch ein ähnliches Muster hinterher: erst ein Ball in Timos weite Rückhand, dann einer in die tiefe Vorhand – Zhang Jike hatte gewonnen, er stand im Finale. Seine ganze Freude, Energie und abgefallene Anspannung brüllte er heraus und trommelte mit der Faust auf seine Brust. Mit einem anerkennenden Nicken gab Timo ihm die Hand.

»Er hat ein bisschen ängstlich angefangen, aber dann ist die Maschinerie ins Rollen gekommen«, sagte Timo direkt nach dem Spiel. »Ich habe teilweise wahnsinnig gute Bälle gespielt, aber er hatte immer die bessere Antwort. Das bewundere ich an den Chinesen, dass sie das immer wieder schaffen. Aber Bronze ist immerhin schon mal was, damit muss man zufrieden sein.« In den Katakomben der Halle wartete Richard Prause auf Timo. »Hut ab«, sagte er zu ihm und deutete eine Verbeugung an. »War okay, muss man akzeptieren«, war Timos gewohnt knappe Erwiderung.

Die Zufriedenheit brauchte bei Timo noch etwas Zeit, um sich auszubreiten, er hatte sich schließlich nicht auf Bronze ausruhen wollen. Die Chance zur Medaille hatte er genutzt, aber auch die Chance auf den Einzug ins Finale gehabt. Wer weiß, wann die nächste kommt. »Ich war noch hungrig«, sagte er. Und er stand noch ganz unter der Anspannung des Wettkampfs, stärker als sonst, weil es eben sein erstes Einzel-Halbfinale bei einer WM war. Die Statistik machte seinen Halbfinaleinzug jedoch noch einmal größer: Es war die erste deutsche WM-Medaille im Einzel seit 42 Jahren, seit den beiden Silbermedaillen von Gabriele Geißler für die DDR und von Eberhard Schöler für die Bundesrepublik bei der WM 1969, der letzten WM, die China wegen der Kulturrevolution ausgelassen hatte. Es war übrigens Schölers Erfolg, der Familie Boll erst auf Tischtennis gebracht hatte: Fasziniert von Schölers Spiel hatte Timos Vater im Alter von 13 Jahren gemeinsam mit einem Freund eine Tischtennisplatte in einer Scheune zusammengebaut und grün angestrichen. Die Begeisterung hielt auch eine Weile an. Mit Mitte zwanzig fing er dann richtig mit Tischtennis an.

Das Halbfinale in Rotterdam war ein Schlüsselspiel für Timo. Denn er war in guter Form zur Weltmeisterschaft gefahren und hatte es dennoch nicht bis nach ganz oben geschafft. Wieder war einer der Chinesen in einer unglaublichen Verfassung, »Traumtischtennis«, nannte Timo die Vorstellung von Zhang Jike. Was also kann er noch verbessern?

Es gab typische Ballwechsel in diesem Halbfinale. Ein langes, hartes Hin und Her, bis Zhang Jike Timo den Ball entweder mit seiner Rückhand, der wohl wuchtigsten in der Tischtenniswelt, unerreichbar in die weite Vorhand schlug oder mit einem festen Vorhand-Sidespin in Timos Rückhand schleuderte, Timo die Rückhand zu umlaufen versuchte, um Druck machen zu können, aber mit seiner Vorhand dennoch nicht richtig an den Ball kam. Sidespin ist nichts Neues für

Timo, und ein fester Topspin auch nicht, aber ein fester Sidespin, auf den konnte er sich nicht so schnell einstellen, der Winkel war zu extrem, die Rotation zu ungewohnt.

Ich kenne das aus dem Training nicht. Das war ein Problem, mit dem ich in diesem Spiel zu kämpfen hatte. Wer spielt schon in Europa Bälle auf diesem Niveau? Es wäre auch keine Lösung gewesen, seine Bälle mit der Rückhand zu pressen, schon von der Schlägerhaltung nicht. Dazu ist zu viel Rotation darin. Wenn er mir mit so viel Sidespin fest in die Rückhand spielt, muss ich das Handgelenk extrem anwinkeln, um erst einmal die Rotation herauszunehmen. Ich musste diese Bälle mit der Vorhand nehmen, weil ich mit der Vorhand besser platzieren kann.

Ich kann auch keine Ausreden gelten lassen, ich war gut drauf. Da war schon ein Klassenunterschied zu spüren. Es ist unglaublich, wie sich Zhang Jike im letzten halben Jahr entwickelt hat. Ein paar Ausrutscher hat er sich noch geleistet, gerade in der Phase, als es bei den Chinesen um die Nominierungen für die WM ging. Vorher hatte er nicht so viel Selbstvertrauen und Selbstsicherheit, die kamen erst in den letzten drei Monaten vor der Weltmeisterschaft. Er hat das Selbstvertrauen über ein paar Turniere hinweg getankt. Wenn man so viel davon hat, dann spielt man bei einer WM auch mit einem so guten Gefühl, dass man sich nur noch aufs Taktische konzentriert, auf das Vorausschauen, nicht mehr auf die Technik. Die Technik muss einfach sitzen, sie muss selbstverständlich sein.

Bei allem Respekt vor Zhang Jikes Leistung glaube ich jedoch nicht, dass er dieses Niveau immer spielen kann. Ich denke nicht, dass er von jetzt an jedes Turnier gewinnen wird, und es wird in den nächsten Jahren auch keinen anderen geben, der alles gewinnen wird. Denn es ist vor allem mental schwierig, solch ein hohes Niveau zu halten. Das schafft eigentlich niemand. Zhang Jike hat ja eine Bandage ums Knie getragen, er hatte also vorher irgendwann Probleme mit seinem Knie gehabt. Aber um so wie er spielen zu können, darf man keinen Gedanken an seinen Körper verschwenden. Schon ein kleiner Stich im Knie schränkt einen in seinem Spiel ein, man spielt zum Teil unbewusst eine andere Taktik, um nicht in den Schmerzbereich zu kommen. Und jeder Spitzenspieler hat einmal zwischendurch mindestens kleinere körperliche Probleme.

Ich selbst muss jetzt versuchen, körperlich noch einen Tick schneller zu sein, noch etwas kompakter, stabiler. Zhang Jike ist zum Beispiel körperlich unglaublich stabil. Wenn man eine gute Muskulatur hat, und damit meine ich jetzt nicht die dicken Muckis, die man sieht, sondern eher die Tiefenmuskulatur, sind die Bewegungen sicherer und stabiler. Ich habe in Rotterdam einige Bälle einfach körperlich verrissen.

Außerdem muss man heute spieltechnisch gesehen komplett sein. Auch das hat die WM in Rotterdam noch einmal gezeigt. Wer nur eine etwas schlechtere Rückhand hat, der hat keine Chance, so wie diesmal Xu Xin. Gegen mich tut er sich noch ein bisschen leichter, weil ich wie er Linkshänder bin. Im Spiel gegen ihn wäre ich gerne Rechtshänder, da könnte ich ihn in der Rückhand festnageln. Ich muss also vor allem an meiner Rückhand arbeiten, dass sie noch sicherer, noch druckvoller wird. Und dass ich meine Rückschläge gleich aggressiv über dem Tisch spielen kann. So wie Wang Hao und Zhang Jike. Die haben ihre Gegner damit ganz schön massiert.

Die beiden Chinesen trugen in Rotterdam das Finale aus, und Zhang Jike machte da weiter, wo er gegen Timo aufgehört hatte. Entweder stellte er sich wie eine Wand Wang Haos Angriffswirbel entgegen oder er knallte unaufhörlich mit Vorhand und Rückhand die Bälle auf den Tisch. Timo war jedenfalls nicht gegen einen der besten Chinesen ausgeschieden, sondern gegen den seinerzeit besten. Zhang Jike wurde Weltmeister. Im Endspiel entthronte er Titelverteidiger Wang Hao, zerriss danach sein Trikot und entblößte einen drahtigen Oberkörper, wie man ihn sonst eher bei einem Karatekämpfer erwarten würde. Für Timo gab es noch einen besonderen Trostpreis. Er erhielt zum zweiten Mal den Richard-Bergmann-Preis für Fair Play. Die Schiedsrichter hatten ihn dafür nominiert. Nicht, dass es in Rotterdam wie sechs Jahre zuvor in Schanghai eine bestimmte, preiswürdige Szene gegeben hätte. Es war der Gesamteindruck, den Timo in Rotterdam hinterlassen hatte. »Seine gesamte persönliche Präsentation ist einfach vorbildlich, das macht es für uns so was von angenehm«, sagte Michael Zwipp, der Ressortleiter der deutschen Schiedsrichter. »Das sind nicht nur Kantenbälle, die er zugibt. Es fängt schon damit an, dass er immer pünktlich zur Schlägerkontrolle oder zur Ballauswahl da ist, darauf kann man sich verlassen. Andere kommen entweder zu spät oder gar nicht, und wenn sie kommen, haben sie noch Sonderwünsche. Timos Stärke ist außerdem die Würdigung des Publikums. Er lässt seine Zuschauer spüren, dass er einen Teil seines Erfolges auch ihnen zu verdanken hat, weil sie ihn tragen, motivieren, antreiben und ihm auch nach einer Niederlage die Sympathie nicht verweigern. Timo bringt ihnen dafür viel Geduld entgegen, etwa wenn es um Autogrammwünsche von jugendlichen Fans geht.«

Später, bei der eigentlichen Siegerehrung, stand Timo dann allein unter Chinesen, neben Ma Long, Zhang Jike und Wang Hao, in schwarz-rot-gelbem Trainingsanzug zwischen rötlicher und silberner Ballonseide der Chinesen, die eher nach Raumfahrt aussah als nach Sport. Und noch etwas unterschied Timo von seinen drei Konkurrenten. Er stand zwar nicht auf der obersten Stufe des Siegerpodests, aber er blieb am längsten stehen, während es um ihn herum heftig blitzte. Die Fotografen konnten nicht genug bekommen von diesem seltenen Motiv: ein Europäer, ein Nicht-Chinese, mit einer WM-Einzelmedaille um den Hals. Sechs Jahre zuvor hatte das mit Michael Maze letztmals ein Europäer geschafft.

»Ich spüre eine unglaubliche Leichtigkeit«, sagte Timo einen Tag nach der Weltmeisterschaft. Seinen Magen dürfte er damit nicht gemeint haben. Denn für die strenge Diät und das harte Training vor der WM belohnte er sich danach mit einer Pizza – »mit doppelt Käse und Peperoniwurst«. Was Timo am Tag nach dem Turnier über sich in der Zeitung lesen konnte, dürfte ihn ebenfalls mit großer Zufriedenheit erfüllt haben. Die »Süddeutsche Zeitung« schrieb: »Boll gibt nicht auf. Er ist ein Sisyphus des Tischtennis.« Und die »Frankfurter Allgemeine«: Boll habe »den letzten Makel seiner außerordentlichen Karriere beseitigt«. Sie nahm die Bronzemedaille ebenfalls eher als Hoffnungszeichen für ein Weiterkommen denn als Stoppsignal der Chinesen: »Aufgegeben hat Boll noch lange nicht.«

Diese WM-Medaille ist auf jeden Fall einzigartig. Doch auch sie hat Timo wieder zu seinen Eltern gebracht, damit sie einen Platz findet in dem Keller, wo alles begonnen hatte.

In Peking im Hotelbistro hat sich jetzt Werner Schlager an unseren Tisch gesetzt. Zusammen mit Wladimir Samsonow ist der Österreicher Timos bester Gefährte auf der Pro Tour, die beiden teilen auch die Leidenschaft für Technik, und kaum hat sich Schlager einen Cappuccino bestellt und sein iPad vor sich eingeschaltet, bringen sich die beiden schon auf den neuesten Stand.

Nach einem »Kennst du schon dies« und »Wusstest du schon das« über Konfigurationen, Schnittstellen und Frequenzen von Telefonen und Computern fällt Timo beim Blick auf die Uhr eine Verabredung ein. Kim wartet auf ihn, der dänische Masseur, Timos Muskulatur will gelockert werden. Er lässt Schlager und mich allein – eine gute Gelegenheit, über Timo und Tischtennis zu reden. »Auf dem Niveau von Timo war ich nie und werde es nie mehr sein«, beginnt Schlager ein wenig überraschend. Denn er hat Timo schließlich eines voraus, einen Weltmeistertitel im Einzel, und Schlager erzählt, dass es mit diesem Titel mehr auf sich habe als eine Siegerehrung und eine gesteigerte öffentliche Aufmerksamkeit. »Seitdem ich Weltmeister geworden bin, ist alles viel tiefgründiger geworden.«

Schon vor dem Weltmeistertitel war Schlager einer, der sich gerne weit hineingewagt hat in das Dickicht des Spiels, dessen Neugier noch gesteigert wurde, je undurchsichtiger es wurde. Was er mit seinen Computern macht, aufschrauben, auseinandernehmen und wieder zusammenbasteln, das macht er auch mit dem Tischtennis. »Ich mag die Komplexität des Tischtennis. Es kann nie langweilig werden.« Wenn er im Spiel den Ball aufhebt und zurückgeht zum Tisch, um ihn hochzuwerfen für den nächsten Aufschlag, dann sieht er dabei mit seinen zusammengekniffenen Augenlidern und den geschürzten Lippen aus wie jemand, der auf dem Weg zur Tafel ist, um seinem Mathe-Professor die Lösung anzuzeichnen. Schlägerwinkel, Balltreffpunkt, Abstand zum Tisch, Gewichtsverlagerung, Beinarbeit, Kopfarbeit – je mehr Variablen, desto besser. »Selbst ein einfacher Schupfball kann in unendlich vielen Variationen gespielt werden. Du kannst ihn so machen, so oder so«, erklärt er und lässt seine Hand einmal gerade nach vorn schnellen, einmal mit den Fingerspitzen nach links unten und einmal nach links oben.

Da mag eine Seelenverwandtschaft bestehen zwischen den beiden Berufsspielern Schlager und Boll. Beide lieben sie Tischtennis, weil es auf Ideen ankommt. Und beide haben sich wiedergefunden im Tischtennis. Nur dass Schlager auch sehr gerne darüber spricht. »Timo ist ein bisschen redefaul«, erzählt er grinsend.

Er dagegen will sein Spiel auch mit Worten durchdringen. Und verteidigen. Er will sich zum Beispiel nicht mit der Erklärung zufriedengeben, dass Tischtennis vielleicht auch deshalb eher ein Sport zum Selbstspielen als zum Anschauen im Fernsehen ist, weil eine wichtige Komponente – und das Markenzeichen von Timo Bolls Spiel – so schwer einzufangen ist für die Linse der Fernsehkameras: die Rotation. Die anderen beiden Komponenten, Tempo und Platzierung, können die Augen der Fernsehzuschauer noch verfolgen, aber warum der Rückschlag im Netz zappelt, obwohl der Aufschlag doch ganz einfach aussah, ist eben kaum zu erkennen. »Die Rotation sieht man nicht, schön und gut, aber dafür gibt es andere Dinge: Tischtennis ist spannend, die neue Zählweise bis elf hat es noch attraktiver gemacht, weil die Emotionen schneller wechseln. Ich glaube nicht, dass es notwendig ist, Tischtennis immer einfacher zu machen.«

Wie stimmungsvoll Tischtennis auch in Europa sein kann, hat Schlager selbst erlebt. 12.000 Zuschauer füllten 2003 das Pariser Palais Omnisports, als er sich Runde für Runde bis ins Finale vorkämpfte. Eigentlich war der Österreicher schon so gut wie ausgeschieden. 2:3 und 6:10 lag er gegen den Titelverteidiger Wang Liqin zurück. Vier Matchbälle musste er abwehren, und bei 7:10 entschied er sich für einen langen Aufschlag. Gegen Wang Liqin, der von beiden Seiten einen rasanten Topspin zieht! »Wenn Wang mir den eingezogen hätte, wäre ich der Depp gewesen.« So wurde er als risikofreudiger Held gefeiert. Die ideale Balance zwischen Risiko und Sicherheit hat Werner Schlager zum Weltmeistertitel getragen. »Tischtennis ist ein Jonglieren mit Wahrscheinlichkeiten. Du darfst im Tischtennis nicht berechenbar sein.«

Aber ohne ein Gefühl, ein ganz besonderes sogar, wäre auch der Tischtennisstratege Werner Schlager vielleicht nicht Weltmeister geworden. »Ich war verliebt«, sagt er. »Da ist man prinzipiell gut drauf und positiv aufgeladen.« Bei der WM 2003 ist seine neue Freundin zum ersten Mal mit zu einem großen Turnier gereist. Mit ihr war er abends noch länger unterwegs. »Man darf sich bei einem Wettkampf nicht einengen lassen. Im Trainingsalltag geht man ja auch nicht um acht Uhr abends ins Bett, und das Training soll dem Wettkampf möglichst ähnlich sein.« Dass das erste Turnier, das sie gemeinsam erlebten, in Paris stattfand, klingt fast schon kitschig.

Bei aller Liebe, ein bisschen ungerecht findet Schlager Tischtennis auch. »Es ist unfair, weil die körperliche Entwicklung nicht mit der geistigen einhergeht.« Sein Spielverständnis sei um ein Vielfaches höher als noch ein paar Jahre zuvor, aber sein Körper spiele eben nicht mehr bei allem mit, deshalb trainiere er nun viel weniger. »Dein Spiel ist wie eine Pflanze. Wenn du Trainingsrückstand hast, schneidest du sie zurück, sie wächst dann neu, aber ganz anders. Deswegen kann man sie ruhig hin und wieder mal stutzen.« Im Durchschnitt trainiert er nur noch zweimal in der Woche. Den Lauf der Dinge kommentiert er mit einem Schulterzucken und einem Blick aus dem Fenster, als ob über die Häuserwand gegenüber gerade noch einmal die wichtigsten Szenen seiner bisherigen Karriere liefen.

Doch die Zeit habe es mit ihm besser gemeint als mit Timo. Denn Timo trifft das Pech der späteren Geburt, so könnte man es nennen. Schlager, Jahrgang 1972, erwischte bei seinem Weltmeistertitel einen günstigen Moment, in dem die Chinesen gerade einmal herausragend, aber nicht überragend spielten. »Sie haben sehr viel aus Paris gelernt«, sagt er und es hört sich an, als hätten sie kurz nicht aufgepasst und er hätte sich hinter ihrem Rücken aufs Siegerpodest geschlichen. »Die neue Generation ist noch stärker. Du kannst sie noch schwerer lesen. Wenn jemand im mentalen Bereich untrainiert ist, dann kannst du ihn lesen wie ein offenes Buch. Die Chinesen geben dir heute aber weniger Signale, was gerade in ihnen vorgeht, und zeigen nur noch positive Reaktionen.« Man weiß also nicht so recht, woran man ist bei Spielern wie Ma Long, Zhang Jike, Xu Xin, ob sie gerade hadern, ob sie im nächsten Ballwechsel wieder den Mut zum Risiko aufbringen oder vielleicht doch zu zögern anfangen. »Diese Reaktionen fließen alle in meine Taktik ein«, erklärt Schlager, »wenn mein Gegner sehr risikofreudig drauf ist, werde ich keinen langen Aufschlag machen.«

Schlager sagt, er sei mit mentalem Training aufgewachsen. »Ich hatte früher zwei Handtücher in der Box, ein nasses, kaltes und ein trockenes. Zum nassen habe ich gegriffen, wenn ich nervös war. Es hat den Puls heruntergebracht. Genauso wie langes Ausatmen.« Beigebracht hatte ihm das sein Vater, der ihn viele Jahre trainierte. Als Schlager sich von ihm abnabelte, setzte er auch solche Techniken nicht mehr ein. »Erst viele Jahre später, als ich mich bewusst mit Mentaltraining zu beschäftigen begann, wurde mir klar, wie weit mein Vater seiner Zeit voraus war.« Ein Mentaltrainer sei nichts anderes als ein Handwerker mit einem Werkzeugkasten. »Wenn du diese Werkzeuge bewusst einsetzt, werden sie mächtiger.«

Ein Universalwerkzeug ist nun für ihn die Gelassenheit geworden. »Ich sehe nicht mehr jedes Spiel als das wichtigste der Welt an. Ein Sieg oder eine Niederlage bringt einen aus dem emotionalen Gleichgewicht. Ich versuche nun, das Spiel richtig zu gewichten und mich damit schon vor dem letzten Ballwechsel zu arrangieren. Man darf ein Spiel nicht nur nach Sieg oder Niederlage bewerten und nicht wie im

Digitalen nur mit o und 1 denken. Tischtennis ist analog, es gibt auch 0,5 und 0,8.« Das Tischtennis der Jetztzeit sei ein anderes als das von 2003, findet Schlager. »Es ist viel aggressiver, viel bedingungsloser geworden. Wenn ich mir heute die Videos von der WM in Paris noch mal anschaue, dann sehe ich in jedem Ballwechsel Chancen, Chancen, Chancen.« Seine Spielergeneration habe dagegen noch gelernt, dass Tempo nicht alles ist. Über die Sicherheit und die Platzierung hätten sie den Punkt gesucht. Die jungen Spieler heute seien mit dem Frischkleben groß geworden und einer einfachen Spielweise: Aufschlag und bumm!»Das hat fatale Konsequenzen. Die müssen ihre Schläger tunen, um das Tempo zu halten. Ich tune nicht, denn wenn du das tust, spielt sich der Belag immer ein bisschen anders. Mit meinen letzten Belägen habe ich sogar mehrere Wochen gespielt, da weiß ich, wie der Ball fliegt.«

Schlager unterscheidet zwischen älteren und jüngeren Spielern, außerdem zwischen europäischen und asiatischen. »Körperlich werden wir es nie schaffen, zu den Asiaten aufzuschließen«, sagt er. Also muss es auf anderen Gebieten geschehen. Beim Zusammenhalt etwa. »Wenn einer keine Sozialkompetenz besitzt, will sich keiner mit ihm einspielen. Wir Europäer können es uns aber gar nicht leisten, dass jeder für sich lebt.« Der zweite Punkt ist die wissenschaftliche Analyse. »Die wird bei uns absolut vernachlässigt«, erklärt er und erzählt eine Anekdote. Ihm sei einmal ein USB-Stick eines chinesischen Nationalspielers in die Hände gefallen. Darauf habe er etwas sehr Interessantes gefunden: eine Auswertung der Spiele zwischen dem Nationalspieler und Timo Boll bis ins kleinste Detail mit taktischer Anleitung, worauf zu achten ist, mit Videoclips und Tortendiagrammen. »Von jedem guten Europäer haben sie eine Datenbank. Die Chinesen wissen viel mehr über uns als wir selbst. Und wir wissen viel zu wenig über die Chinesen. Es kann daher sein, dass es eine Riesenlücke gibt zwischen dem, was unsere Trainer sagen, und dem, was die Wirklichkeit hergibt.«

Den Rückstand auf China wollte Schlager selbst verringern helfen. Mit seiner WSA, der Werner Schlager Academy in Schwechat bei Wien. Doch 2016 musste die WSA ihren Betrieb einstellen. Und damit fiel wieder ein zentraler Stützpunkt weg, um die chinesische Übermacht anzugreifen. Schlager glaubt jedoch, dass die Chinesen ein paar Tricks anwenden, um die eigene Dominanz zu verschleiern. »Ich bin der Meinung, dass sie Timo absichtlich die Nummer eins haben werden lassen, weil Tischtennis national und international eine höhere Aufmerksamkeit bekommt, wenn ihre Dominanz durchbrochen wird.« Hat er Indizien für seine Theorie? »Ja, ihre Teilnahmen an der Pro Tour. Sie könnten es sich so aufgeteilt haben, dass keiner mehr Weltranglistenpunkte als Timo gesammelt hat. Wenn sie aber gegen Timo spielen, würden sie natürlich nie absichtlich verlieren.«

Schlager sieht Timo allerdings bestens ausgestattet, um die Chinesen weiterhin regelmäßig zu besiegen, besser als er es jemals war. »Der Unterschied zwischen Timo und mir ist die Sicherheit. Ich habe mich nie auf meine Sicherheit verlassen können, er kann es. Deshalb habe ich von Anfang an mein Spiel strategisch angelegt. Auf diese Seite legt auch Timo mehr und mehr seinen Schwerpunkt.« Denn auch Timo sei körperlich nicht so belastbar, »er hat keine Technik, die auf seine körperlichen Bedürfnisse abgestimmt ist«.

Was Timo dafür hat, ist eine Tischtennis-Persönlichkeit, die ideale sogar, findet Schlager. »Timo muss sich nicht zügeln, er ist vom Temperament her perfekt. Ich bin eher da oben und muss mich dann im Spiel runterbringen«, sagt Schlager und lässt seine rechte Hand von Augenhöhe auf

Brusthöhe fallen, wo schon seine linke wartet, die Timos Temperament anzeigt, in der goldenen Mitte. »Timo bringt die optimalen Voraussetzungen mit, er ist ehrgeizig, zuversichtlich und voller Selbstvertrauen, hat einen klaren Verstand und ein klares Bewusstsein.« Genau das schätze er an Timo, dass er sich nicht verstelle, dass er authentisch sei, am Tisch und auch abseits. »Andere sind eine Schlaftablette und müssen am Tisch so tun, als seien sie unglaublich aggressiv drauf. Aber du darfst nicht zu temperamentvoll sein und auch nicht zu lethargisch.«

Wer sich darüber wundert, dass Timo auf einmal zu explodieren scheint, obwohl er doch sonst so zurückhaltend auftritt, dem sagt Schlager: »Timo hat Fußball gespielt und Timo war Stürmer.« Das letzte Wort zieht er in die Länge: *Stür-mer*. Es erklärt für ihn so vieles. Wie kann man nur einen als zurückhaltend einschätzen, der im Fußball drauflosrennt und die Entscheidung sucht?

»Ich schätze an Timo das Ehrlichsein, das Nicht-Verstellen, das Verlässlichsein«, fährt Schlager fort. »Ich bin sehr glücklich darüber, dass er so ist, wie er ist. Ich freue mich über eine Persönlichkeit wie Timo, weil die Welt so kurzlebig geworden ist. Mit einem wie ihm fühle ich mich viel wohler.«

Drei Stunden haben wir uns unterhalten. Vor den Hotelfenstern breitet sich schon die Dämmerung aus. Die letzte gemeinsame Mahlzeit des Team Europa wartet jetzt, die unterschiedlichen Flugzeiten werden die Mannschaft am nächsten Morgen auseinanderreißen. Für die Spieler hat das Hotel noch einmal einen eigenen kleinen Speisesaal reserviert. Flammen halten am Büfett Reis, gebratene Nudeln, Brokkoli, Hähnchen und Fisch warm. Timo wartet schon und winkt mir zu, er hat mir einen Platz neben sich freigehalten. Entspannt sieht er aus, Kim hat ein paar Muskelstränge geschmeidiger gemacht.

»Habe gerade ein kleines Seminar über Tischtennistheorie besucht«, begrüße ich Timo.

Timo fängt an zu grinsen. »Ach ja, Werner, der Philosoph.«

»Da hat auf jeden Fall jemand eine komplette Weltanschauung zum Tischtennis entwickelt, und ich fand es wirklich interessant.«

»Erzähl mal«, fordert mich Timo auf und ich berichte vom mentalen Werkzeugkasten, vom Videoschauen und der Spielauswertung. »Nur mit Statistik kann man nicht gewinnen«, formuliert Timo seine Gegenposition in diesem Gelehrtenstreit, »was nützt das ganze Zählen und Auswerten, wenn der Ball dann doch anders kommt?«

»Ich weiß, da hast du eine andere Ansicht. Werner hat eben seine. Eine kuriose These hat er übrigens noch aufgestellt: Die Chinesen hätten dich absichtlich auf Platz eins der Weltrangliste kommen lassen. Was hältst du davon? Ich muss allerdings dazusagen, dass er deine Leistung damit nicht abwerten wollte, er hat es mit genau geplanten Einsätzen in der Pro Tour begründet, nicht mit absichtlichen Niederlagen gegen dich, und auch sonst hatte er viel Lob für dich übrig.«

Bevor Timo antwortet, überlegt er einen längeren Moment. »Hm. Was soll ich dazu sagen? Ich traue den Chinesen ja auch einiges zu, aber dass sie sich die Turniere alle so einteilen, ist doch eine sehr abenteuerliche Vorstellung.«

Die europäische Delegation verteilt sich im Speisesaal auf zwei Tische. Adrian Crisan und Tiago Apolonia sitzen noch bei uns. Mit seinem nächsten Gesprächsthema reist Timo schon einmal nach Deutschland voraus. Von Crisan und Apolonia will er wissen, wie es in ihren Bundesligaklubs laufe und wie es denn nächste Saison bei ihnen weitergehe. »Crischi, du alte Maschine«, neckt Timo den Rumänen und der schaut etwas verlegen in die Runde. Werner Schlager hat sich an den Tisch der Betreuer gesetzt, zu Trainer Peter Sartz und Masseur Kim. Mit seiner Tischtennis-Akademie ist er längst nicht mehr nur Spieler, sondern ein Tischtennis-Manager. Vor der Nachspeise liest Roman Plese, der Sportdirektor des europäischen Verbandes, den Abfahrtsplan für den nächsten Morgen vor. Wie die Glückszahlen einer Lotterie. Je nachdem, wer für welchen Flughafenshuttle eingeteilt ist, kann ein paar Stunden weniger oder mehr schlafen. Timo und ich haben zwar nicht den Hauptgewinn gezogen, aber doch ein gutes Los. Um halb neun soll es vom Hotel aus losgehen.

Zai jian –
Auf Wiedersehen in China

Die Reise seines Lebens geht weiter

Für das Frühstück am nächsten Morgen bleibt nicht viel Zeit. Ein Toast, ein Croissant, ein Kaffee und ein Glas Saft, dann drängt der Aufbruch. Timo ist jetzt wieder Geschäftsreisender mit straffem Zeitplan. Ein Mitarbeiter des Asiatischen Tischtennis-Verbandes, Ding Gai, verabschiedet uns in der Hotellobby. »See you soon«, sagt er, und weil es um Peking geht, wissen er und Timo, dass es keine Floskel ist. Timo greift nach seinem Gepäck, er nimmt mehr mit, als er hergebracht hat, das steht seit dem Besuch auf dem Markt fest. Im Rückspiegel unseres Minibusses sehen wir, wie sich das Hotel als Bauklotz langsam in die Häuserzeile einreiht.

»Heute Nacht habe ich mir noch ein Tablet bestellt«, kommt Timo wieder zu den alltäglichen Dingen des Lebens, »das musste einfach mal sein.« Zu seinem Entspannungsprogramm etwa im Hotelzimmer bei Turnieren gehört das Surfen auf verschiedenen Technikseiten im Internet. Daten und Preise vergleicht er so gerne, wie andere sich einen Film anschauen. Als er einmal für den Kraftraum des Leistungszentrums Düsseldorf ein neues Gerät haben wollte, besorgte er gleich das günstigste Angebot. »Wenn ich einen Manager bräuchte, würde ich Timo verpflichten«, hat Jörg Roßkopf einmal gesagt, »er handelt immer die besten Verträge aus.« Wenn es um Verträge geht, kann Timo offenbar sehr, sehr beharrlich sein, und er weiß wohl nur zu gut, welche Preise er aufrufen kann. Timo selbst sagt über sein Verhandlungsgeschick nur: »Ich war bis jetzt immer zufrieden mit meinen Ergebnissen.«

Wir fahren wieder über eine der vierspurigen Ringstraßen Pekings Richtung Flughafen, eingekeilt in die Enge des morgendlichen Verkehrs. In einem Park fällt unser Blick auf eine Gruppe älterer Frauen und Männer, die seelenruhig Tai-Chi-Übungen machen, den Lärm und die Abgase des Verkehrs scheint es für sie nicht zu geben, als ob sie sich auf einer Insel der Stille bewegten.

An die andere Seite des Sports, die mit Wettkämpfen und Ergebnissen, werden wir wieder erinnert, als wir noch einmal am olympischen Gelände vorbeirollen und am Olympiastadion, das inzwischen zu Pekings beliebtesten Sehenswürdigkeiten gehört. Was hatte Kong Linghui noch gleich als Geheimnis seines olympischen Erfolgs genannt? Konzentration auf ein Ziel, strenges Abwägen zwischen Wichtigem und Unwichtigem. Dass Timo alles einer Olympiateilnahme unterordnete, wünschten sich auch seine Trainer Roßkopf und Hampl. Helmut Hampl hätte gerne gehabt, dass Timo ein ganzes Jahr für eine Olympiavorbereitung opfert, weil es eben Zeit koste, sein Spiel weiterzuentwickeln, neue Schläge, neue Finten auszuprobieren und einzuüben, und Timo gerade neue Aufschlag- und Rückschlagtechniken brauche, um gegen die Chinesen im Spiel zu bleiben. »Sag mal, Timo, hättest du dir das überhaupt vorstellen können, wie Kong Linghui für Olympia auf Turniere und Mannschaftsspiele zu verzichten und dich bei allem zu fragen, ob es dir etwas für Olympia bringt oder nicht?«

»In China hätte meine Vorbereitung anders ausgesehen«, fängt Timo an.

Da hätte ich es mit der Konzentration auf Olympia einfacher, weil es keine Play-offs und keine Champions League gibt. In China fängt die Saison manchmal erst nach der Weltmeisterschaft an. Manchmal fällt die Saison in der Liga sogar aus. Ich muss zwar bei Borussia Düsseldorf nicht alle Spiele mitmachen, aber ich kann nicht sagen, dass ich mal eine Saison gar keine Bundesliga und Champions League spiele. Das ist schließlich mein Beruf und ein großer Teil meines Einkommens. Und selbst wenn ich nichts spielen und mich ganz auf Olympia konzentrieren würde, hätte ich keine Garantie, dass ich dann besser wäre. Ich darf nicht zu wenig Spiele machen, denn ich ziehe daraus einiges für meine Form, für meine Taktik. Um zu gewinnen, muss ich auch im Kopf absolut fit sein. Mit dem Konzept von Kong kann ich mich auch deshalb nicht anfreunden, weil im Tischtennis so viel von Kleinigkeiten abhängt. Ich brauche mir nur vorzustellen, dass ich in der Nacht vor dem Viertelfinale bei Olympia schlecht schlafe und dadurch schlecht spiele – dann wäre alles umsonst gewesen.

Die nächste olympische Medaillenchance wartete 2012 in London auf Timo, doch vorher stand noch eine Mannschafts-Weltmeisterschaft an, allerdings nicht irgendeine. Die WM kehrte zurück nach Dortmund in die Westfalenhalle. Ein mythischer Ort im Tischtennis – für Deutschland und für China. Hier hatte Rong Guotuan 1959 den ersten WM-Sieg für China errungen. Hier hatten sich die Chinesen 1989 nach vier Herren-Mannschaftstiteln in Folge den Schweden geschlagen geben müssen. Und hier holten Jörg Roßkopf und Steffen Fetzner ebenfalls 1989 im Doppel das erste deutsche WM-Gold nach dem Zweiten Weltkrieg. Könnte es einen besseren Ort geben für einen historischen Sieg?

Das Mannschaftsfinale lautete dann auch Deutschland gegen China, und Cheftrainer Liu Guoliang vergrößerte die Hoffnung mit seinem Satz:»Nie war eine deutsche Mannschaft besser.« Das lag unter anderem daran, dass neben Timo mit Dimitrij Ovtcharov noch einer im Team spielte, der das Zeug hatte, die besten Chinesen zu besiegen. Die Siegchancen vor dem Finale schätzte Timo auf»50:50, es ist ja noch nichts gespielt«. Und es schien sich anders anzufühlen als sonst: »Wir sind gieriger«, sagte Timo, »ich stand schon so oft im Endspiel gegen China, das reicht mir einfach nicht mehr.«

Ich hatte mich am Finaltag vorher schon in die Halle gesetzt, um mich an die Atmosphäre zu gewöhnen, damit sie mich nicht später erschlägt und ich nicht die Contenance verliere. Es war schon eine Riesenstimmung – 11.000 Zuschauer! Wir hatten Japan in einem super Match im Halbfinale geschlagen und ich war auch gut drauf.

Das Auftaktspiel war gleich die Neuauflage des WM-Halbfinales von 2011, Timo gegen Zhang Jike. Aus dieser Niederlage hatte Timo die richtigen Schlüsse ziehen wollen. Und der wichtigste lautete: mehr Risiko. Die Bälle ließ er gar nicht erst richtig hochspringen, er schlug sie früh zurück, um Zhang Jike so viel Druck und so wenig Reaktionszeit wie möglich zu geben. In manchen Fällen klappte das, Zhang Jike machte einige scheinbar leichtere Fehler, aber auch Timos Fehlerquote lag über seinem gewöhnlichen Maß. Hauchdünn gab Timo den ersten Satz ab, 10:12. Der Plan war vorerst gescheitert, den Chinesen sofort zu verunsichern. Im zweiten Satz konnte Timo nicht zulegen und unterlag 6:11. Wenig deutete darauf hin, dass er noch einmal ins Spiel zurückkommen würde. Doch er fand auf einmal die richtige Mischung aus Sicherheit und Risiko, überließ auch Zhang Jike mal den Fehler und gewann nun 11:5. Das Spiel war wieder offen, Zhang Jike schien vom Nachdenken ins Grübeln abzurutschen. »Ich habe auch die Zuschauer nochmal mitnehmen können«, sagte Timo.

Auch wenn der Ball lange hin- und herflog, punktete Timo, teils mit grandiosen Topspins. Nach dem 12:10 für ihn musste der letzte Satz die Entscheidung bringen. Den Start verpasste Timo jedoch, lag im Nu 0:6 hinten und schaffte einfach nicht mehr den Anschluss. 5:11 lautete das Ergebnis am Ende.

Fast in jedem Spiel kann man erkennen, dass ich erst ein bisschen brauche, um mich an dieses Niveau der Chinesen zu gewöhnen, an ihre Aufschläge, ihre Beläge, ihre Schlaghärte. Ich weiß schon, wie ich taktisch spielen will, aber es ist alles eben doch ein bisschen extremer, die Feinmotorik, Auge – Hand – Gehirn. Bis das alles bei mir selbst auf diesem Niveau funktioniert, ist der Zug oft schon wieder abgefahren. Dabei ist es der Schlüssel zum Erfolg gegen die Chinesen, dass man von Anfang an dran ist. Ich müsste also eigentlich noch viel häufiger gegen sie spielen.

Und wenn er einmal die Gelegenheit hatte, sich gegen die Chinesen von Runde zu Runde hineinzuspielen, wie etwa beim World Cup, dann hat er sie auch schon zu großen Siegen genutzt. Auch seine Teamkollegen waren an diesem WM-Finaltag in Dortmund nicht in der Lage, das Niveau der Chinesen zu erreichen. Dimitrij Ovtcharov lag gegen Ma Long nach verlorenem ersten Satz im zweiten 9:4 vorne, ließ sich aber noch ein- und überholen und vergab im dritten noch einen Satzball. Patrick Baum holte zwar gegen Wang Hao gleich den ersten Satz, doch dabei blieb es und am Ende stand als blankes Ergebnis Deutschland null, China drei. »0:3 zu verlieren bei so einer Riesenkulisse in dieser Halle in einer echten Tischtennis-Arena war natürlich bitter«, sagte Timo.

Ein Trost war jedoch, dass der nächste Höhepunkt nicht lange auf sich warten ließ: die Olympischen Spiele in London. Also in dem Land, in dem nicht nur viele Sportarten erfunden wurden, sondern auch der Sportsgeist.

Im Training war ich super drauf. Selbst in London habe ich alles weggeschossen. Doch dann habe ich einen Riesenfehler gemacht: Ich war unzufrieden mit meinem Schläger und habe im laufenden Turnier den Kleber gewechselt. Ich wollte wohl noch irgendwas extra probieren. Mein Schläger war dann einen Tick weicher, im Training hatte ich damit noch ein gutes Gefühl, weil ich etwas mehr Katapulteffekt hatte. Aber im Spiel gegen Adrian Crisan habe ich

gedacht: Irgendwie komme ich damit nicht klar, das hat mich zusätzlich verunsichert. Wie man so dämlich sein kann, in so einem
wichtigen Turnier so etwas zu machen – total untypisch für mich.
Diese Dummheit ist im Nachhinein auch zum Glück bestraft worden. Danach bin ich erstmal voll in die Krise reingerutscht. Das
Selbstvertrauen war weg. Ich bin natürlich sofort wieder auf den
alten Kleber umgestiegen. Dann habe ich aber im Mannschaftswettbewerb gegen Jörgen Persson verloren. Der war zu diesem
Zeitpunkt schon 42 Jahre alt. Diese Niederlage war der nächste
Schlag ins Gesicht.

So sarkastisch redet Timo heute über das überraschende
Ausscheiden gegen Adrian Crisan aus Rumänien. Im Achtelfinale. Nachdem er zuvor als Medaillenkandidat galt. Mit
einer günstigen Auslosung, die ihn erst im Halbfinale mit
Wang Hao zusammengeführt hätte. »War das die bitterste
Niederlage deiner Karriere?«, will ich von ihm wissen. »Ich
glaube, 2004 gegen Waldner hat noch mehr weh getan.«
Und Timo hat inzwischen auch noch mehr Erfahrung, ein
solch niederschmetterndes Ergebnis zu verarbeiten.

Über Ablenkung hat es ganz gut funktioniert. Deli war zum Glück
mit in London, mein Vater auch. Mit Rick Carlisle, dem Trainer der
Dallas Mavericks, habe ich mal zu Abend gegessen. Einfach mal
rauszukommen aus dem Olympischen Dorf, etwas anderes zu
sehen, das war wichtig. Sonst hätte es selbst mich aufgefressen.
Ich habe mich nicht in meinem Zimmer eingesperrt, habe mir auch
weiter die Spiele angeschaut, habe Dima angefeuert. Es war eine
gute Kombination aus Rauskommen und Drinbleiben und Wei-
ter-an-Tischtennis-Denken. Der Sieg im Viertelfinale des Mannschaftswettbewerbs gegen Werner Schlager hat mir schon ganz
gutgetan, da habe ich wieder den Touch bekommen. Ich wusste
wieder, wo oben und unten ist.

Nach und nach war die Niederlage zwar nicht vergessen, aber doch erst einmal beiseitegelegt, und der Mannschaftswettbewerb entwickelte sich für das deutsche Team zu einem besonderen Spektakel. Diesmal war das Halbfinale das Treffen der Herrscher gegen die Herausforderer, China gegen Deutschland. Doch was sollte schon daraus werden? Die WM in Dortmund hatte doch den Höhenunterschied dokumentiert und Timo in London gezeigt, dass er mit Gegnern aus Europa schon mehr als genug beschäftigt war.

Für Deutschland sprach allenfalls Dimitrij Ovtcharov, der in London sensationell die Bronzemedaille gewonnen hatte, die zweite überhaupt erst im Einzel für die deutschen Tischtennisspieler nach Jörg Roßkopfs drittem Platz 1996 in Atlanta.

Timo spielte in diesem Mannschaftshalbfinale – wieder einmal – gegen Zhang Jike, der mit der Ausstrahlung eines Unbezwingbaren wenige Tage zuvor Olympiasieger im Einzel geworden war. Und auch diesmal startete Timo mit einem verlorenen ersten Satz. Doch was war das? Die nächsten drei Sätze spielte Timo unglaublich diszipliniert und konzentriert und gewann sie alle drei hintereinanderweg und damit das Spiel. Mit einem Lächeln setzte er sich auf den Stuhl hinter der Bande und sagte zu Dimitrij Ovtcharov: »Warum nicht immer so?« Wie ein Athlet nach einem Sieg zu sich selbst zurückgefunden hat, vor allem zu seiner eigenen inneren Ruhe, das konnte man in diesem Moment in Timos Gesicht lesen.

Es war der Punkt zum 1:1, nachdem Dimitrij Ovtcharov im Auftaktspiel Ma Long 1:3 unterlegen war. Im Doppel mit Bastian Steger konnte Timo danach genauso wenig punkten wie Steger im Einzel. Doch dieses 1:3 war keine harte Backpfeife für die deutsche Mannschaft, sondern fühlte sich eher an wie ein sanfter Schubser.

Ich war ganz happy, dass ich mich doch noch berappelt hatte. Gegen Zhang Jike war ich wieder bei 100 Prozent. Diesen Sieg habe ich auch als Bestätigung angesehen, dass ich in der Vorbereitung doch nicht alles falsch gemacht hatte. Es war wieder typisch für mich, dass ich ein paar Spiele brauche, um meinen Rhythmus zu finden. Zurzeit bin ich zum Beispiel in einer Phase, in der ich zu 100 Prozent weiß, was am Tisch passiert. Ich kann jeden Ball vorhersehen. Das habe ich im Sommer bei Olympischen Spielen nie. Da ist nichts selbstverständlich. Ich muss mich immer erst reinkämpfen. Eigentlich müsste ich mal beantragen, dass die Olympischen Spiele in den Herbst verlegt werden.

Oder einfach Einzel- und Mannschaftswettbewerb vertauscht werden. Denn es ist ja nicht so, dass Timo bei Olympia nicht herausragend spielen kann. Aber eben vor allem später im Team. Und einen Timo in Bestform brauchte die Mannschaft auch in London, um eine Medaille zu gewinnen.

Im kleinen Finale spielten die Deutschen gegen das kleine China, gegen Hongkong. Es fing gut an, mit Einzelsiegen von Timo und Dimitrij Ovtcharov. Doch nachdem Ovtcharov und Bastian Steger das Doppel verloren hatten und es nur noch 2:1 stand, wurde den Deutschen doch etwas flau. Timo sollte jetzt das Team befreien und hatte dabei ein Déjà-vu, weil er schließlich schon 2008 in Peking die Mannschaftsmedaille mit einem dramatischen Sieg gegen den Japaner Seiya Kishikawa erbeutet hatte.

Diesmal hieß sein Gegner Jiang Tianyi, von dem Timo sagt, dass er über einen »der besten Aufschläge« im ganzen Tischtennisbetrieb verfüge. Entsprechend schwer tat sich Timo. »Einen Punkt gegen seinen Aufschlag zu machen, ist fast so wie ein Break im Tennis.« Bei 2:1-Satzführung lag Timo 3:8 hinten, alles deutete auf einen zittrigen fünften Entscheidungssatz hin. Hinter der Bande traf Jörg Roßkopf eine

erste Maßnahme: »Ich bin ja sehr abergläubisch, deshalb
habe ich zu Dimitrij auf der Bank gesagt, er soll sich mal auf
einen anderen Platz setzen, so läuft es nicht.« Vor allem aber
zeigte Timo nun mentale Stärke. »Ich habe mir gesagt, jetzt
schenkst du keinen Ball her.« Punkt für Punkt kam er heran,
bis er 10:8 führte. Den ersten Matchball nutzte er nicht, und
dass er den zweiten verwandelte, sah Roßkopf nicht. »Ich
konnte nicht hinschauen«, sagte Roßkopf. Dafür hörte er
den Sieg, sprang mit als Erster über die Umrandung und bildete mit seiner Mannschaft ein wildes Fahrgeschäft: Einsteigen, festhalten, das Karussell fuhr los. Drei Spieler und ihr
Trainer hielten sich im Arm, steckten die Köpfe zusammen
und drehten sich immer schneller. Die Bronzemedaille war
die Eintrittskarte zu dieser glücklichen Gefühlskirmes.

»Er hat gezeigt, dass er ein großer Sportler ist«, sagte
etwa Dirk Schimmelpfennig über Timo. Und er selbst sagte
in London: »Das war hier vielleicht meine größte Leistung:
nachdem ich so weit unten war, mich in ein, zwei Tagen da
rauszuziehen bis nach ganz oben.« Ovtcharov hob ihn am
Ende wirklich in die Höhe, und Timo schaute dabei glücklich herunter.

Das morgendliche Peking zieht weiter an uns vorbei und mir
fällt noch einmal Kong Linghui ein und sein Ratschlag an
Timo, sich mehr über Tischtennis zu unterhalten. »Ich bin
ja nicht der Typ, der groß über Tischtennis philosophiert«,
räumt Timo ein, »aber ich rede mehr darüber als früher. Es
soll nicht überheblich klingen, aber ich glaube schon, dass
ich weiß, wie Tischtennis funktioniert. Ich habe wahrscheinlich mehr Spiele für meine Vereine und bei internationalen
Turnieren gemacht als jeder Chinese. Und trotzdem führe
ich ein ganz anderes Leben.«

»Was meinst du damit?«

»Ma Lin hat mir mal erzählt, dass er noch nie mehr als zwei, drei Tage am Stück Urlaub gemacht hat. In der chinesischen Nationalmannschaft ist alles total durchgeplant, fast jeder einzelne Tag. Es gibt nicht viel mehr neben Tischtennis. Da hat keiner so wie ich ein Hobby wie Technik oder Golf. Sie leben noch viel extremer für den Sport, als wir das tun.«
»Bei uns in Europa wird ja vieles am Spaßfaktor gemessen oder, sagen wir, an der Lebensfreude. Wann, glaubst du, können die chinesischen Nationalspieler überhaupt mal raus aus ihrem durchgeplanten Sportlerleben?«, frage ich Timo.
»Abends zum Beispiel, wenn sie zusammen sind und feiern. Da leben sie sich aus, das habe ich miterlebt.«

Ich bin einmal mit der chinesischen Nationalmannschaft nach einem Charity-Termin unterwegs gewesen. Erst stand ein traditionell-asiatisches Hot-Pot-Essen auf dem Programm. Als ich die Literflaschen Bier auf dem Tisch gesehen habe, wusste ich schon, was uns blüht. Jeder hat mit jedem angestoßen, dann haben sich noch einige Spieler bei ihren Trainern bedankt und mit ihnen angestoßen. Es wurden viele Gläser auf ex geleert. Einigen ist es dann offenbar etwas viel geworden, sie sind mit dem Kopf auf dem Tisch eingeschlafen. Doch dieses Lokal war nicht unsere letzte Station. Wir sind anschließend alle zusammen in eine Karaoke-Bar gegangen und haben einige Lieder geschmettert, ich kann mich noch an »What A Wonderful World« erinnern, das war mein Lied. Ansonsten hat sich jeder immer mal wieder bei einem Lied eingeklinkt. Am nächsten Morgen konnte ich kaum glauben, dass wieder Training ansteht, und ich musste obendrein mit Wang Liqin trainieren, dem vielleicht härtesten Trainingspartner, denn er spielt so schnell und sicher. Es war eine der schlimmsten Trainingseinheiten meines Lebens. Ich musste wirklich die Zähne zusammenbeißen, weil ich so platt war. Wang Liqin hat der vergangene Abend dagegen überhaupt nichts ausgemacht, es war unglaublich. Ich habe mir extra einfache Übungen ausgesucht, er dagegen hat seine Vorhand-Beinarbeits-übungen runtergespult, als wäre am Abend vorher nichts gewesen.

Hatte Timo nicht früher erzählt, er mache sich nicht so viel aus Feiern? Auch hier scheint China eine andere Seite von ihm anzusprechen.

Wir fahren an einer Bushaltestelle vorbei, an der so viele Menschen anstehen, dass selbst drei leere Busse sie nicht alle aufnehmen könnten. 22 Millionen Menschen leben in Peking, 1,4 Milliarden im ganzen Land. Die unvorstellbaren Zahlen haben sich auch auf die Wahrnehmung von Tischtennis übertragen. Wie viele Chinesen mag es wohl geben, die bei einer deutschen Meisterschaft ins Finale kommen könnten? Hundert? Und wie viele Tischtennisspieler gibt es wohl insgesamt in China?

Der Chinese Yang Shuan, früher Vizepräsident des internationalen Verbandes, hat ihre Zahl einmal auf 50 Millionen geschätzt. Sie spielen in Parks, in Firmen, in Vereinen, in öffentlichen Spielhallen. Weil es so viele sind, ist es kein Wunder, dass die Spielform mit den meisten Spielern manchmal »chinesisch« genannt wird: der Rundlauf um den Tisch, bei dem man sich in der Schlange hinten anstellt, wartet, bis man dran ist, schlägt und sich auf der anderen Seite wieder anstellt. Timo hat sogar an einem erfolgreichen Weltrekordversuch im Rundlauf teilgenommen. In Schanghai standen 2010 im Expo-Pavillon von Düsseldorf insgesamt 100 chinesische Kinder mit ihm am Tisch, Timo machte den Aufschlag und 100 Kinder spielten ohne Fehler 100-mal übers Netz.

Aber wie fühlt es sich für Timo an, für Tischtennis so viel zu geben und doch nach jedem Sieg gegen einen Chinesen zu wissen, dass aus diesem Land immer wieder neue Spitzenspieler nachkommen? Mit Xu Zengcai ist Timo erwachsen geworden, gegen Ma Lin hat er sein erstes Spiel gewonnen, seine früheren Gegner Liu Guoliang und Kong Linghui sind schon vor einiger Zeit auf die Trainerbank gewechselt, und längst misst sich Timo am Tisch sogar mit Spielern wie Fan Zhendong, die aus der Generation nach Xu Xin, Zhang Jike, Ma Long stammen. Wenn Timo sich gerade eingestellt hat auf einen Spielstil und einen Gegner, kommt schon der nächste nach. »Tja, hätte ich mein spielerisches Niveau schon vor 20 Jahren gehabt, hätte ich damit Tischtennis dominiert, weltweit«, sagt Timo, aber es hört sich kein wenig verbittert oder resigniert an. Denn er schiebt noch hinterher: »Es ist auch etwas Besonderes, gegen diese Macht anzukämpfen, als einer der wenigen dagegenhalten zu können. Weil ich mittlerweile auch gelernt habe zu verlieren, macht mir das nichts aus.«

Es ist wohl Glück und Pech zugleich für Timo, gerade in dieser Zeit zu spielen, da die Chinesen so stark sind. Womöglich hätte er sonst einige Titel mehr gewonnen, aber so hat er sich in eine besondere Rolle gespielt: die des Langzeit-Herausforderers. Mit 15 Europäern seien sie zu seiner Zeit auf die Chinesen losgegangen, hat Jörg Roßkopf gesagt, die Europäer hätten keine Angst gehabt, sondern sich untereinander beraten und ausgetauscht über die Frage: Wie besiegt man einen Chinesen? Diese Zeiten sind vorbei. Der Austausch ist geblieben, doch die Leistungsdichte in Europa ist auseinandergebröselt.

Aber wer weiß, ob Timo ohne die Chinesen überhaupt ein so starker Spieler geworden wäre. Sie haben ihn gezogen, gereizt, getriezt. Sie sorgen schon dafür, dass er sich immer weiterentwickeln muss, indem sie sich auf sein Spiel einstellen.

Als ich Timo darauf anspreche, sagt er: »Durch den Austausch mit China bin ich auf jeden Fall härter zu mir selbst geworden. Vielleicht wäre ich sonst nie die Nummer eins der Weltrangliste geworden. Vielleicht wäre ich irgendwann satt gewesen, wenn ich zu viel gewonnen hätte. Aber durch China denke ich ständig: Da gibt es bessere Spieler, da musst du dranbleiben.«

Timos Abstand zu den Chinesen verläuft in einer Kurve, mal war Timo ganz nah an ihnen dran, seine Leistungskurve überschnitt sich mit ihrer, dann entfernte sie sich wieder etwas, weil einige Kleinigkeiten nicht stimmten oder sein Körper ihn gerade nicht so hart trainieren ließ. Die Kurve verläuft parallel zu Timos Stand in der Weltrangliste. Am nächsten war Timo den Chinesen zunächst 2002 und 2003, als er erstmals den Spitzenplatz der Weltrangliste eroberte, 2004 fiel er sogar kurz aus den Top Ten raus und lag zwei Monate auf Platz elf. Doch er arbeitete sich wieder heran, landete 2005 und 2006 für einige Zeit auf Platz zwei, auch bedingt durch großartige Erfolge wie den Gewinn des World Cups. Seine Verletzungspause vor Olympia 2008 verursachte wieder einen Rückstand, Ausdruck war Platz sieben in der Weltrangliste, doch dabei blieb es nicht lange. Er holte wieder auf. Eines seiner besten Spiele machte Timo im Finale der Katar Open 2009, als er 4:3 gegen Ma Lin gewann. Ein Jahr später bei der Mannschafts-WM gelang ihm ebenfalls ein Spiel auf allerhöchstem Niveau, einen 0:2-Satzrückstand gegen den damaligen Weltranglistenersten Ma Long wandelte er im Finale noch in einen Sieg um. 2010 führte ihn die Rangliste wieder als zweitbesten Spieler, zu Beginn von 2011 dann als besten. Liu Guoliang sagte im Sommer 2011 über Timo: »Solange er spielt, werde ich nicht ruhig schlafen können.«

Timo war eben nie weg, obwohl es später einen Moment gab, in dem er sich eigentlich schon vom Hochleistungstischtennis verabschiedet hatte:

Gerade als ich 2015 das Gefühl hatte, in der Form meines Lebens zu sein, bekam ich eine ernüchternde Diagnose: Im Knie hatte eine Hautfalte permanent am Knorpel gerieben und angefangen, ihn zu zerstören. Ich hatte also zwei Möglichkeiten: Entweder noch bis Olympia in Rio durchzuhalten mit dem Risiko, dass bis dahin noch mehr kaputtgeht. Oder sofort unters Messer und zu hoffen, dass ich so noch einige Jahre meiner Karriere retten kann. Es war schon eine sehr schwere Entscheidung, gerade weil ich so stark in Form war. Es war auch meine erste OP und ich konnte gar nicht einschätzen, wie sich so etwas anfühlt. Zumal es um ein zentrales Gelenk ging. Ich weiß auch genau, wie ich im letzten Bundesligaspiel gegen Grenzau in der Umkleidekabine mit den Jungs saß und gesagt habe: So, das genieße ich jetzt nochmal, vielleicht wird das mein letztes großes Spiel.

Als ich nach der OP aufgewacht bin, war es erstmal ein Schock, der in den folgenden Monaten auch nicht nachließ: zu sehen, wie wichtig der Körper ist, wie viel von ihm abhängt. Es hat im Grunde ein ganzes Jahr gedauert, bis ich wieder so viel Kraft in den Beinen hatte wie vorher.

Die Chinesen kamen ihm in dieser Phase seiner Karriere auf einmal unglaublich weit weg vor, unerreichbar eigentlich. Und während er daran arbeitete, überhaupt noch einmal an die körperliche Verfassung vor seiner Operation heranzukommen, feilten die Chinesen immer weiter an neuen Techniken und Taktiken, um das Spiel noch besser zu beherrschen. Tischtennis ist immer schneller geworden und aufs Tempo haben am meisten die Chinesen gedrückt. Die Zeit zum Reagieren ist immer knapper geworden und die Beschleunigung im Tischtennis scheint kaum zu bändigen. Die Vergrößerung des Balles und das Verbot des Frischklebens haben ihr kaum etwas anhaben können. Was also tun, damit die Augen der Zuschauer dem Ball noch folgen können? Die Diskussion nimmt kein Ende, sie dreht sich um höhere Netze und noch größere Bälle. Und wenn es schon so schnell geht am Tisch und mit so vielen Umdrehungen, dann soll es wenigstens jeder erfassen können, das fand Adham Sharara, der ehemalige Präsident des internationalen Verbandes. Er regte an, das Tempo und die Umdrehungen auf eigenen Anzeigetafeln zu präsentieren, das könnte die Zuschauer zweimal staunen lassen: erst über den Ballwechsel, dann über die Zahlen. Außerdem gibt es erste Versuche mit mehrfarbigen Bällen, auch Timo wünscht sich solche bunten Bälle. »Damit könnte man die Rotation erkennen, auch der Laie könnte sich erklären, warum ein Spieler gerade einen leicht aussehenden Ball ins Netz gespielt hat. Und wir hätten tolle Zeitlupen.«

Kameras aus einer schrägen Perspektive sollen die Dynamik des Spiels künftig noch besser vermitteln können, und seit einiger Zeit laufen neue Versuche mit höheren Netzen, um das Spiel langsamer und die Ballwechsel länger zu machen. Bis aus den Versuchen Regeln werden, bleibt das Spiel im Geschwindigkeitsrausch. Auf das Tempo, auf die knapper werdende Zeit, muss auch Timo in seinem Spiel reagieren. »Ich habe im Training damit angefangen, den Ball früher zu treffen, gegen meinen Willen mehr Risiko zu spielen.« Er versucht inzwischen, mit dem Handgelenk den Ball noch besser zu steuern, also erst im letzten Moment die Richtung zu bestimmen, um es dem Gegner schwerer zu machen, die Platzierung zu erkennen. Es darf gar nicht dazu kommen, dass die Chinesen ihn mit ihren kompromisslosen Bällen in die Ecken ausspielen und er nur noch reagieren kann.

Auch in Peking auf unserer gemeinsamen Reise hat Timo wieder erfahren, woran er arbeiten muss, um weiterhin gegen die Chinesen zu gewinnen. Ein bisschen sind die Reisen nach China für ihn schließlich auch Studienaufenthalte. Selbst wenn er nicht gewinnt, nimmt er etwas mit, eine Hausaufgabe, die er erledigen muss zur Vorbereitung auf das nächste Aufeinandertreffen.

Die Chinesen nutzen die erstbeste Gelegenheit im Ballwechsel für einen Endschlag, der oft direkt zum Punktgewinn führt, während Timo eher einen Ballwechsel ausspielt mit Rotation und Platzierung. Helmut Hampl hat daher eine neue Agenda für Timos Training aufgestellt. »Timo muss mit sehr viel mehr Variation spielen. Wenn die Chinesen ihn ausspielen, dann liegt das nicht nur an ihrem festen Topspin. Es liegt schon viel an der Vorbereitung des Balles. Die Verbindungen müssen stimmen, vom Aufschlag zum Folgeball. 2001 hatte er unbekannte Aufschläge und Rückschläge, da muss er wieder hinkommen, um die Chinesen zu verblüffen und selbst die Initiative ergreifen zu können«, fordert Hampl.

Was die Chinesen nicht kennen, verunsichert sie. Wie eine Prüfungsfrage in einer fremden Sprache. Gerade das Aufschlagspiel kann ein wunderbares Täuschungsmanöver sein, wenn man es beherrscht, wenn Timos Handgelenk beispielsweise Unterschnitt andeutet, aber in Wirklichkeit dem Ball Überschnitt oder keinen Schnitt mit auf den Weg gibt. Aber ob es Timo gelingt, noch einmal eine kreative, völlig überraschende Variante in sein Spiel einzubauen? Einen neuen Aufschlag? Oder einen neuen Rückschlag, so wie der Bananenball für die Rückhand, der in Tschechien erfunden worden sein soll?

Es ist nicht so einfach, einen komplett neuen Schlag zu erfinden, der Tischtennis auf den Kopf stellt. Dass ich noch den Timo-Boll-Schlag entdecke, halte ich nicht für sehr wahrscheinlich. Natürlich versuche ich, alles zu optimieren, jeden einzelnen Bereich. Ich habe einmal sehr viel Aufschlagtraining gemacht. Mit dem Ergebnis, dass ich erst mal gar keinen guten Aufschlag mehr hinbekommen habe.

Die Chinesen spielen inzwischen extrem flach und kurz übers Netz. Wenn ich den Ball nicht sehr präzise zurückspiele, zentimetergenau, gehen sie gleich fest gegen den Ball. Aus dem Teufelskreis komme ich dann nicht mehr raus. Je weiter ich vom Tisch weg bin, desto schwerer wird es. Da kann ich nicht mehr reagieren. Ich versuche daher, schon beim Rückschlag möglichst risikoreich zu spielen, dadurch passieren mir allerdings auch mehr Rückschlagfehler. Wenn der Ball gut liegt, muss ich versuchen, den Punkt zu machen, aber eher platziert als fest.

Wenn Timo gewinnt, dann nicht nur für sich selbst – sondern auch für China. Die Chinesen mögen ihn und sie brauchen ihn, um sich an ihm zu reiben. Um nicht allein an der Spitze zu sein. Denn das macht einsam.

Auch deshalb kamen sie auf eine Idee: Timo einfach auf ihre Seite zu holen. Bei der WM 2013 in Paris kam Liu Guoliang auf Timo zu und unterbreitete ihm ein besonderes Angebot:

Ob ich mir bei ein paar Turnieren ein Doppel mit einem Chinesen vorstellen könnte und mit wem ich gerne spielen würde, hat er mich gefragt. Ich hatte gleich Ma Long im Kopf, weil er vom Spielsystem gut zu mir als Linkshänder passt, er spielt sehr druckvoll und mit einer starken Vorhand. Liu Guoliang sagte mir: Super, er hätte sich auch Ma Long für mich ausgeguckt. Bei meinen längeren Aufenthalten in China habe ich ja schon viel mit ihnen trainiert, aber es war interessant, einen wie Ma Long neben sich zu erleben. Wahnsinn, wie er die Bälle noch erreicht, diese Athletik. Ich habe im Ballwechsel immer wieder mal gedacht: Der Punkt ist weg. Aber dann kommt Ma Long doch noch an den Ball. Wir hätten aus dieser Position allenfalls einen Notschlag spielen können, aber er bringt die Bälle immer noch aggressiv zurück. Ich habe beim Einspielen auch mal mit Ma Longs Schläger gespielt. Der war ganz anders. Viel schneller. Und er hat viel mehr Rotation erzeugen können. Der Ball springt auch viel höher nach dem Treffpunkt ab als bei meinem, der Schläger hilft also sehr beim schnellen, druckvollen Spiel.

Die Spielweise ist nicht das Einzige, was beide zu einem starken Doppel macht. »Unser Charakter ist sehr ähnlich«, findet Ma Long. Beide sind eher ruhig und flippen am Tisch nicht aus. »Ma Long ist sehr anständig, er wird alles geben«, davon ist Timo überzeugt.

Bei den China Open 2013 spielten die beiden erstmals zusammen und gewannen gleich das Turnier. »Es haben viele Zuschauer meinen Namen gerufen«, erzählt Timo. »Überhaupt war wieder viel los, im Hotel haben einige Groupies auf mich gewartet. Ein Mädel um die 20 hat mir sogar eine Briefmarkensammlung geschenkt.«

Das Doppel war Bestandteil eines großen Plans der Chinesen, etwas von der Macht im Tischtennis abzugeben – aus eigenem Interesse. Timo seinerseits bietet es die Möglichkeit, die Chinesen zu besiegen und dennoch einer von ihnen zu sein. Und ein Erfolg mit Ma Long ist das perfekte Symbol für Timos Karriere, in der sich Deutschland und China ergänzen wie Yin und Yang.

Als Timo und Ma Long dann erstmals zusammen an einer WM teilnahmen, 2015 in Suzhou, im Osten Chinas, meinte es die Auslosung nicht gut mit ihnen. Sie hätten noch ein paar Runden zum Einspielen gebrauchen können, doch mangels gemeinsamer Auftritte spielten sie ungesetzt und schieden in Runde zwei gegen die späteren Weltmeister Zhang Jike/Xu Xin aus. Der große Erfolg bei dieser WM gelang Timo nicht, weder im Einzel noch im Doppel, dafür blieb ihm etwas anderes in Erinnerung.

Ich weiß, dass mir viele Chinesen die Daumen drücken. Und ich höre es in der Halle, wie sie mich anfeuern. Manchmal kommen Fans auf mich zu und sagen, dass sie mir den Sieg wünschen, selbst wenn ich gegen einen Chinesen spiele.»I hope you will win«, solche Sätze höre ich dann. Und sehr beeindruckt war ich, als ich 2015 bei der WM im Viertelfinale gegen Fan Zhendong gespielt habe. 85 Prozent der Halle hat für mich geklatscht. Unfassbar eigentlich. Fan Zhendong war doch eigentlich der Youngster, zu dem man hält. Ich hätte auch komisch geguckt, wenn die Zuschauer bei der Europameisterschaft 2000 in Bremen für Waldner statt für mich geklatscht hätten. Es war schon sehr speziell und sehr ergreifend, ich habe als große Würdigung des chinesischen Publikums empfunden, auch wenn ich 2:4 verloren habe.

Was würde nur aus Tischtennis in China ohne starke Gegner? Als der Abstand zum Rest der Welt immens groß geworden war, bei der WM 2005 in Schanghai, forderte der damalige Weltverbandspräsident Sharara:»Wir müssen erreichen, dass die chinesischen Spieler als eigene Persönlichkeiten wahrgenommen werden. Hier gewinnt kein Land, sondern der beste Spieler.« Es soll also der kämpferische Zhang Jike gegen den freundlichen Ma Long spielen oder den manchmal verträumt wirkenden Xu Xin. Doch das dürfte ein frommer Wunsch eines Tischtennisfunktionärs bleiben, der die Chinesen bei vielen Turnieren sieht und mit jedem von ihnen eigene Geschichten verbindet. Als die chinesische Tischtennis-Führung ankündigte, ihre besten Spieler Englisch lernen zu lassen, verbreitete der internationale Verband eine Jubelmeldung: Das Erscheinungsbild des Tischtennis werde sich ändern, weil die Chinesen medienfreundlich werden.

Tischtennis steht mit seiner Ping-Pong-Diplomatie zwar am Anfang der Öffnung Chinas. Das werden sie nicht so schnell vergessen. Aber seine Rolle muss Tischtennis in China jetzt verteidigen, vielleicht ganz neu bestimmen. Tischtennis ist auch der Sport der alten Eliten, also eher Nationalsport als Volkssport. Da wirkt die glorreiche Vergangenheit möglicherweise manchmal eher wie Ballast. Neue gesellschaftliche Schichten, die Aufsteiger, könnten bei ihren Kindern eine Karriere durch Bildung der durch Sport vorziehen. Und wenn schon Sport, wollen sie sich möglicherweise auch hier vom alten China abgrenzen, indem sie sich für Tennis entscheiden oder Golf, Sportarten, die auch in der westlichen Welt die Wohlhabenden ausüben. Und es gibt andere Sportstars aus China, die international bekannter sind als die Tischtennisspieler, gerade weil sie in eher westlichen Sportarten triumphiert haben, wie etwa der Hürdensprinter Liu Xiang, die Tennisspielerin Li Na oder der Basketballspieler Yao Ming.

Internationale Anerkennung durch Tischtennis hat China eigentlich nicht mehr nötig, nicht einmal mehr durch Sport insgesamt, denn was es leisten kann, hat China der Welt mit Platz eins im olympischen Medaillenspiegel 2008 schon gezeigt. Überraschen könnte China allenfalls noch mit dem Weltmeistertitel im Fußball.

Dass ihre Dominanz bedrohliche Ausmaße angenommen hat, haben die Chinesen längst erkannt. Cai Zhenhua, der wohl mächtigste Mann im chinesischen Tischtennis, sagte schon nach der WM 2009, bei der China alle Titel und alle Einzelmedaillen gewonnen hatte: »Wir haben erneut darin versagt, das Niveau weltweit anzuheben. Es ist definitiv nicht gut für die Zukunft unserer Sportart, wenn alle großen Titel bei internationalen Turnieren von Chinesen eingesammelt werden.« Sie wollen mehr Nationaltrainer ins Ausland schicken. Mehr Spieler aus dem Ausland zu sich einladen. Die Chinesen verstehen sich als Gralshüter, sie bewachen einen

Schatz und bestimmen, wem er in welchem Ausmaß zuteil wird. Es sei ihre Pflicht, sagt Cai Zhenhua, der Welt das Geheimnis ihres Erfolges zu offenbaren.

Aber liegt nicht genau darin ein Grund für die Dominanz Chinas? Im Geheimnis, im angeblichen? Richard Prause, mittlerweile Sportdirektor des Deutschen Tischtennis-Bundes, kann sich darüber herrlich aufregen. »Es gibt kein Geheimnis im chinesischen Tischtennis!«, ruft er mehr, als er es sagt. »Aber die Europäer machen ein Geheimnis daraus. Es gibt nur frühere Arbeit mit höherer Konkurrenz und höherer Intensität.« Und poltert gleich weiter: »Die Chinesen hätten gerne, dass alles bei ihnen so aussieht, als stecke der große Plan dahinter. Sie umgeben sich selbst mit der Aura des Unantastbaren.« Also alles Koketterie? Oder sind sie vielleicht doch zerrissen zwischen dem Immergewinnenwollen und dem Nichtimmergewinnendürfen? »Wir müssen mit dieser Denkmalpflege aufhören!«, fordert Prause.

Ich erzähle Timo auf dem Weg zum Flughafen, was Richard Prause gesagt hat, und frage nach seiner Meinung.

Ich verstehe die Spielweise der Chinesen. Und ich versuche, mir Dinge davon rauszuziehen. Früher habe ich gedacht: Die Chinesen sind so weit weg, das kann ich unmöglich aufholen. Selbst als ich schon ein paarmal gegen sie gewonnen hatte, habe ich mich immer noch klein gefühlt. Aber inzwischen ist das chinesische Tischtennis kein Mythos mehr für mich, alles hat Hand und Fuß, es ist kein Hokuspokus, der in irgendwelchen Hinterzimmern ausgetüftelt worden ist, sondern ein System. Das System funktioniert so: Talente werden früh entdeckt, gut sortiert, dann gibt es mehrere Siebe über verschiedene Stationen, immer mehr Auslese, und wenn man dann die besten ausgesucht hat, wird zentral und knallhart gearbeitet unter Aufsicht von sehr fähigen Trainern. Mit einer technisch vorgegebenen Richtlinie. Der Vorteil ist wirklich, dass sie auf extrem hohem Niveau zusammen trainieren. So etwas haben wir nicht bei uns.

»Also kein Geheimnis?«

»Nö.«

»Und was ist mit all den Gerüchten, dass es zum Beispiel Live-Coaching gibt? Dass also auf der Tribüne Trainer sitzen, die alle Spielzüge auswerten und dem Betreuer auf der Bank dann in der Satzpause die Ergebnisse zukommen lassen? Und mit den angeblichen Absprachen, durch die die Trainer bei internen Duellen den Chinesen als Sieger bestimmen, der in der nächsten Runde die besseren Chancen gegen den Nicht-Chinesen hat? Ich habe jedenfalls gehört, dass bei Olympia 2004 Wang Liqin im Halbfinale Wang Hao auf Anweisung den Vortritt lassen musste, weil der gegen den Südkoreaner Ryu Seung Min im Finale bessere Chance hätte. Wie gesagt, das ist nur ein Gerücht. Ryu wurde trotzdem Olympiasieger.«

»Das ist tatsächlich alles sehr spekulativ. Vom Live-Coaching habe ich noch nichts gehört. Untereinander gibt es, glaube ich, keine Absprachen mehr. Singapur ist bei den Damen ja auch Weltmeister geworden, obwohl das ausschließlich Chinesinnen sind. Da hätte man erwarten können, dass sie sich erkenntlich zeigen müssen, weil China sie ausgebildet hatte und sie inzwischen für ein anderes Land starten dürfen. Ich glaube übrigens auch, dass die Chinesen sauber sind. Also es da kein Doping gibt, davon bin ich sogar total überzeugt.«

»Was macht dich da so sicher?«

»Es fühlt sich einfach nicht unerreichbar an. Wenn ich den richtigen Körper gehabt hätte, wäre ich im chinesischen System weiter gekommen als jetzt.«

»Ein schönes Gedankenspiel. Das Talent hast du, den klaren Kopf auch, aber wie hätte sich das viele harte Training mit deiner Neigung zur Bequemlichkeit vertragen?«

»Ich kann natürlich nicht sagen, was genau in China aus mir geworden wäre. Aber ich glaube, dass ein Mensch sehr anpassungsfähig ist. Ich habe doch auch seit meinem zehnten Lebensjahr nichts anderes gemacht, als Tischtennis zu spielen. Ich habe mit Leuten trainiert, die besser waren als ich, sonst wäre ich nie so gut geworden. An sich hat man ja versucht, mir das chinesische System im Kleinen nachzubauen. Aber die letzte Stufe hat gefehlt: das tägliche Training mit der absoluten Weltspitze.«

Um sich dem wenigstens anzunähern, halten die Europäer immer mehr zusammen. Sie bereiten sich gemeinsam auf große Meisterschaften vor, in Düsseldorf etwa. Doch es könnte noch eine ganze Weile dabei bleiben, dass es wohl kaum eine Sportart gibt, die so sehr von einem Land dominiert wird wie Tischtennis von China.

»Wird sich daran überhaupt jemals etwas ändern, dass die Chinesen Tischtennis so beherrschen wie jetzt?«, frage ich Timo, während auf der Straße die ersten Schilder den Flughafen ankündigen.

Tja, man müsste ein ähnliches System wie in China etablieren. Aber das wird nicht möglich sein in unserer Gesellschaft. Unsere Spieler müssen technisch früher geschult werden. Deshalb brauchen wir gerade im Schüler- und Jugendbereich gute Trainer. Da hapert es leider. Wie will man das aufholen, wenn ein Achtjähriger in China zwei- bis dreimal am Tag trainiert und mit 15 oder 16 schon ausgereift ist, während unsere Jugendlichen dann immer noch mit technischen Schwierigkeiten zu kämpfen haben?

Ich wollte nicht rausgerissen werden aus meinem Umfeld. Bei mir ging das zum Glück gut, aber ich hatte auch die besten Voraussetzungen, die es überhaupt in Deutschland geben kann. Ich will es keinem zumuten, in irgendwelche Tischtennisinternate zu ziehen. Dazu darf man niemand zwingen. Aber vielleicht ist es nötig, um die

Lücke zu schließen. Ich glaube jedenfalls auch, dass die Dominanz der Chinesen sehr gefährlich für unseren Sport ist.

Ein anderer Hesse hält sie ebenso für gefährlich, und während Timo die Dominanz mit eigenen Siegen etwas eindämmen kann, versucht es Thomas Weikert mit Konzepten. Seit 2014 ist er Präsident des Weltverbands ITTF. »Um die Dominanz der Chinesen mache ich mir konstant Sorgen«, sagt er. »Zwischenzeitlich waren diese Sorgen etwas geringer, als die Chinesen eine kleine Schwächephase hatten. Inzwischen sind die Sorgen wieder auf dem alten Niveau angekommen. Mit unserem High-Performance-Programm sollte es eigentlich das Ziel sein, die Chinesen irgendwann zu gefährden. Aber realistisch kann es erstmal nur sein, auch Spieler außerhalb von Asien und Europa gezielt zu fördern, ihnen durch Stipendien bessere Möglichkeiten zu verschaffen und dadurch die Weltspitze zu verbreitern.«

Was kann Tischtennis in China noch anbieten, wenn die spannenden Duelle gegen Spieler aus anderen Ländern immer weniger werden? Sich selbst am besten. Als rasantes, dynamisches und vielseitiges Spiel. Selbst wenn Tischtennis noch schneller wird, sein Wesen mag sich nicht verändern. Es wird ein Spiel bleiben, das viel über Menschen erzählen kann. Ein sensibles Spiel mit Seele. Um sich noch einmal zu verbessern, verlangt Tischtennis nicht nur, dass man an Bewegungsabläufen arbeitet, sondern auch an Stärken und Schwächen in der Persönlichkeit. Es verbessert sich vor allem derjenige, der sich selbst überwindet. Und spricht es nicht für Tischtennis, dass auch ein introvertierter und fairer Spieler wie Timo die Nummer eins der Weltrangliste werden kann?

Anerkennung hat Timo gerade für seine Persönlichkeit eine Menge bekommen, etwa von den deutschen Sportjournalisten, mögen auch sonst in Zeitungen, Zeitschriften und im Fernsehen mehr die lauten Sportler vorkommen, die schrillen Töne und frechen Sprüche. Jedes Jahr bestimmen sie die Sportler des Jahres. Timo haben sie dabei schon fünfmal unter die ersten drei gewählt, 2005 und 2011 auf Platz drei, 2007, 2008 und 2010 auf Platz zwei. Wohl auch aus Respekt davor, dass er in einer Sportart Höchstleistungen zeigt, die weltweit gespielt, in anderen Ländern, eben in Asien, noch stärker gefördert wird und in der einem kein staatlich finanziertes Institut ein Sportgerät bauen kann, das einen Vorteil bietet gegenüber dem Rest der Welt. Als Timo 2010 bei der Sportlerwahl von Moderator Rudi Cerne auf die Bühne des Kurhauses Baden-Baden gebeten wurde, sagte er mit einem Lächeln:»Nirgends ist es so schön, Zweiter zu werden, wie hier.«

Es war dieser Auftritt, nach dem Dirk Schimmelpfennig sich wieder einmal sagte:»Timo ist ein Riesenglücksfall für Tischtennis und dazu noch ein richtig feiner Mensch. Denn er hat Witz und Charme. Oft verändern sich die Menschen, wenn sie Erfolg haben. Er ist sich selbst treu geblieben. Er hat immer ein Gefühl für die Menschen um ihn herum. Ich weiß nicht, ob Sie jemanden finden, der sich von ihm schlecht behandelt fühlt.« Und zur Ruhe, die Timo ausstrahlt, fällt ihm ein:»Um ihn herum ist immer ein Stück Höchst.« Ein Stück Odenwald-Idylle.

Wie beliebt Timo wirklich ist, das sollte sich vor den Olympischen Spielen in Rio de Janeiro 2016 auch messbar zeigen. Denn Timo stand zur Abstimmung. Richard Prause hatte das Amt des Sportdirektors im DTTB von Dirk Schimmelpfennig übernommen, der als Verantwortlicher für den Leistungssport zum DOSB, zum Deutschen Olympischen Sportbund, gewechselt war.

Vor den Spielen kam nun Prause auf Timo zu, aber es ging nicht um Tischtennis, er kam in höherem Auftrag. Der DOSB hatte ihn geschickt, um Timo zu fragen, ob er denn auf die Liste der Kandidaten genommen werden wolle, die als Fahnenträger bei der Eröffnungsfeier in Frage kommen. Fahnenträger bei Olympia ist eines der ganz wenigen Ehrenämter für einen Sportler, ein viel beachtetes und eine besondere Auszeichnung. Wer mit der Fahne vorangeht, ist nicht nur lange dabei und hat viel gewonnen, sondern verkörpert auch die Werte des Sports. In Peking hatte etwa Dirk Nowitzki die Fahne getragen, in London war es Natascha Keller, Rekordnationalspielerin im Hockey und auch aufgrund ihrer Bescheidenheit und Loyalität bestens geeignet. Gemeinsam mit Prause beugte sich Timo erst einmal über den Zeitplan, ob denn das mit der Eröffnungsfeier überhaupt funktionieren könnte. Ja, es ging. Also rauf mit seinem Namen auf die Liste.

Mein Grundgefühl war, dass ich das sowieso nicht werde, weil es ja eine Mischung aus Publikumswahl war und Abstimmung der Teammitglieder, und da kennen sich viele untereinander. Als ich dann Moritz Fürste auf der Liste gesehen habe, dachte ich: Der wird es bestimmt – zweimaliger Olympiasieger, eine große Base im Hockey hinter sich, beim Champions Club dabei, wo die olympischen Athleten immer zusammen sind, und einfach ein guter Typ. Am Abend vor der öffentlichen Verkündung des Ergebnisses haben mich dann Dirk Schimmelpfennig und Michael Vesper als Chef de Mission zu sich gerufen. Ob ich denn die Fahne tragen wollte, fragten sie mich, die Wahl sei auf mich gefallen. Selbst wenn ich jetzt davon erzähle, bekomme ich noch eine Gänsehaut. Ich war schon ziemlich gerührt. Dieses Gefühl musste ich erstmal sacken lassen – ein schönes Gefühl, aber auch ein schweres. Wie ein kräftiger Kaffee, ein Ristretto, nicht wie ein Tee. So haben sie mich erstmal in die Nacht entlassen. Ich habe natürlich gleich einigen Leuten Bescheid gesagt. Deli ist am Telefon in Tränen ausgebrochen. Am nächsten Tag bin ich dann ziemlich herumgereicht worden. Es war schön, zu spüren, wie viele sich mit mir gefreut haben. »Hallo, Herr Fahnenträger«, hieß es überall, wo ich hinkam.

Man könnte Timo eine Art Geistlichen Olympias nennen, weil er mit seinen Einstellungen und seinem Verhalten dazu beiträgt, das zu bewahren, was als olympischer Geist gilt. Das Mannschaftsdienliche, das Fairplay, der Respekt vor Gegnern, Publikum und Ereignis. Und als Insignie bekam Timo nun die Fahne seiner Mannschaft ausgehändigt.

Es gibt im Weltsport wohl kein Ereignis, das mit so viel Vorbereitung und Aufwand verbunden ist wie die Eröffnungsfeier von Olympischen Spielen. Das Gastgeberland und die olympische Bewegung können in einer beispiellosen Show der Weltgemeinschaft ihre Botschaften vorspielen. Die Eröffnungsfeier der Sommerspiele von London, inszeniert von *Slumdog Millionaire*-Regisseur und Oscar-Preisträger Danny Boyle, soll 34 Millionen Euro gekostet haben.

Mit der Mannschaft haben wir uns erst einmal versammelt, manche waren doppelt aufgeregt, zum einen wegen der Eröffnungsfeier, aber dazu noch, weil es für sie die ersten Olympischen Spiele waren. Dann sind die Fahnenträger in einem eigenen Bus zum Stadion gefahren worden, ich war also kurz vom deutschen Team getrennt. Am Stadion war auch nicht viel Zeit – zack, zack – Aufstellung. Und richtig schön wurde es erst, als ich wieder mit den deutschen Athletinnen und Athleten zusammen war. Vor dem Reinlaufen haben wir noch gesungen, die Nationalhymne war auch dabei. Dirk Nowitzki hatte mir vorher gesagt: »Der Moment beim Reinlaufen ist kurz, aber unglaublich intensiv, genieß das!« Und ich konnte es auch richtig aufsaugen, es war einfach ein supercooler Moment, in dieses riesige Stadion einzulaufen. Ich habe mich nicht getraut, mich umzudrehen, doch zum Glück gab es ganz hinten im Stadion einen riesigen Screen, darauf konnte ich es dann ganz groß sehen: ich vorne und die ganze Mannschaft hinter mir. Was für ein großartiges Bild und was für ein wunderbares Gefühl! Die Fahnenträger sind dann abgebogen und standen wieder zusammen. Einige kannte ich, für Österreich zum Beispiel hat Liu Jia die Fahne getragen. Sie war auch super aufgeregt. Für Spanien trug Rafael Nadal die Fahne, und alle waren heiß drauf, ein Handyfoto mit ihm zu machen. Meistens war ich dann derjenige, der die Fotos von anderen Fahnenträgern mit ihm gemacht hat. Ich selbst wollte ihn nicht nerven, der arme Kerl wollte es ja auch genießen. Auf mich kam ebenfalls jemand zu, der ein Foto mit mir machen wollte – es war der chinesische Fahnenträger.

So ist Timo auch in einem der größten Momente seiner Karriere an China erinnert worden mit dem Fotowunsch des Fahnenträgers. Es war übrigens der Fechter Lei Sheng, er hatte in London Gold im Florett gewonnen. Was sportlich folgte, war eigentlich die Fortsetzung der schwierigen Beziehungsgeschichte zwischen Timo und Olympia. Schon sein erstes Spiel im Einzel war eine Qual, mit 4:3 konnte sich Timo gerade noch so gegen Alexander Shibaev aus Russland durchsetzen. Doch ein Spiel später, im Achtelfinale, war dann auch schon Schluss mit 2:4 gegen den Nigerianer Quadri Aruna, der seinerzeit in der Weltrangliste um Platz 40 rangierte.

Gegen Aruna habe ich erstmal drei Sätze gebraucht, um überhaupt zu verstehen, wie ich spielen muss. Es ist eigentlich untypisch für mich, taktisch so schlecht zu spielen. Das Aus hat mich jedoch viel weniger gewurmt als das vier Jahre zuvor in London. Nach meiner Knie-OP 2015 hatte ich mich ohnehin nicht als Medaillenkandidat gesehen. Ich war vom Gefühl einfach nicht nah dran, schon gar nicht an den Chinesen. Im Viertelfinale wäre ich sowieso auf Ma Long gestoßen und rausgeflogen.

Typisch war dafür dann wieder der Verlauf des entscheidenden Mannschaftsspiels. Gegen Japan hatte das deutsche Team das Halbfinale verloren, das hatte auch Timo nicht verhindern können, er unterlag Jun Mizutani. Gegen Südkorea ging es dann um die Medaille, und beim Stand von 1:1 musste Timo erst im Doppel mit Bastian Steger dem Spiel den entscheidenden Dreh geben. Gleich im ersten Satz bekam er gewaltige Nackenschmerzen – ein Bandscheibenvorfall, wie sich später herausstellte. »Die Muskulatur hat erstmal zugemacht«, erzählt Timo. Im vierten Satz musste er sogar eine Verletzungspause nehmen. »Bis dahin hatte mich der Bastl mit durchgezogen.« Spritzen halfen, seine Muskulatur zu lockern und Timo wieder zurück ins Spiel zu bringen. Der Sieg im Doppel gab Timo den nötigen Schub. Jetzt musste er nur noch sein Einzel gewinnen. Wer anders als er hätte sich in einer solchen Situation ausgekannt, so vertraut wie sie ihm nach Peking und London nun schon vorkam? Zum Glück ging es gegen einen Abwehrspieler, Joo Se-hyuk, denn in der Abwehr findet Timo fast immer eine Lücke. So auch diesmal, 3:0 besiegte Timo seinen Gegner, und entlockte schon durch seine souveräne Spielweise Gegnern und eigenen Teamkollegen wieder größten Respekt. Wieder einmal verließ Timo Olympia mit einer glänzenden Mannschaftsmedaille und außerdem noch mit der Erinnerung an eine besondere Begegnung mit China. »Lang Lang kam extra ins deutsche Haus, um mich zu treffen.« Der Pianist hatte auch bei der Eröffnungsfeier der Spiele von Peking 2008 eine Hauptrolle. »Im deutschen Haus hat er ewig lang auf mich gewartet und wollte unbedingt ein paar Bälle mit mir spielen. Er spielt ganz gut, ein überdurchschnittlicher Hobbyspieler.«

Mehr olympischer Erfolg hätte es für Timo schon sein dürfen, aber mehr olympische Ehre als in Rio geht kaum. Und nachdem die Chinesen so weit weg zu sein schienen, musste Timo in Rio mehrfach die Frage beantworten, ob denn seine fünfte Olympiateilnahme auch seine letzte gewesen sei. Soll sie nicht. Tokio 2020 wäre schon ein schönes Ziel, und dafür werde er alles tun. Aber stärker als seine Antworten in Brasilien war ein Auftritt ein Dreivierteljahr später. Die Einzel-WM war nach Düsseldorf vergeben worden. In die Stadt seines langjährigen Klubs, wo auch die Nationalmannschaft trainiert. Mit zwei Chancen ging Timo ins Turnier, im Einzel natürlich, aber auch im Doppel. Denn sein Partner war wieder kein Geringerer als Ma Long. Mit ihm unternahm Timo also seinen zweiten Anlauf bei einer WM. Doppel-Weltmeister wäre ein hübsches Krönchen auf seine Karriere. Und der Rahmen sollte in Timos sportlicher Wahlheimat doch besser passen als beim ersten Mal. Das Premierenfieber war auch weg. »Ich freue mich sehr auf unseren zweiten Start als WM-Doppel. Zum einen verstehe ich mich mit Ma Long auch abseits des Tisches. Zum anderen haben mir die bisherigen gemeinsamen Auftritte sehr viel Spaß gemacht«, sagte Timo. Als Olympiasieger im Einzel hatte Ma Long nichts mehr zu verlieren und Timo eine ganze Menge zu gewinnen. Ob also aus der Harmonie eine spielende Symbiose werden kann?

Doch die Auslosung ließ die wohl besten beiden Paarungen schon im Achtelfinale aufeinandertreffen, Timo/Ma Long und Fan Zhendong/Xu Xin. Es rächte sich wieder, dass Ma Long und Timo nicht vorher schon einige Turniere zusammen gespielt hatten, um die für eine Setzung nötigen Punkte zu sammeln.

Das Doppel ist ja einerseits PR für die Chinesen, andererseits war es am Anfang auch als Hilfe für die Europäer gedacht. Das gilt für mich jetzt nicht unbedingt. Ma Long hat es auch Spaß gemacht, mit mir zu spielen. Wir haben viel Respekt voreinander. Vor dieser WM 2017 haben die Chinesen auch klipp und klar gesagt, dass sie nur noch eine Doppelpaarung mit einem ausländischen Spieler zulassen wollen – und das war unsere. Ich habe das als Ehre angesehen. Das waren auch immer super Spiele, eines Finales würdig. Ich weiß nicht, wie es gelaufen wäre, wenn es wirklich Endspiele gewesen wären und wir noch ein paar Runden mehr zum Einspielen gehabt hätten. Am Ende ist unser Doppel leider fast ein wenig untergegangen, das hatte es nicht verdient. Wir hatten einfach Pech, Lospech. Dass es zweimal so extrem kam – Wahnsinn.

Es war ein hochklassiges Spiel, doch Timo und Ma Long unterlagen 1:4. Und dass der Sieger dieses Achtelfinales am Ende auch Weltmeister wurde, muss fast nicht hinzugefügt werden. Timos Verhältnis zu Ma Long hat das Doppelspiel jedoch nicht geschadet, im Gegenteil. »Ma Long hat mir sogar mal einen Brief geschrieben«, erzählt Timo. »Ach ja? Und was stand drin?«, will ich wissen. »Wie er mich bewundert, weil ich über so einen langen Zeitraum ganz oben spiele und dass ich sein Vorbild bin.«

Eben noch gemeinsam, dann wieder getrennt – und gegeneinander. Im Einzelwettbewerb der WM in Düsseldorf hatte Timo beim Spiel um die Medaille den stärksten Gegner überhaupt erwischt – Ma Long. Die Begegnung begann für Timo, wie alle es erwartet hatten. Mit einem deutlichen 5:11 im ersten Satz. Ohne große Chance. Ma Long spielte mit seiner Rückhand extreme Winkel und das auch noch in einer brutalen Geschwindigkeit. Doch dann rollte Timo los, mit einer bestechenden Konzentration. 8:6 führte er im zweiten Satz, dann blieb ein Ball von ihm an der Netzkante hängen, und einen Ball traf er nur mit der Schlägerkante. 8:8. Doch anstatt zu hadern, antwortete Timo mit drei Punkten hintereinander und dem Satzausgleich. Der dritte Durchgang verlief so deutlich wie der erste, aber Timo kam noch einmal ins Spiel zurück und rauschte durch den vierten Satz mit 11:5. Das Publikum im Tischtennis hat längst eine Routine erworben im Ertragen von Niederlagen gegen die Chinesen. Aus der Routine erwächst manchmal Resignation. Auf einmal schimmerte jedoch wieder eine Chance durch. Den fünften Satz gab Timo zwar ab, aber im sechsten lag er 8:4 vorne. Nur noch drei Punkte bis zum spielentscheidenden siebten Satz. Würde da nicht auch Ma Long ins Grübeln kommen? Kommt da nicht vielleicht doch der Heimvorteil zum Tragen?

Ein, zwei Bälle spielte Timo nicht platziert genug, ein anderes Mal war er ein wenig zu passiv. Ma Long bestrafte das mit krachenden Topspins. Bei 9:9 geriet Timos Aufschlag zu lang und plötzlich war die eben noch leuchtende Chance verglüht. »Es ist weniger frustrierend als traurig«, lautete Timos spontane Reaktion, »ich hätte gerne noch den siebten Satz gespielt. Da wäre alles sicher nochmal hochgekocht.« Doch bei aller Bescheidenheit konnte er etwas sagen, das er wenige Monate zuvor noch für ausgeschlossen gehalten hätte: »Ich bin wieder zurück.« Dem Besten der Besten hatte Timo alles abverlangt und es klang nun wie ein schönes Versprechen, als er sagte: »Ein paar Jahre kann ich bestimmt noch mithalten.«

Dieses Spiel gegen Ma Long hat mich wirklich überrascht und mir viel Auftrieb gegeben, auch mental. Vorher dachte ich: Klar, das allgemeine Niveau kann ich spielen, aber gegen China? Das wird nix mehr. Auch taktisch hat es gut funktioniert. Ich habe bessere Rückschläge gespielt, wollte die Rückhand mehr durchschlagen. Dieses Spiel hat mir für das ganze Jahr viel gebracht, die Erkenntnis, wie ich mein Spiel aufziehen muss, welche Aufschläge mich weiterbringen, welche Rückschläge, welche Platzierungen. Es war eine Offenbarung. Ich hatte tatsächlich das Gefühl, auf einem Level mit ihm zu spielen. Auch mein Kopf hat sich dadurch befreit. Danach ging es richtig gut weiter. In einem Dreivierteljahr habe ich, glaube ich, nur fünf normale Trainingseinheiten absolviert, aber das hat nichts ausgemacht.

Nichts ausgemacht – eine schöne Untertreibung. Zum Beispiel für Timos Auftritt beim World Cup in Lüttich im Oktober 2017. »Lüttich ist immer ein Highlight, die Zuschauer pushen mich da besonders.« Wer weiß, ob nicht einige von ihnen auch auf der Tribüne saßen, als Timo dort 2005 drei Chinesen hintereinander besiegt hatte. Diesmal war Timo jedoch schon im Viertelfinale so gut wie draußen. 4:10 lag er im entscheidenden siebten Satz gegen den 22 Jahre alten Chinesen Lin Gaoyuan hinten. Als Timo zwei Matchbälle abgewehrt hatte, nahm Chinas Betreuer eine Auszeit, Liu Guozheng. Das ist ein alter Bekannter von Timo, im denkwürdigen WM-Achtelfinale von Schanghai 2005 war es Timos faire Geste beim Matchball, die Liu Guozheng zum Sieg verholfen hatte. Doch es blieben jetzt bei diesem World Cup noch vier Matchbälle und vielleicht der entscheidende Ratschlag von Liu Guozheng aus der Auszeit. Wenn man Lin Gaoyuans Körpersprache übersetzt hätte, dann hätte man ein »Was soll ich nur machen?« hören können oder ein »Ich glaub, ich schaff's nicht«. Timos Körper stand dagegen aufrecht und fast erhaben da, aus ihm sprach Reife und Entschlossenheit. Den völlig verkrampft wirkenden jungen Chinesen überraschte Timo in der Folge mit zwei platzierten Flips in die tiefe Rückhand, einem platzierten Topspin und einem Aufschlag in die Tischmitte – 10:10. Lin Gaoyuan nahm jedoch noch einmal allen Mut zusammen und erspielte sich einen siebten Matchball. Doch auch den wehrte Timo in einem Rückhandduell ab. Jetzt war es endlich Timo, der sich einen Matchball erspielte: 12:11. Und er nutzte ihn, nicht irgendwie, sondern mit einem Brachialtopspin allerhöchster Güte.

Weiter ging's – Halbfinale. Und dort wartete kein Geringerer als Ma Long. »Da hab ich auch wieder hoch zurückgelegen, einen Matchball abgewehrt. Das ganze Spiel war extrem dramatisch, aber ich war null Komma null verkrampft, ich war eher entspannt. Das war ein besonderer Flow, den ich an diesem Tag hatte«, erzählt Timo.

Als das Spiel auf die Zielgerade bog, im siebten Satz, ließ Timo erst zwei Matchbälle liegen, um dann den dritten tatsächlich zu nutzen zum Sieg gegen Ma Long. »Das hat der Seele richtig gutgetan.« Allein seine Jubelgeste, die weit ausgestreckten Arme, die Drehung hin zu allen Seiten der Tribünen, der feurige Blick voll Freude und Stärke wie auch der lang gezogene Siegesschrei zeigten, was ihm dieser Erfolg bedeutete. Schaut, was ich noch kann! Es war fast das Maximum an Selbstbewusstsein, was Timo nach außen hin demonstrieren kann, was seine Zurückhaltung ihm durchgehen lässt.

In diesen zwei Siegen gegen die beiden Chinesen ging allerdings so viel körperliche und mentale Energie drauf, dass es im Finale gegen Dimitrij Ovtcharov nicht zu einem weiteren Erfolg reichte. »Gegen Dima hätte ich nochmal was hinterherschieben müssen.« Das war zu viel verlangt. Doch was Timo erreicht hatte, genügte schon, um wenige Monate später, im März 2018, einen unverhofften und ganz großen Schritt zu machen: zurück auf Platz eins der Weltrangliste.

Wie konnte das passieren? Um einmal technisch anzufangen: Es gab ein neues System der Weltrangliste, das die Vielspieler und Vielsieger eines Jahres belohnt und alte Erfolge schneller vergisst.

Nach der alten Weltrangliste hätte Ma Long so viel Vorsprung gehabt, dass ich ihn vielleicht erst eingeholt hätte, wenn er zwei Jahre
lang nicht gespielt hätte. Das neue System ist auf ein Jahr ausgelegt, ich selbst war eigentlich gegen dieses System. Aber als ich die
Nummer eins geworden bin, habe ich das auch nicht als total ungerecht empfunden. Die gefühlte Nummer eins Ma Long hatte ich
schließlich beim World Cup geschlagen. Und für das System kann
ich ja nix. Ich habe mich gefreut, es ist eine schöne Geschichte und
ich bin auf jeden Fall die langsamste Nummer eins der Welt.

Diesen Scherz konnte er sich nicht verkneifen. Die andere
Tatsache ist schließlich, dass noch kein Weltranglistenerster
im Tischtennis älter war als er, Waldner war 31. Was sagt
das aber eigentlich aus, mit 37 die Nummer eins zu sein?
Spricht das für Timo? Und für oder gegen Tischtennis? Oder
ist es eben einfach nur der Modus der Weltrangliste?

Es ist von allem mindestens ein bisschen, von manchem
sogar eine Menge. Die Chinesen als Dominatoren der Sportart hatten gerade etwas mehr mit sich selbst zu tun, das Trainerteam wurde ausgewechselt, es kam zu Streit. Dazu hatte
der internationale Verband ein bisschen an der Punkteverga-
gabe der Weltrangliste geschraubt. Aber all das konnte nicht
vollständig erklären, warum Timo wieder oben stand.

Wenn die Beweglichkeit des Körpers etwas nachlässt und
die Regenerationsfähigkeit auch, dann lässt sich das im Tischtennis ausgleichen mit dem Einschätzungsvermögen, dass der
Ball aller Erfahrung nach jetzt dorthin kommen wird und dabei diese oder jene Rotation hat. Dazu braucht es auch einiges
an Spielintelligenz. Das ist die Lesekunst des Spiels. »Timo
hat das Spiel einfach verstanden«, sagt Jörg Roßkopf, und es
klingt simpler, als er es meint. »Gerade beim Aufschlag und
Rückschlag zerlegt er das Spiel bis ins Kleinste. Andere, die
nach ihm kommen, haben das vernachlässigt«, sagt Roßkopf.

Selbst mancher der besten Chinesen sei im Aufschlag-Rück-schlag-Spiel nicht so stark. »Die Power der Chinesen hat Timo zwar nicht.« Doch was nützt die größte Schlaghärte, wenn der Ballwechsel schon nach wenigen, überlegten Spiel-zügen vorbei ist? Timo ist der Ballvorherseher. Und auch seine andere Hochbegabung hat ihn noch ein-mal an die Spitze geführt: sein Gemüt. Er findet die perfek-te Balance zwischen Anspannung und Entspannung. »Er macht sich nicht verrückt, auch wenn es mal nicht so gut läuft. Andere bekommen dann die Hektik«, sagt Roßkopf, der auch erst mit 41 sein Karriereende erklärte. So erlebt er mit Timo besondere Momente: »Er macht zwei Wochen Pause und spielt dann trotzdem einen phantastischen Wett-kampf.« Im Gegensatz dazu würde etwa Dimitrij Ovtcharov »nach so einer Pause am liebsten am Tag vorher noch zwölf Stunden trainieren«. Die Kunst, sich Training, Wettkämpfe und Pause einzuteilen, beherrsche Boll perfekt, »das kann man auch nicht lernen.«

Kein Wunder, dass Weltverbandspräsident Weikert hofft, Timo möge noch lange mitspielen. »Er wird zurecht als Le-gende eingestuft. Mit seiner Technik und Taktik kann man sich nicht auf ihn einstellen«, sagt Weikert, »die Leute wol-len Timo sehen. Kürzlich gab es einen Ballwechsel, in dem er erst den Schläger von der linken in die rechte Hand gewech-selt hat, dann auch noch einen kuriosen Rückhandtopspin gezogen und schließlich mit der Vorhand den Ball wie ein Scheibenwischer gespielt hat. Drei Besonderheiten in einem Ballwechsel – wer spielt das schon?«

Der Arbeitsgruppe des Weltverbands für eine neue Auf-schlagregel gehört Timo schon an, und Weikert wünscht sich, dass er sich auch noch in der Athletenkommission ein-bringt: »Und dass er Deutschland weiterhin hilft, oben dabei zu bleiben.«

Der Flughafen nimmt uns wieder so kühl in Empfang wie bei unserer Einreise. Hier ist Peking schon nicht mehr China, sondern ein Stück Welt. Und als sei die Ausreise nun nichts Persönliches mehr, wird Timo am Ticketschalter und an der Passkontrolle abgefertigt wie jeder andere auch. Wir haben noch zwei Stunden Zeit bis zum Abflug unserer Maschine. Langsam schlendern wir zum Flugsteig. Dort angekommen, greift Timo in seine Hosentasche und holt ein paar chinesische Geldscheine heraus. »Lass uns noch einen Kaffee trinken, ich gebe einen aus.«

Vor der Fensterscheibe macht sich die Start- und Landebahn breit, Timo sitzt noch einmal auf einem Platz, wie er ihm am besten gefällt. Im Rücken das Treiben des Flughafens und die Passagiere, vor ihm ein Panorama. Während ich den Kaffee hole, schaue ich kurz zu ihm hinüber. Sein Blick scheint versunken in der Ferne. Es könnte ein Entspannungsprogramm sein im Hin und Her, Ping und Pong, zwischen den Welten, zwischen dem beschaulichen Zuhause und einer aufregenden zweiten Heimat.

Tischtennis ist ein Mittel, um China ein bisschen besser kennenzulernen. Auch wenn man China als Europäer vielleicht nie ganz verstehen kann, so hat Timo doch zumindest ein Verständnis dafür entwickelt. Als ich ihm den Pappbecher mit dem dampfenden Kaffee in die Hand gedrückt habe, fängt hinter uns ein Chinese an, in sein Handy zu brüllen. Timo schaut mich von der Seite an und grinst.

Man trifft schon viele lustige Menschen. Wir denken ja immer, die Chinesen seien so leise, aber ich habe viele sehr lebhafte Chinesen getroffen. Sie teilen sich einem sofort mit, fangen gleich an zu erzählen und fragen auch viel Persönliches. Das hat mit Interesse zu tun. Diese oft direkte Art hat mich am Anfang überrascht, jetzt finde ich sie sehr unterhaltsam. Vielleicht bin ich manchmal so, wie die

Chinesen im Ausland gesehen werden. Ruhig und ausgeglichen. Ich glaube, ich habe auf andere Menschen eine beruhigende Art.

Auch das mag ein Grund sein für seine Popularität in China. Dass er nach bestimmten Werten lebt, die in China besonders seit Konfuzius einen hohen Rang haben: Bescheidenheit, Höflichkeit, Freundlichkeit. Timos Tischtennisweg begann so unchinesisch, so individuell und behütet, er musste sich nicht unterordnen, doch er hat sich dem Weg der Chinesen im Laufe der Jahre immer mehr angenähert, sich immer mehr darauf eingelassen. Und philosophisch gesehen entspricht Timos Weg einem chinesischen Prinzip des Daoismus, nach dem Wasser zwar weich ist, aber mit der Zeit sogar einen Stein aushöhlen kann.

»Du hast ja eher ein, sagen wir mal, gedämpftes Temperament«, sage ich zu ihm und bin gespannt auf seine Reaktion. »Kann man bei mir überhaupt von Temperament sprechen?«, erwidert er und schaut mich mit der größten Aufmerksamkeit an, die ich bisher auf dieser Reise bei ihm erlebt habe. Sein Blick ist jetzt nicht mehr geteilt, sondern fest und intensiv und auch forschend, was ich wohl anfangen werde mit dem Satz, den er mir gerade hingelegt hat.

»Du regst dich so selten über etwas auf und machst einfach unauffällig dein Ding. Ich finde es schon erstaunlich, dass du dich eigentlich so gut wie nie aus der Ruhe bringen lässt.«

»Wegen was soll ich mich verrückt machen? Mir geht's doch gut!«, sagt er, und in dieser Erwiderung scheint seine Einstellung zum Leben zu stecken, eine durch fast nichts zu erschütternde Grundzufriedenheit, die besondere Erlebnisse als beglückende Ausreißer nach oben wirken lässt.

Als wir zum Einsteigen aufgefordert werden, ruft Timo noch schnell bei Deli an, es ist vier Uhr früh in Deutschland. Wir nehmen unser Handgepäck und reihen uns in die

Schlange ein. Von Timo wird etwas dableiben in China, im Grunde ist er ständig präsent. Seine Internetseite gibt es längst auf Chinesisch. Andersherum wird Timo bei seiner Rückkehr nach Deutschland China begegnen, weil chinesisches Tischtennis in Europa stark vertreten ist. Mit seinem früheren Balleimertrainer Zhu Xiaoyong versteht sich Timo bestens, mit ihm redet er oft über China. Viele Chinesen haben andere Staatsangehörigkeiten angenommen und spielen auf der ganzen Welt. Von den Europameisterinnen zwischen 1998 und 2018 sind acht in China aufgewachsen, zeitweise kamen sechs der besten sieben Spielerinnen der Europarangliste aus China.

Beim Einsteigen ins Flugzeug erzählt mir Timo noch eine kleine Begebenheit, die ihm auf einem innerchinesischen Flug passiert ist: Kaum war er in der Maschine, hörte er, wie in den ersten Reihen sein Name geraunt wurde. »Bor?« »Noch bevor ich an meinem Platz ganz hinten angekommen war, hatte sich das ›Bor‹ schon seinen Weg durch die Reihen gebahnt und war vor mir da – Bor! Bor! Bor!«

Für ein paar Stunden trennen sich unsere Wege nun, Timo macht sich auf in die Business-Class, er zieht schon mal seinen E-Book-Reader aus der Jackentasche. »Habe ich immer am Mann.« Mit ihm kann Timo gleich zwei Leidenschaften verbinden, Lesen und Technik.

Mit Schlafen und Lesen vergehen schnell ein paar Stunden, dann steht Timo auf einmal wieder vor mir. Wieder nicht mit leeren Händen. Er hat noch einmal eine Auswahl an Keksen und Riegeln mitgebracht und setzt sich am Notausgang mir gegenüber, dort, wo das Kabinenpersonal bei Start und Landung Platz nimmt.

»Was nimmst du mit von dieser Reise, Timo?«, will ich von ihm wissen.

»Hm. Einige Anregungen für mein Training. Die Erinnerung an eine sensationelle Pekingente. Ich fand die Reise jedenfalls sehr entspannt, weil es mal nicht auf die Minute ankam und wir Luft hatten, um einige Dinge nebenher zu machen. Der Turnieralltag sieht sonst anders aus. Und was nimmst du mit?«

»Ich habe einiges gelernt über Tischtennis. Zum Beispiel, wie wichtig es ist, sich in den Gegner hineinzuversetzen, um sein Spiel vorauszuahnen. Und dass das im Spitzentischtennis immer schwerer wird, weil gerade die Chinesen so gut verbergen können, was in ihnen vorgeht. Ich denke jetzt auch, dass dein Talent für die Balance zwischen Anspannung und Entspannung mindestens genauso viel wert ist wie deine Technik. Dass du eigentlich deshalb so gut geworden bist, weil Tischtennis das verlangt.«

Timo nickt, als habe ich eine Lektion verstanden.

»Vor allem aber habe ich etwas über dich erfahren und was China mit dir gemacht hat und immer noch macht.«

»Und zwar?«

»China bringt eine andere Seite von dir zum Vorschein. In China bist du viel eher bereit, an deine Grenzen zu gehen, als zu Hause, bist neugieriger. Du probierst Hühnerfüße und feierst bis zum Morgengrauen in der Karaoke-Bar wie jemand, der das Stadtleben liebt.«

Timo zieht verschmitzt die linke Augenbraue hoch.

»Wie geht es eigentlich weiter mit dir nach deiner Karriere? Was würde dir fehlen ohne Tischtennis?«

»Die Antwort kann ich dir nicht geben, aber ich bin selbst sehr gespannt darauf. Auf der einen Seite freue ich mich auf die Zeit nach der Karriere, gerade wenn ich in einer sehr anstrengenden, belastenden Phase stecke. Andererseits freue ich mich nach jedem Urlaub immer aufs Tischtennis, nicht nur auf den Wettkampf, sondern einfach aufs Training, aufs Spielen. Ich bin neugierig, ob diese Lust aufs Spielen und diese Sehnsucht nach dem Wettkampf auch nach meiner Karriere noch kommen werden.«

Als Timo einmal in einem Interview weniger gefragt als zur Bestätigung aufgefordert wurde, dass er seine Karriere doch sicher beenden werde, wenn er regelmäßig gegen deutsche Spieler verliert, weil das doch unter seiner Würde sei, hat er nur zurückgefragt: »Warum?« Die Liebe zu seinem Spiel scheint größer zu sein als sein Ego.

»Ich habe mal gelesen, dass du kein Trainer werden möchtest, stimmt das noch so?«

»Oooch«, sagt Timo und pustet seinen Atem in die Luft, »das habe ich mal so gesagt. Aber eigentlich wäre es doch schade, wenn ich meine Erfahrungen nicht weitergeben würde. Ich glaube, dass ich ein paar Sachen weiß aus dem absoluten Spitzenbereich, worüber sich viele noch keine Gedanken gemacht haben. Das habe ich bisher auch größtenteils für mich behalten.«

»Was denn?«

»Das vorausschauende Spiel zum Beispiel. Wie man den Ballwechsel plant und den Gegner dabei mit einbezieht. Ich merke, dass ich ein extremes Gespür dafür habe, auf was es ankommt im Spiel. Auch wenn ich andere beobachte, sehe ich: Dieser oder jener Ball ist falsch gespielt, da hat die Fußstellung nicht gestimmt, solche Dinge. Davon habe ich dir hier erzählt, aber davor habe ich nicht groß darüber geredet.«

Eine Stewardess kommt mit einem Tablett voll Getränken an uns vorbei, wir nehmen uns jeder einen Saft.

»Mit dir selbst hast du ja eine Menge Geduld, das ist mein Eindruck. Glaubst du, du hast genauso viel Geduld mit anderen?«

»Da bin ich selbst gespannt. Gerade, wenn es um etwas geht und ich bei anderen zuschaue, finde ich das nervlich viel belastender, als selbst zu spielen. Und ich bin gespannt, wie das als Trainer wäre.«

»Hast du eine Vermutung?«

»Also wenn ich so emotional wäre wie andere, würde mich das zu sehr belasten. Die brauchen diesen Nervenkitzel, ich brauche ihn nicht unbedingt.«

»Wenn es das nicht ist, was würde dich dann reizen am Trainerjob?«, hake ich nach.

»Ich glaube, ich hätte eher Spaß daran, ab und zu in die Halle zu kommen und einem Spieler, der mir gefällt, ein paar Dinge zu vermitteln. Dann lass ich ihn wieder allein und schaue zwei Wochen später nach, was er daraus gemacht hat. Ob ich die Geduld hätte, ihn täglich anzutreiben, weiß ich nicht. Aber ich habe ja noch ein anderes Projekt am laufen.«

»Welches denn?«

»Den Timo Boll Webcoach, eine Online-Coaching-Plattform. Da bin ich gespannt, ob das auch etwas für später sein wird. Bei der Plattform muss ich eben nicht jeden Tag in der Halle sein und spannend finde ich es auch, weil es mit Technik zu tun hat. Mein Wissen sollte jedenfalls nicht verloren gehen, das wäre schade.«

»Bei den Korea Open warst du einmal gleichzeitig Spieler und hast am Ende das Turnier gewonnen, aber zwischendurch auch Betreuer. Das sah gar nicht mal gewöhnungsbedürftig aus.«

»Findest du?«

»Ja. Zur inoffiziellen Trainerfindungskommission gehörst du ja auch schon.«

»Richtig.« Timo nickt mehrmals, als setze er sich gerade noch einmal an den Verhandlungstisch, um die Entscheidung zu besprechen. »Als Richard Prause als Bundestrainer aufgehört hat, hat sich Dirk Schimmelpfennig mit mir getroffen und wir haben über die Nachfolge geredet. Da sind wir zu dem Ergebnis gekommen, dass Jörg Roßkopf die beste Lösung ist. Für uns Spieler war es sehr wichtig, dass Rossi diese Aufgabe übernimmt.«

Doch nicht nur ins Tischtennis ist Timo so tief eingetaucht, dass man sich ihn gar nicht mehr ohne vorstellen kann.

»Welchen Platz wird China in deinem Leben einnehmen, wenn du mal nicht mehr spielst?«, frage ich ihn.

»Ich kann mir sehr gut vorstellen, auch später etwas zu machen, was mit China zu tun hat. Mittlerweile gründen viele chinesische Firmen Filialen in Deutschland, da könnte ich noch häufiger eine Schnittstelle sein. Entweder für chinesische Firmen in Deutschland oder für deutsche Firmen in China.«

»Was macht denn ein Firmenrepräsentant Timo Boll?«

»Ich war zum Beispiel schon Werbebotschafter für den Flughafen Düsseldorf und habe die neue Flugstrecke Peking–Düsseldorf von Air China mit vorgestellt. Mit einer Delegation der Landesregierung Nordrhein-Westfalen bin ich bei der Expo 2010 in Schanghai aufgetreten. Vier Jahre war ich Markenbotschafter in China für Viessmann und bin gerade erst für Heraeus nach Schanghai zur Vorstellung einer neuen Fotovoltaikanlage geflogen. Und für den Roboterhersteller Kuka, dessen Markenbotschafter ich seit 2013 bin und der inzwischen in chinesischem Besitz ist, habe ich tolle Spots drehen dürfen, in denen ich mich mit einem Roboter duelliere. Allein für Kuka bin ich zweimal im Jahr in China. Das alles macht mir sehr viel Spaß.«

»Erzähl mir doch mal, wie sich das chinesische vom deutschen Geschäftsleben unterscheidet. Was muss jemand, der mit Chinesen Geschäfte machen möchte, deiner Erfahrung nach beachten?«

»In China muss man schon ein starkes Vertrauensverhältnis aufbauen. Die Chinesen müssen dir trauen können. Sie müssen das Gefühl haben, mit einem Geschäfte machen zu können, ohne übers Ohr gehauen zu werden. Denn sie haben immer Angst davor, betrogen zu werden«, sagt Timo.

»Kannst du dir erklären, woher diese Angst kommt?«

»Viele haben selbst schlechte Erfahrungen gemacht. Es ist eben nicht so wie bei uns alles mit Gesetzen und Verordnungen geregelt, sodass jede geschäftliche Vertragsverletzung sofort eingeklagt werden kann. Diese fehlenden Gesetze werden dafür durch ein persönliches Vertrauensverhältnis ersetzt. Ich kann also nur jedem empfehlen, zuerst Sympathie zu gewinnen durch einen vertrauenswürdigen Eindruck. Man muss auch mal mit seinen Geschäftspartnern einen trinken gehen. Geschäfte zu machen in China ist fast, wie eine Freundschaft zu schließen. Wir Deutsche sind da sehr distanziert. Die Chinesen dagegen sind ein herzliches Volk, sie bieten einem eine große Gastfreundschaft an, wenn sie einen willkommen heißen. Da darf man nicht zu kühl wirken. Eine gewisse Wärme muss man den Chinesen einfach entgegenbringen.«

Gut, dass Timo nicht der eiskalte Gewinner ist am Tisch, so hat er sich mit seiner Art, Tischtennis zu spielen, auch fürs Geschäftsleben in China empfohlen. Oder kann jemand ein Abzocker sein, der selbst beim Matchball dem Gegner noch den Punkt gibt?

Und noch etwas kann Timo helfen: dass ein guter Ruf in Asien länger hält, das hatte Werner Schlager gesagt: »Einmal bekannt, immer bekannt, das ist für einen Sportler schön.«

»Was wünschst du dir sonst noch?«, frage ich weiter.

»Ich möchte lernen, eine Pekingente zuzubereiten.« Es klingt so entschlossen, als sei dies ein sportliches Ziel.

»Hast du denn schon mal einen Kuchen gebacken?«

»Nö, aber als Kuchentester bin ich kaum zu schlagen«, sagt Timo und lacht, ehe wir auf das bedeutendste Ereignis für Timo aus den vergangenen Jahren zu sprechen kommen: die Geburt seiner Tochter Zoey 2013.

»Wie hat das dein Leben verändert, Timo?«

Es ist noch intensiver geworden. Wenn ich jetzt zu Hause bin, dann will ich das auch richtig sein. Auf meine Hobbys wie Golfen und anderes verzichte ich jetzt lieber und genieße einfach die Zeit zu Hause. Meine Tochter verreist jedoch sehr gerne mit uns, wir haben sie wochenlang nach Asien mitgenommen, alle drei bis vier Tage haben wir woanders übernachtet, und alles hat easy geklappt. Ich kann jetzt nicht sagen, dass Kinder und Leistungssport eine Herkulesaufgabe wären, aber ich habe natürlich auch leicht reden, weil ich viel unterwegs bin und sich meine Frau um so viel kümmert. Es tut ein bisschen mehr weh, ständig wegzufliegen. Ich war so viel unterwegs, 2017 so viel wie vielleicht noch nie. Manchmal ist Deli mit meiner Tochter zum Flughafen gekommen, hat mir eine neue Tasche mit frischen Sachen gebracht, dann bin ich schon weitergeflogen. Zum Glück ist es heutzutage leichter, auf Reisen Kontakt zu halten, zum Beispiel durch Videoanrufe. Und in diesem Sommer bin ich zum ersten Mal ganz zu Hause. Das ist ein ganz neues Lebensgefühl, erstmals seit Langem nicht in der chinesischen Liga zu spielen oder zu Olympia zu fahren. Ich freue mich schon auf die nächsten Jahre, wenn ich mehr da sein werde. Dennoch finde ich es schön, dass Zoey noch etwas von meiner Tischtenniskarriere mitbekommen hat. »Haste gewonnen?«, fragt sie mich am Telefon, und wenn ich verloren habe, sagt sie: »Ist nicht schlimm!« Da werde ich noch schneller in andere Gedanken reingezogen. Ob und welchen Sport sie später einmal macht, das kann ich nicht vorhersagen. Ich zwinge sie jedenfalls zu nichts, das haben meine Eltern bei mir auch nicht getan und das weiß ich wirklich zu schätzen. Sie soll ihren eigenen Weg machen. Zu Hause habe ich einen kleinen Tennisplatz gebaut, ich hätte natürlich schon Spaß daran, mit ihr da ein wenig zu spielen. Aber im Moment tanzt sie lieber.

Das kleine Flugzeug auf dem Kabinenbildschirm nähert sich immer mehr unserem Zwischenstopp Amsterdam. Die Maschine sinkt, der Druck auf den Ohren steigt, unter den

Wolken schauen endlose Wiesen heraus. Auf dem Bildschirm erscheinen schon die Hinweise zum Transfer, in Amsterdam werden sich unsere Wege trennen, Timo fliegt nach Frankfurt weiter, ich nach Berlin. Für die Landung räumt Timo den Platz mir gegenüber für eine Stewardess und setzt sich neben mich. Schon jetzt kennt Timo die Termine für seine nächsten Reisen nach China, China ist die Reise seines Lebens geworden, sie geht immer weiter. »Ich habe sogar mal Urlaub in China gemacht, neun Tage auf der Insel Hainan«, erzählt Timo, als wir mit unserem Handgepäck die Maschine verlassen und den Schildern folgen durch die Passkontrolle in Richtung unserer Flugsteige.

»Man könnte ja meinen, dass du wenigstens im Urlaub einmal nichts mit China zu tun haben willst. Wie bist du also darauf gekommen?«

»Ich mag dieses Land wirklich sehr, und ich wollte es auch mal ganz ohne Tischtennis erleben. Ich bin durch China entdeckungsfreudiger geworden. Bevor ich das erste Mal in China war, dachte ich: Es sieht überall ähnlich aus. Aber dass es eine so andere Welt gibt, eine so andere Kultur und ein dermaßen anderes Verhalten, das hat mich wirklich aus den Socken gehauen.«

»Und dann hat es dich gemeinsam mit Deli im Urlaub aus den Socken gehauen?«

»Ich war gespannt, wie sich Urlaub in China anfühlt. Bisher habe ich China ja immer mit Arbeit verbunden. Aber ich bin jemand, der gut abschalten kann. Deli und ich haben es uns auch gut gehen lassen. Auf der Hotelanlage haben wir direkt am Meer das Haus von Li Ning bekommen, dem Olympiasieger im Turnen und Gründer der gleichnamigen Sportartikelfirma. Dort waren wir ein bisschen abgeschirmt, aber es war dennoch ein bisschen anstrengend, weil mich doch sehr viele Menschen erkannt haben. Inkognito in China Urlaub zu machen, ist selbst in einer abgelegenen Ecke schwierig. Und zwei Tage hat dann auch noch ein Taifun getobt.«

Dass Timo China zugetraut hat, ihn zu entspannen, ist jedoch ein schönes Kompliment. »Wie gefällt Deiner Tochter China?«

»Für sie ist das immer ein Paradies, weil sie zum einen das chinesische Essen sehr gern mag, und weil andererseits so viel für sie geboten wird. In Restaurants und Hotels gibt es oft Spielecken. Meine Teamkollegen haben sie auch toll aufgenommen, haben sie gleich auf dem Arm gehalten. Für Kinder ist China echt super.«

»Willst Du ihr noch etwas zeigen in China, du hast ja selbst schon so viel gesehen?«

»Ich selbst war ja nie groß neidisch, außer wenn meine Freunde früher in den Schulferien weggefahren sind. Ich habe meine Sommerferien in Höchst im Freibad verbracht. Später war ich dann in irgendwelchen Trainingslagern. Verglichen damit hat Zoey jetzt schon wahnsinnig viel gesehen. Ich will ihr neben den Sehenswürdigkeiten vor allem weiter zeigen, wie die Chinesen wirklich leben. Wir könnten Xu Zengcai besuchen. Und vielleicht auch in die Regionen fahren, in denen es den Leuten nicht so gut geht. Mich haben solche Erlebnisse geprägt. China kann einen schon auf den Boden zurückholen.«

Wir sind an Timos Flugsteig angekommen, sein Flug geht früher als meiner, die ersten Reisenden haben sich schon vom Rüssel verschlucken lassen, der in die Maschine führt. Wir bleiben noch einen Moment vor dem Schalter stehen, an dem das Flughafenpersonal die Bordkarten einliest.

»Hat Spaß gemacht«, sagt Timo und hält mir seine Hand zum Einschlagen entgegen. »Mir auch«, erwidere ich, als sich unsere Hände in der Mitte treffen. »Also, hoffentlich bis bald in Düsseldorf oder Höchst oder Berlin, würde mich freuen«, sagt er. Wir wünschen uns gegenseitig noch einen guten Flug, dann setzt Timo seinen Rucksack auf und zieht seinen Koffer hinter sich her. Ich schaue ihm noch kurz nach, wie er zum Einsteigen geht in seiner schicken grauen Jacke. Gerade gekauft auf dem Markt in Peking. Wo sie neugierig »Bor?« fragen, wenn sie hören, dass er wieder da ist.

Anhang

Erfolge | Literatur
Dank | Bildnachweis

Timo Bolls Erfolge

OLYMPISCHE SPIELE
2. Platz mit der Mannschaft 2008 in Peking
3. Platz mit der Mannschaft 2012 in London
3. Platz mit der Mannschaft 2016 in Rio de Janeiro

WELTMEISTERSCHAFTEN
3. Platz im Einzel 2011 in Rotterdam
2. Platz im Doppel 2005 in Schanghai mit Christian Süß
2. Platz mit der Mannschaft 2004 in Doha, 2010 in Moskau, 2012 in Dortmund, 2014 in Tokio und 2018 in Halmstad
3. Platz mit der Mannschaft 2006 in Bremen

WORLD CUP
1. Platz 2002 in Jinan und 2005 in Lüttich
2. Platz 2008 in Lüttich, 2012 in Liverpool und 2017 in Lüttich
3. Platz 2010 in Magdeburg und 2014 in Düsseldorf
4. Platz 2007 in Barcelona

EUROPAMEISTERSCHAFTEN
1. Platz im Einzel 2002 in Zagreb, 2007 in Belgrad, 2008 in St. Petersburg, 2010 in Ostrava, 2011 in Danzig und 2012 in Herning
1. Platz im Doppel 2002 in Zagreb mit Zoltan Fejer-Konnerth; 2007 in Belgrad, 2008 in St. Petersburg, 2009 in Stuttgart und 2010 in Ostrava jeweils mit Christian Süß

1. Platz mit der Mannschaft 2007 in Belgrad, 2008
   in St. Petersburg, 2009 in Stuttgart, 2010 in Ostrava, 2011 in Danzig und 2017 in Luxemburg
2. Platz mit der Mannschaft 2000 in Bremen, 2002
   in Zagreb, 2003 in Courmayeur und 2014 in Lis-
   sabon
3. Platz im Einzel 2003 in Courmayeur, 2009 in
   Stuttgart und 2016 in Budapest
3. Platz im Doppel 2005 in Århus mit
   Christian Süß

EUROPE TOP 12/TOP 16
1. Platz 2002 in Rotterdam, 2003 in Saarbrücken,
   2006 in Kopenhagen, 2009 und 2010 jeweils in
   Düsseldorf und 2018 in Montreux
3. Platz 2005 in Rennes

WELTRANGLISTE
- Als erster Deutscher auf Platz eins
- Ranglistenerster von Januar bis Mai 2003, August
  bis September 2003, Januar bis März 2011 und
  März bis April 2018 (als bisher ältester Spieler auf
  dieser Position)

PRO TOUR/ WORLD TOUR GRAND FINALS
1. Platz im Einzel 2005 in Fuzhou
1. Platz im Doppel 2005 in Fuzhou und 2009 in Ma-
   cau jeweils mit Christian Süß
3. Platz im Einzel 2002 in Stockholm und 2004 in
   Peking und 2017 in Astana
3. Platz im Doppel 2001 in Hainan mit Zoltan Fejer-
   Konnerth

PRO TOUR/WORLD TOUR

1. Platz im Einzel 2001 in Brasilien, 2002 in Österreich, 2003 in Japan, 2004 in Polen, Deutschland und Österreich, 2005 in Japan und Schweden, 2006 in China, Deutschland und Polen, 2008 in Österreich, Deutschland und Polen, 2009 in Katar, Deutschland und Polen, 2010 in Japan und 2017 in Südkorea

DEUTSCHE MEISTERSCHAFTEN

1. Platz im Einzel 1998, 2001, 2002, 2003, 2004, 2005, 2006, 2007, 2009, 2015, 2017 und 2018
1. Platz im Doppel 1999 mit Lars Hielscher; 2005 und 2007 jeweils mit Christian Süß

CHAMPIONS LEAGUE

- Sieger mit dem TTV Gönnern 2005 und 2006
- Sieger mit Borussia Düsseldorf 2009, 2010, 2011 und 2018

ETTU-CUP

- Sieger mit Borussia Düsseldorf 2012

BUNDESLIGA

- Sieger mit Borussia Düsseldorf 2008, 2009, 2010, 2011, 2012 2014, 2015, 2016, 2017 und 2018

DTTB-POKAL

- Sieger mit dem TTV Gönnern 1997 und 2001
- Sieger mit Borussia Düsseldorf 2008, 2010, 2011, 2013, 2014, 2015, 2016, 2017 und 2018

JUGEND-EUROPAMEISTERSCHAFTEN

1. Platz bei den Schülern im Einzel, Doppel mit Nico Stehle und mit der Mannschaft 1995 in Den Haag
1. Platz bei den Jungen mit der Mannschaft und
2. Platz im Einzel 1996 in Frydek-Mistek
1. Platz bei den Jungen im Einzel und mit der Mannschaft, 2. Platz im Doppel mit Markus Lietzau und Mixed mit Tanja Hofmann 1997 in Topolcany
1. Platz bei den Jungen im Einzel, im Doppel mit Nico Stehle und mit der Mannschaft 1998 in Norcia

Bücher zum Weiterlesen

ÜBER TISCHTENNIS

Jan Lüke: 111 Gründe Tischtennis zu lieben. Eine Liebeserklärung an die großartigste Sportart der Welt, Schwarzkopf & Schwarzkopf, Berlin 2016.

Bernd Imgrund: 1000 verrückte Tischtennis-Tatsachen, Verlag Die Werkstatt, Göttingen 2017.

Ulf Krämer: Rossi. Jörg Roßkopf – Die Biografie. Verlag Die Werkstatt, Göttingen 2012.

Werner Schlager: Matchball. Träume & Triumphe. Mit Martin Sörös, Verlag Ueberreuter, Wien 2006.

Jerome Charyn: Sizzling Chops & Devilish Spins. Ping-Pong and the Art of Staying Alive, Verlag Four Walls Eight Windows, New York 2001.

Roger Bennett & Eli Horowitz: Everything You Know Is Pong. How Mighty Table Tennis Shapes Our World, Verlag It Books, New York 2010.

Tim Boggan: History of U.S. Table Tennis. Vol. V: 1971–1972. Selbstverlag, Merrick (New York) 2005. Internet: www.timboggantabletennis.com

ÜBER CHINA

Yu-Chien Kuan, Petra Häring-Kuan: Der China-Knigge. Eine Gebrauchsanweisung für das Reich der Mitte, S. Fischer Verlag, Frankfurt am Main 2006.

Da Chen: Die Farben des Berges. Eine Kindheit in China, Knaur Verlag, München 2004.

Hanne Chen: Kulturschock China: VR China und Taiwan, Reise Know-How Verlag, Bielefeld 2010.

Andreas Lorenz, Jutta Lietsch: Das andere China. Begegnungen in Zeiten des Aufbruchs, wjs Verlag, Berlin 2007.

Dank

Der Autor möchte sich bei allen bedanken, die zu diesem Buch beigetragen haben. Angefangen natürlich bei Timo Boll selbst und dem Schwarzkopf & Schwarzkopf Verlag, allen voran Jennifer Hirte, Nadine Landeck und Oliver Schwarzkopf.

Außerdem bei denjenigen, die mir etwas über Timo Bolls Lebensweg, über Tischtennis und China erzählt haben: Gudrun und Wolfgang Boll, Rodelia Boll, Christian Lüllig, Helmut Hampl, Istvan Korpa, Richard Prause, Dirk Schimmelpfennig, Jörg Roßkopf, Hans Wilhelm Gäb, Dimitrij Ovtcharov, Bernhard Schmittenbecher, Liu Yanbin, Ahmed Latheef, Xu Zengcai, Zhu Xiaoyong, Connie Sweeris, Dr. Andreas Etges, Kong Linghui, He Xiao, Werner Schlager, Peter Sartz, Lars Hielscher, Dr. Gernot Jendrusch, Michael Zwipp, Rahul Nelson, Dao Zhou, Chu Yuanpeng, Yang Bin, Yu Le, Dong Wang und Philipp Kan.

Ein besonderer Dank an Simone Hinz, die Pressesprecherin des Deutschen Tischtennis-Bundes, für ihre immer schnelle und zuverlässige Hilfe bei Ergebnissen, Namen, Daten und was sonst noch zum Tischtennis gehört.

Darüber hinaus danke ich vom Internationalen Tischtennis-Verband Präsident Thomas Weikert und Jean-Jacques Hubermann. Vom Deutschen Tischtennis-Bund Martin Oetzmann, Manfred Schillings und Rainer Kruschel. Vom ITTF-Museum Chuck Hoey. Vom Asiatischen Tischtennis-Verband Ding Gai. Vom Tischtennis-Verband der USA Michael Cavanaugh, Tim Boggan und Larry Hodges. Vom Hessischen Tischtennis-Verband Norbert Freudenberger, vom TTV Gönnern Michael Müller, von Butterfly Hideyuki Kamizuru, von der Stadt Düsseldorf Michael Frisch. Außerdem Dr. Stephan Roscher für seine Fotos, Andreas Weibel fürs Korrekturlesen und nicht zuletzt Roman Plese, Sportdirektor des Europäischen Tischtennis-Verbandes, für seine Unterstützung bei der Reise nach Peking.

Ein großer Dank an Lorenz Maroldt, Stephan-Andreas Casdorff, Robert Ide, Markus Hesselmann, Sven Goldmann, Benedikt Voigt und der Redaktion des »Tagesspiegels«.

Vielen Dank an Jörg Petrasch für wertvolle Anregungen zum Text und für viele spannende Gespräche darüber, was Tischtennis alles ausmacht.

Ein ganz herzlicher Dank an Sigrid und Ulrich Näbig.

Ein ganz persönlicher und lieber Dank an Irmela und Gerhard Teuffel.

Und meiner Frau Sandra Teuffel danke ich für alles.

Bildnachweis

Tim Boggan: S. XXII oben | Archiv Familie Boll: S. II, S. III oben, S. IX unten, S. XVII rechts ganz oben, S. XVIII (bis auf links ganz oben und links ganz unten), S. XXVIII, S. XXIX oben | Chinesischer Tischtennis-Verband / He Xiao: S. XIX | Deutscher Olympischer Sportbund: S. XII (bis auf unten rechts) | Deutscher Tischtennis-Bund: S. VI oben links, S. VII oben rechts und unten, S. XII unten rechts, S. XIII oben, S. VII links ganz oben, unten | Helmut Hampl: S. III unten, S. IV oben | Simone Hinz: S. XXIX unten links, S. XXX, S. XXI | Ahmed Latheef: S. XXIV unten, S. XXV | Christian Lüllig: S. XVIII links ganz oben | Picture-Alliance / Deutscher Olympischer Sportbund: S. XVII links zweites von oben | Dr. Stephan Roscher: S. VIII, S. IX oben, S. X, S. XI, S. XIII unten, S. XIV, S. XV, S. XVI unten, S. XVII rechts zweites von oben | Nadine Rupp: S. XVI oben | Manfred Schillings: S. IV unten, S. V, S. VI oben rechts, S. VI unten, S. VII oben links, S. XXVII, S. XXIX unten rechts | Stadt Düsseldorf: S. XVIII links ganz unten | Friedhard Teuffel: S. XX, S. XXI, S. XXII unten, S. XXIII, S. XXIV oben, S. XXVI | Moritz Thau: S. I, S. XXXII | Trotz großer Sorgfalt konnten die Rechteinhaber nicht in allen Fällen ermittelt werden. Es wird um eine Mitteilung an den Verlag gebeten, berechtigte Ansprüche werden selbstverständlich abgegolten.

111 GRÜNDE, TISCHTENNIS ZU LIEBEN

EINE LIEBESERKLÄRUNG AN DIE
GROSSARTIGSTE SPORTART DER WELT

111 GRÜNDE, TISCHTENNIS ZU LIEBEN
EINE LIEBESERKLÄRUNG AN DIE
GROSSARTIGSTE SPORTART DER WELT
Von Jan Lüke
256 Seiten, Taschenbuch
ISBN 978-3-86265-559-5 | Preis 9,99 €

Große Spieler und ihre noch größeren Spiele, Begebenheiten aus einer mehr als hundertjährigen Geschichte, kuriose Momente oder bemerkenswerte Regeln: In diesem Buch findet sich genau die abwechslungsreiche Mixtur, die Tischtennis für all seine Anhänger so einzigartig macht.

Tischtennis-Experte Jan Lüke zeigt, dass es zahlreiche Blickwinkel auf das Phänomen Tischtennis gibt – und dass einer lohnenswerter ist als der andere. Dabei schreibt der Autor stets mit einem Augenzwinkern, denn letztlich ist Tischtennis – wie alles wirklich Liebenswerte – nicht perfekt und makellos.

Jeder, der einmal Ball und Schläger in der Hand hielt, weiß: Manchmal macht es einen einfach nur verrückt und ist nur zu ertragen, wenn man es mit Humor nimmt. Genau dann liebt man dieses Tischtennis umso mehr.

111 GRÜNDE, TENNIS ZU LIEBEN

VON DER MAGIE DER FLIEGENDEN BÄLLE UND DER POESIE IN BEWEGUNG –
EINE LIEBESERKLÄRUNG AN DEN TENNISSPORT

111 GRÜNDE, TENNIS ZU LIEBEN
EINE LIEBESERKLÄRUNG
AN DEN GROSSARTIGSTEN SPORT DER WELT
Von Florian Goosmann
304 Seiten, Taschenbuch
ISBN 978-3-86265-456-7 | Preis 9,99 €

Tennis boomt wie nie zuvor – weltweit. Die entspannten Australian Open, die gedrängten French Open, das traditionelle Wimbledon, die lauten US Open: Wer einmal dort war, will immer wieder zurück, um Federer, Nadal und Co. live zu erleben.

Buchautor Florian Goosmann geht es genauso. Und er fragt sich zeit seines Lebens, wie es möglich ist, dass einen das unbeschreiblich klare Geräusch eines sauber ge-

troffenen Tennisballs so glücklich machen kann ...

In 111 GRÜNDE, TENNIS ZU LIEBEN erzählt er Episoden rund um die glamourös-verrückte Profiszene sowie die weniger glamouröse, aber ebenso verrückte Welt des Vereinsspielers. Hintergrundgeschichten, Insider-Infos, Tipps für Spieler und Trainer, Reflexionen und Anregungen: In diesem Buch geht es um all das, was auf einem Tennisplatz so passiert.

WWW.SCHWARZKOPF-SCHWARZKOPF.DE

111 GRÜNDE, BASKETBALL ZU LIEBEN

DAS RUNDE MUSS INS RUNDE – EINE LIEBESERKLÄRUNG AN DEN SPORT DER
LANGEN KERLE UND LADYS, DER SLAM DUNKS UND REBOUNDS

111 GRÜNDE, BASKETBALL ZU LIEBEN
EINE LIEBESERKLÄRUNG AN DEN SCHÖNSTEN SPORT DER WELT
Von Claus Melchior
392 Seiten, Taschenbuch
ISBN 978-3-86265-407-9 | Preis 9,95 €

111 GRÜNDE, BASKETBALL ZU LIEBEN bietet einen Streifzug durch die Geschichte und die Gegenwart des Basketballs in all seinen Facetten: von seiner Erfindung bis zu aktuellen Meisterschaften, von der NBA bis zum Rollstuhlbasketball, von Magic Johnson, Michael Jordan und LeBron James bis zu alten und jungen Stars des deutschen Basketballs, von den Meistermannschaften der NBA bis zu bedeutenden deutschen Teams.

Autor Claus Melchior ruft große Turniere ebenso in Erinnerung wie wichtige Spiele. Die Spanne reicht vom spannenden und kontroversen Finale der Olympischen Spiele 1972 über den deutschen Sieg bei der Europameisterschaft 1993 bis zu Dirk Nowitzkis Weg zum NBA-Meistertitel. Auch der Frauenbasketball hat seinen Platz. Aufgelockert wird das Ganze durch Anekdoten aus der weiten Welt des Basketballs.

WWW.SCHWARZKOPF-SCHWARZKOPF.DE

DER AUTOR
FRIEDHARD TEUFFEL, geboren 1974 in Mainz, ist Journalist und lebt mit
seiner Familie in Berlin. Nach dem Studium der Politikwissenschaft in Mainz
und an der Freien Universität Berlin arbeitete er drei Jahre als Korrespondent der
FAZ-Sportredaktion, ehe er 2003 zum *Tagesspiegel* kam. Dort leitete er fünf Jahre
lang die Sportredaktion und wechselte dann als verantwortlicher Redakteur ins
Meinungsressort. Die ersten Tischtennisbälle spielte er auf einem ausrangierten
Küchentisch mit Saftpackungen als Netz: der Beginn einer großen Leidenschaft.
Heute spielt er in einem Berliner Verein.

Friedhard Teuffel
TIMO BOLL: MEIN CHINA
Eine Reise ins Wunderland des Tischtennis
Aktualisierte und erweiterte Neuausgabe

ISBN 978-3-86265-717-9
© Schwarzkopf & Schwarzkopf Verlag GmbH, Berlin 2018

VERLAG
Schwarzkopf & Schwarzkopf Verlag GmbH
Kastanienallee 32, 10435 Berlin
Telefon: 030 – 44 33 63 00
Fax: 030 – 44 33 63 044

INTERNET | E-MAIL
www.schwarzkopf-schwarzkopf.de
www.facebook.com/schwarzkopfverlag
info@schwarzkopf-schwarzkopf.de